Círculo de plata:

Antología de estrenos mundiales de Teatro Círculo

Compilación e introducción
Eva Cristina Vásquez

Nueva York, 2021

Círculo de plata: Antología de estrenos mundiales de Teatro Círculo

ISBN-13: 978-1-940075-98-3
ISBN-10: 1-940075-98-X

Design: © Carlos Velasquez Torres
Cover & Image: ©Jhon Aguasaco
Editor in chief: Carlos Velasquez Torres
E-mail: carlos@artepoetica.com
Mail: 38-38 215 Place, Bayside, NY 11361, USA.

© Círculo de plata: Antología de estrenos mundiales de Teatro Círculo, 2021.
Teatro Círculo
© Eva Cristina Vásquez: Compilación e introducción.
© Wanda Arriaga: ¡Qué felices son las Barbies!
© Eva Cristina Vásquez: Amor perdido
© Luis Caballero: Un Quijote en Nueva York
© Luis Caballero: Lorca Federico Lorca
© Eva Cristina Vásquez: Lágrimas negras: tribulaciones de una negrita acomplejá'
© Barbra Herr: Trans-Mission
© Círculo de plata: Antología de estrenos mundiales de Teatro Círculo, 2021 for this edition Artepoética Press

All rights reserved. No part of this publication may be reproduced, distributed, or transmitted in any form or by any means, including photocopying, recording, or other electronic or mechanical methods, without the prior written permission of the publisher, except in the case of brief quotations embodied in critical reviews and certain other noncommercial uses permitted by copyright law. For permission requests, write to the publisher, addressed "Attention: Permissions Coordinator," at the address below: 38-38 215 Place, Bayside, NY 11361, USA.

Todos los derechos reservados. Esta publicación no puede ser reproducida, ni en todo ni en parte, ni registrada en o transmitida por, un sistema de recuperación de información, en ninguna forma ni por ningún medio, sea mecánico, fotoquímico, electrónico, magnético, electroóptico, por fotocopia, o cualquier otro, sin el permiso previo por escrito de la editorial, excepto en casos de citación breve en reseñas críticas y otros usos no comerciales permitidos por la ley de derechos de autor. Para solicitar permiso, escríbale al editor a: 38-38 215 Place, Bayside, NY 11361, USA.

Círculo de plata:

Antología de estrenos mundiales de Teatro Círculo

Compilación e introducción
Eva Cristina Vásquez

Colección
Rambla de Mar

Contenido / Contents

Dedicatoria	7
Mensaje del director artístco-fundador	9
Círculo de Plata:	
Antología de estrenos mundiales de Teatro Círculo	11
Introducción	11
¡Qué felices son las Barbies!	49
Amor perdido	79
Un Quijote en Nueva York	113
Lorca Federico Lorca	167
Lágrimas negras:	
tribulaciones de una negrita acomplejá'	225
Trans-Mission	325
Apéndice 1:	
Lista de obras de Teatro Círculo	347
Apéndice 2:	
Lista de festivales y giras	353
Reseñas biográficas	357

Dedicatoria

Le dedico este trabajo a José Cheo Oliveras, quien por veinticinco años ha ido bordando, con pasión, amor y sabiduría, este legado que es Teatro Círculo. A todos los compañeros teatristas que han pasado por nuestros escenarios dejando su granito de arena para que hoy podamos celebrar esta misión de crear en continuidad. A todos los miembros de la junta directiva de la compañía, quienes dedican su pasión y esfuerzo a ayudarnos a crecer para que la labor artística sea más fácil. En especial, dedico este trabajo a nuestra querida amiga Hecsa Costa, a quien extrañamos y mantenemos en nuestra memoria, porque estaría contenta de acompañarnos hasta aquí y mucho más. Por último, con todo mi cariño, respeto, admiración y agradecimiento, les dedico este libro a Wanda Arriaga, Luis Caballero y Barbra Herr, quienes han contribuido a la historia de Teatro Círculo con los textos aquí publicados y han sido miembros importantísimos de esta gran familia. ¡Feliz aniversario de plata, Teatro Círculo… ¡y que cumplas muchos años más!

Mensaje del director artístco-fundador

Veinticinco años atrás Teatro Círculo era una idea, una propuesta, una aspiración. Ha tomado el esfuerzo, alegría y penurias de muchos cimentar una trayectoria definitoria que nos arraiga en nuestra identidad Latina y en una comunidad no solamente diversa sino en constante fluir. Al celebrar este año nuestro aniversario de plata, hacemos una pausa para reflexionar en lo andado y para reafirmar las ilusiones primeras. Celebramos así, a millares de miembros de nuestra audiencia, artistas y patrocinadores que, a través de los años, han compartido nuestra visión de proveer un foro para nuestro teatro clásico y contemporáneo.

La antología de dramaturgos que aquí ofrecemos es solo una pequeña muestra del trabajo de gestación que desde nuestra trinchera hemos ido cultivando. Si bien tenemos gran interés en preservar a los autores clásicos del pasado, de igual manera nos interesa incubar a los que posiblemente serán los autores clásicos del futuro. En el último cuarto de siglo Teatro Círculo se ha ocupado de abrir un espacio a nuevos dramaturgos que han tanteado en nuestro escenario el poder transformador de sus voces. Algunos con más éxito que otros, pero todos con el deseo de contribuir a la narrativa del nuevo teatro latino de nuestra ciudad; un teatro que sintetiza siglos de experiencias y maneras distintas de contarlas; un teatro vital e inclusivo; un teatro que de manera definitiva nos asienta en el ecosistema cultural de Nueva York.

Agradecemos a los autores que han colaborado con nosotros en esta gestión; y como bien dijera Lope de Vega en su *Arte nuevo de hacer comedias*, los exhortamos a que continúen la labor de "deleitar aprovechando". ¡Disfruten la lectura!

José Cheo Oliveras

Círculo de Plata: Antología de estrenos mundiales de Teatro Círculo

La negación de la historia de uno y otro es la negación de memorias, luchas, aportes, fracasos, logros y coarta el proceso de definición de identidades. Es una historia en la que, respecto a las comunidades, el teatro ha interpretado varios personajes: pedagogo, guardián de la memoria, incitador a la acción y la reflexión. (Pablo García Gámez)[1]

Introducción

Veinticinco años de labor artística

¡Teatro Círculo celebra veinticinco años de vida! Se dice fácilmente, pero mantener una labor artística sostenida, por un cuarto de siglo, requiere el desarrollo de muchas capacidades que rebasan la del hecho teatral. Para la compañía esto significa veinticinco años de historia definiendo una identidad cada vez más sólida al crear y desarrollar comunidades de artistas y públicos a través de una misión sensible a sus necesidades en la ciudad de Nueva York. Emprender la ruta impone estructurar una visión artística concreta y dispuesta a reivindicar una misión lista para ajustarse a las necesidades y cambios encontrados a lo largo del camino. Se necesita el desarrollo de destrezas administrativas, lideradas por artistas, con

---

[1] García-Gámez, Pablo. *Desde el margen: Teatro alternativo y comunidades hispanas 1997-2017*. Tesis Doctoral. City University of New York University School and Graduate Center, New York, 2017. Le agradecemos a Pablo García Gámez la generosidad al compartir este documento inédito que nos ha servido para comprender nuestro trabajo desde el contexto de un estudio reciente.

la asistencia de una junta de directores formada por profesionales de distintos campos. Los artistas y miembros de la junta trabajan coordinando esfuerzos consistentemente, comprometidos a apoyar la creación teatral como una parte vital de la sociedad en la que queremos vivir; una sociedad que toma en cuenta la cultura como elemento fundamental para el beneficio de sus ciudadanos. Veinticinco años de labor continua requieren aprender a identificar y recaudar fondos, organizarse dentro de las comunidades que asisten al teatro y estimular a las que aún no asisten. Esta labor precisa crear oportunidades educativas, de activismo y crecimiento, entre otras responsabilidades. La misión supone la colaboración de artistas y profesionales que trabajen duro y se comprometan con la faena de mantener la misión, siempre en proceso, con voluntad de continua revisión y cambio, que le da forma e identidad al grupo. Los veinticinco años de historia de Teatro Círculo nos invitan a compartir una reflexión sobre la narrativa que le ha permitido a la compañía definirse y crecer a través de la oferta de una actividad teatral atractiva para una diversidad de públicos interesados en el teatro latinoamericano, hispanoamericano y latinx[2] que se produce en Nueva York.

---

2 Estamos utilizando tres términos que aluden a identidades que aparecen en distintas iteraciones de la misión de Teatro Círculo. La identidad *hispanoamericana* se desprende de la oferta de obras del acervo cultural español, mayormente obras del Siglo de Oro Español (Siglos XVI-XVII) que dieron pie al inicio de la compañía. *Latinoamericano* se refiere a las obras que se generaron desde países latinoamericanos y son representadas en los Estados Unidos. Estamos adoptando el término *latinx* para acoger la producción teatral vinculada a orígenes latinoamericanos, pero ya gestada desde los Estados Unidos, incluyendo el empleo del idioma inglés como lengua materna y el español como herencia cultural. También usamos el término *Latino/latino*, que es una versión anterior de *Latinx/ latinx*. En la última revisión a la misión de la compañía (2015), Teatro Círculo se identifica como una compañía que produce teatro latino, latinoamericano y español. Toda esta nomenclatura responde a los cambios de percepción política y social de los términos usados para definirnos desde afuera y desde adentro de la historia de la compañía. La adopción de términos, responde a la conciencia de cambio y la discusión social y política de estos dentro de la junta de directores de la compañía. El término *Latinx* no ha sido utilizado en ninguna iteración de la misión, pero lo adoptamos aquí como adhesión a la última tendencia que procura

Con esta publicación nos proponemos crear un registro de una parte de la historia de Teatro Círculo que no vemos sobre las tablas, la que se desprende del texto como herramienta pertinente a la producción teatral. El texto escrito como acción artística que genera los montajes de piezas originales va de la mano de la historia y desarrollo de la visión y misión artísticas de Teatro Círculo y también las precisa. Por la naturaleza absorbente de la puesta en escena, no siempre de la mano de su documentación,[3] la historiografía no suele tomar un lugar prominente dentro de la labor de la compañía. La reflexión histórica a menudo queda en el olvido involuntario por indocumentación, tanto del hecho artístico original como de los procesos que lo sustentan.

En un esfuerzo por superar el riesgo de perder el frágil registro de la memoria, nos proponemos crear una relación de la trayectoria de la compañía. A continuación ofrecemos una breve historia de su visión y misión, ya que desde ahí se ha creado el espacio para apoyar la producción de los textos que aquí nos ocupan. Sin esta reflexión, historia/textos, la documentación de la vida de Teatro Círculo quedaría incompleta.

---

abolir la hegemonía de género que caracteriza al idioma español. Por último, estamos de acuerdo con la posible permeabilidad de todos estos términos que a menudo conviven y se usan indistintamente dentro del mismo discurso.

3 Por lo regular, y es el caso de Teatro Círculo, otros aspectos de la producción teatral y administración de la institución, toman prioridad por sobre la creación de un archivo que documente la historia de la compañía. Esto dificulta la labor de académicos interesados en establecer vínculos que ayuden a hilar y comprender la continuidad en la labor del teatro que nos ocupa. Nos referimos con esto a la necesidad de mayor rigor en la documentación y preservación de textos, programas de mano, volantes de publicidad, grabaciones de los montajes, fotografías (de procesos de ensayo, publicidad y funciones), material publicitario (entrevistas, anuncios y reseñas teatrales). La desatención a la preservación metódica y consistente de estos materiales, suele dificultar el proceso de estudio. Nos tropezamos con el caso concreto, por ejemplo, de la omisión del año en mucho del material publicitario (tarjetas postales) y en los programas de mano. Al observar este problema retrospectivamente, entendemos la necesidad de un proceso de archivo que nos ayude a articular una historia precisa del teatro hispano, latinoamericano y latinx en Nueva York.

Breve historia de Teatro Círculo: visión, misión y programas[4]

A lo largo de estos veinticinco años (1994-2019) Teatro Círculo se ha abocado a un proceso de desarrollo, crecimiento y aprendizaje que ha evaluado el pasado para reforzar el presente a la vez que vela por un futuro saludable en el recorrido de esta institución cultural, social y educativa. Teatro Círculo, una compañía de teatro latino en Nueva York, ha sostenido la misión de promover la diversidad de nuestra cultura y herencia latina, hispana y latinx, a través de la producción de un programa teatral que es, a la vez, herramienta de entretenimiento, inclusión socio-cultural, educación y sobrevivencia en la gran urbe. El reto que comenzó con la visión de un grupo de artistas, en su mayoría puertorriqueños, de abrirse camino en una ciudad conocida por su robusta producción teatral, se ha convertido en un compromiso con artistas y públicos de diversos orígenes, además de crear un vínculo con una comunidad que tiene su propio distrito teatral en el East Village, Manhattan.[5] Este esfuerzo se extiende a la comunidad puertorriqueña de la Isla, a través de su incorporación y participación activa en el quehacer teatral de Puerto Rico, donde Teatro Círculo también ha mantenido una infraestructura de producción.[6]

A medida que el crecimiento de la compañía se desarrolla, Teatro Círculo va estableciendo un legado artístico que le ha valido un lugar en la Alianza de Teatros

---

[4] Partes de esta breve historia están basadas en una versión breve presentada en Nueva York, el 26 de mayo de 2016 en la conferencia de la Latin American Studies Association (LASA), bajo el título: *"Teatro Círculo: veintiún años creando comunidades en Nueva York"*. Una versión ampliada se publicó como: *"Teatro Círculo: Creando comunidades a través de una misión artística, social y educativa en Nueva York"*. Conjunto 184 (Revista de Teatro Latinoamericano Casa de las Américas). Jul-sept 2017: pp. 35-42.

[5] Nos referimos al distrito artístico de la Calle 4, entre la Segunda Avenida y Bowery en Manhattan.

[6] Teatro Círculo está registrado como Teatro Círculo Ltd. en Nueva York y ha estado registrado como Teatro Círculo, Inc. en Puerto Rico.

Latinos de Nueva York[7] y The Coalition of Theaters of Color.[8] Además, la compañía ha captado la atención de la crítica en dicha ciudad, incluyendo la adjudicación de premios a la labor teatral en Nueva York otorgados por: la Asociación de Cronistas del Espectáculo (ACE), la Hispanic Organization of Latin Actors (HOLA), los Artistas de Teatro Independiente (ATI), los Latin American Theater Awards (LATA) y un OBIE 1996 del American Theatre Wing y el Village Voice en reconocimiento al teatro producido Off Broadway (teatrocirculo.org). Teatro Círculo ha recibido premios en las categorías: actuación, dirección, producción, diseños de escenografía y vestuario y servicio a la comunidad.

A pesar de una labor ininterrumpida y todas las distinciones, la necesidad de registrar la historia y contribuciones de las compañías de teatro latino en Nueva York es considerable. La escasez de documentación disponible aún crea la impresión de una labor que no deja huellas, por lo que nos proponemos examinar e inscribir la historia de los logros políticos, artísticos y sociales, que han contribuido a que Teatro Círculo mantenga una evolución coherente con su visión y misión.

La compañía Teatro Círculo fue fundada en el año 1994 gracias a la iniciativa de un grupo de artistas puertorriqueños liderados por José Cheo Oliveras y Wanda Arriaga.[9] Este grupo de artistas, en su mayoría egresados

---

[7] En un comunicado de prensa del 6 de octubre del 2010, la alianza anunció: "The mission of the Alliance is to advocate on behalf of a strong Latino sector within New York's competitive non profit theater and performing arts fields. To its membership, the Alliance provides a common platform for leadership development, strategic resource sharing, and building Brand visibility".

[8] La Coalición de Teatros de Color (Coalition of Theaters of Color) es una división del Concejo de la Ciudad de Nueva York (New York City Council) que da apoyo a programas de organizaciones que presten servicio, por medio de actividades teatrales, a comunidades de color. (nyc.gov)

[9] Otros miembros del grupo fundador fueron los puertorriqueños: Axel Cintrón, Anabel López Betances, Jorge Oliver, Roberto Rodríguez, Eva C. Vásquez y Juan Villarreal (argentino).

de la Universidad de Puerto Rico, se encontró en Nueva York y se unió para crear una compañía con la intención de desarrollar una estética teatral a tono con su entrenamiento y necesidades como creadores latinos en esta ciudad. Inicialmente, la misión de la compañía, fundada por artistas con una sólida preparación tanto académica como práctica, era la de preservar y fomentar el desarrollo de nuestra herencia cultural puertorriqueña, latinoamericana y española a través de la producción de trabajos educativos y creativos que integrasen la diversidad cultural de la ciudad, como vemos en una versión temprana de dicha misión:

The mission of Teatro Círculo is to foster American pluralism by making Spanish-speaking and other audiences who lack access to live Spanish-speaking theatre aware of the depth and value of pride and the desire to excel and contribute to the American society. (Article I, Mission. By-Laws of Teatro Círculo, LTD., Adopted at board meeting, June 14, 2001)

Esta primera misión que, vista retrospectivamente, parece muy general, evidencia el fuerte vínculo que los fundadores de la compañía mantienen con sus raíces y lugar de origen. También hace hincapié en el idioma español como lengua del capital cultural niuyorquino al que Teatro Círculo contribuye durante su etapa de nacimiento y desarrollo.

Con el paso del tiempo, sin embargo, la compañía parece percatarse de que su visión requería un proceso articulativo más complejo para reflejar las nuevas circunstancias de sus miembros, ya no como nuevos inmigrantes, sino como residentes permanentes y comprometidos con Nueva York. La conciencia de asentamiento en la ciudad requiere observaciones que tomen en cuenta la integración en comunidades diferentes de la propia, por lo cual la misión evoluciona hacia otra propuesta también perteneciente a una etapa, si queremos, adolescente de la compañía:

Teatro Círculo Ltd. is a theater company founded by a group of Puerto Rican artists with a strong academic background committed to preserving and promoting our cultural heritage through the presentation of creative, inclusive and educational theater works. It is our purpose to expose the public to the best works of Spanish and Latin American playwrights, both contemporary and classical and in general, to foster a better appreciation of the richness of Latin American and Iberian cultures in the context of the pluralism that characterizes NYC. (Teatro Círculo's Fact Sheet, 2007)

De estas dos iteraciones de la misión, se desprende que Teatro Círculo se proponía exponer al público a una variedad de producción dramática de la literatura clásica y contemporánea, hasta ese momento mayormente española y puertorriqueña. El idioma de representación sigue siendo el español (aunque ya no explícito en la misión). Esta versión de la misión, que se sigue utilizando hasta hoy en día como parte de la hoja informativa de Teatro Círculo, reitera el objetivo fundamental de reclamar un espacio dentro del contexto de la diversidad cultural que define a la ciudad de Nueva York. Vale la pena subrayar que esta misión se ancla en un objetivo educativo dentro de una cultura que aún se identifica como primordialmente puertorriqueña, pero sugiere un alcance más amplio y diverso dentro del capital cultural que promueve, aunque todavía limitado a las culturas latinoamericanas e iberoamericanas. Esta diversidad se manifiesta en la oferta de obras[10] producidas por Teatro Círculo durante esta etapa incluyendo: a) las obras del teatro clásico español: *Entremeses de Cervantes*, *La dama duende* de Calderón de la Barca y *La celosa de sí misma* de Tirso de Molina; b) las obras del teatro clásico y contemporáneo puertorriqueño: *Los soles truncos* de René Marqués, *Los titingós de Juan Bobo*, *Mofongo con ketchup* y

---

10 Para una relación cronológica de las obras producidas por Teatro Círculo, ver el Apéndice 1.

¡Puerto Rico fua!, las tres del escritor argentino radicado en Puerto Rico, Carlos Ferrari y *Amores jíbaros*, un programa que incluye las obras costumbristas del siglo XIX, *Un matrimonio al vapor* de Francisco Irizarry y *Me saqué la lotería* de Manuel Alonso Pizarro; y c) obras contemporáneas originales de artistas latinos radicados en Nueva York como: *¡Qué felices son las Barbies!* de Wanda Arriaga, *Dibujo de mujer* de Virginia Rambal, *Amor perdido* de Eva Cristina Vásquez, *Away* de Nancy Mercado, *Tiempo de tango* de Pablo Zinger, *Un Quijote en Nueva York* y *Lorca Federico Lorca*, ambas de Luis Caballero. Este último grupo de piezas aborda la necesidad de espacios para promover y producir la dramaturgia del talento local latinoamericano y latinx emergente desde sus nuevas circunstancias a partir de su radicación en la ciudad. Más allá de la necesidad de mantener las expresiones del teatro clásico español como medio principal de fomentar y sostener la cultura de habla hispana en Nueva York, surge trabajo original desde las experiencias artísticas de voces contemporáneas al crecimiento de la compañía.

Es importante destacar, sin embargo, que la obra *Away*, de Nancy Mercado, es la primera incursión de la compañía en la esfera denominada latinx, tanto por la temática y situación de la misma en coordenadas espaciales estadounidenses, como por el empleo predominante del idioma inglés como lengua de comunicación en la pieza. En *Away* la reconocida escritora Nancy Mercado, nacida en New Jersey y parte del distinguido movimiento literario "Nuyorican Movement", examina el impacto de la crisis del SIDA en el seno de una familia latinx/puertorriqueña en los Estados Unidos.[11] Aquí percibimos que, poco a poco, la oferta de Teatro Círculo demuestra identificación con las realidades sociales contemporáneas, así como integración a

---

11 La producción de *Away* le fue comisionada a Teatro Círculo por el Hispanic Aids Forum, bajo la dirección de Heriberto Sánchez, con fondos del National Endowment for the Arts.

la diáspora puertorriqueña y latinx de la ciudad. Con esta y otras producciones, la compañía comienza a reconocer en su oferta la necesidad de incluir tendencias no previstas en su misión original como, por ejemplo, la escritura estimulada desde la actuación, la dirección o por las circunstancias sociales que afectan a las comunidades a las que sirven.

Consistente con las experiencias vividas por la compañía y con el objetivo de poner en marcha lo establecido en su misión, desde sus orígenes Teatro Círculo ha desarrollado una serie de programas comprometidos con las necesidades de sus diversos públicos y las de la clase artística latina en la ciudad. Entre estos programas se destacan: *Main Stage*, inicialmente temporadas en escenarios de teatros locales, hoy en día producidas en la sede de Teatro Círculo;[12] *National and International Touring Program*, giras en y fuera de la ciudad;[13] *Educational Program*, que consta de la presentación y preparación de charlas y guías de estudio para acompañar a nuestros públicos, mayormente universitarios, a lo largo de la experiencia teatral;[14] *School*

---

12 Localizada en el #64 al este de la calle 4 en Manhattan.

13 Aquí se destacan las giras en colaboración con otras compañías como el Puerto Rican Traveling Theater (*Entremeses de Cervantes*, *¡Qué felices son las Barbies!* y *Los titingós de Juan Bobo*); las giras en colaboración con Teatro Thalía (*Entremes de Cervantes*, *La dama duende* y *La celosa de sí misma*); las giras al Festival de Teatro del Siglo de Oro en El Chamizal, El Paso, Texas (*Entremeses de Cervantes*, *La dama duende*, *La celosa de sí misma*, *La Celestina* y *El caballero del milagro*). También se han hecho giras al Festival de Teatro Quijote, en París, Francia (*¡Qué felices son las Barbies!* y *Entremeses de Cervantes*), así como al Festival de Teatro Internacional en Agüimes, Las Palmas de Gran Canaria, España (*La celosa de sí misma*). La obra ¡Qué felices son las Barbies! se presentó en el Teatro Nacional de la República Dominicana. Entre las obras que se han presentado en Puerto Rico figuran: *Lágrimas negras: Tribulaciones de una negrita acomplejá'*, *El caballero del milagro*, *La Celestina*, *Lorca Federico Lorca*, *La casa de Bernarda Alba*, *El arte de la pintura* y *Sabina y Lucrecia*. Algunas de estas obras se presentaron en festivales de teatro del Instituto de Cultura Puertorriqueña. Para una lista de festivales, ver el apéndice 2.

14 Teatro Círculo reconoce la importancia de fomentar la promoción cultural desde la educación. Por medio de la creación de tareas pertinentes a cursos de español, literatura, historia, entre otros, buscamos contribuir al desarrollo de un público que más adelante opte por visitar

Program (en espera de ser reactivado), giras y talleres teatrales en escuelas de la ciudad; y *Training Unit Program*, la unidad de entrenamiento para actores profesionales y no profesionales. A través de estos programas se les brindan oportunidades culturales y educativas a públicos tanto locales como alejados de la ciudad y, en muchos casos, faltos de facilidades físicas para producir, ver y disfrutar del teatro hispano, latinoamericano y latinx que se ofrece en Nueva York.

Mediante sus giras, Teatro Círculo ha presentado sus producciones en comunidades latinas en: Florida, New Jersey, New Hampshire, Texas, Virginia, Rhode Island y Pennsylvania, así como en un sinnúmero de comunidades por todo el estado de Nueva York. Además, Teatro Círculo ha participado en festivales internacionales que incluyen: el *Décimo Encuentro Teatral Tres Continentes* celebrado en las Islas Canarias, España; varias ediciones del *Festival de Teatro del Siglo de Oro* en Chamizal, El Paso, Texas; y las ediciones XI y XIII del *Festival Quijote* en París; además de presentaciones en el Centro de Bellas Artes de la República Dominicana y en festivales de teatro internacional y puertorriqueño del Instituto de Cultura Puertorriqueña en la Isla, así como en producciones independientes que apoyan simultáneamente a los teatristas de ambas costas.[15]

---

el teatro de manera espontánea y vital. Las guías de estudio proponen: navegar las redes, estudiar vocabulario relacionado con el hecho teatral, descifrar aspectos específicos de la puesta en escena, evaluar la visita al teatro como participación cultural y discutir los temas planteados en las obras de acuerdo a su relevancia social, política, académica y/o personal. Con la visita teatral guiada se promueve la expansión de los horizontes experienciales de los estudiantes a través de la integración a la vida cultural de la ciudad. En el caso específico del teatro latinx que nos ocupa, se promueve la sobrevivencia cultural ante la representación incorrecta de nuestra herencia por parte de la cultura dominante.

15 Teatro Círculo Ltd. (Nueva York) estuvo incorporada en Puerto Rico como Teatro Círculo Inc. (2006-2018), lo que ha facilitado la colaboración entre artistas latinos radicados en Nueva York y artistas isleños. Entre los proyectos producidos entre ambas costas están: *El caballero del milagro*, *Sabina y Lucrecia* y *La casa de Bernarda Alba*. Además, se produjo el proyecto *El arte de la pintura*, texto ganador del certamen de dramaturgia

La unidad de entrenamiento ofrece talleres de desarrollo de destrezas que preparan a los actores latinos para participar en el competitivo mercado de talentos profesionales que circulan constantemente por la ciudad de Nueva York. Esta oportunidad permite a los participantes expandir y explorar sus habilidades en áreas relacionadas con la voz, el movimiento y la caracterización, a la vez que se ponen al día con técnicas practicadas en el ámbito teatral profesional e internacional. Entre los facilitadores invitados, la compañía ha contado con el apoyo de artistas locales e internacionales de la talla de (por orden alfabético): Carlos Araque (Teatro Vendimia, Colombia), David Brimmer (NYU Tish School of the Arts, Nueva York), Luis Caballero (Puerto Rico, Nueva York), Antunes Filhio (Grupo Macunaíma, Brasil), Eva Gasteazoro (Nicaragua, Nueva York), David Dean Hastings y Alexandra Hastings (En Garde Entertainment, Nueva York), Patricia Hoffbauer (Brasil, Nueva York), Luis Jiménez (Jacques Lecoq, París), Marcos Martínez (Universidad de San Diego, California), Tom Nellys (SITI Company, Nueva York), Floyd Rumohr (Chekov Ensemble, Nueva York), George Emilio Sánchez (College of Staten Island, CUNY y Hemispheric Institute, Nueva York), Rosabel Ottón (Universidad de Puerto Rico, P.R.), Carmelo Santana-Mojica (Universidad de Puerto Rico, P.R.), Fay Simpsom (Lucid Body, Nueva York), Susan Young (Conservatorio de Música de Puerto Rico, Nueva York), Dean Zayas (Universidad de Puerto Rico, P.R.) y Pablo Zinger

---

del Instituto de Cultura Puertorriqueña, como parte del Festival de Teatro Puertorriqueño de dicha institución. Esta colaboración entre ambas costas ha facilitado el que actores, directores, talleristas, diseñadores y dramaturgos puertorriqueños participen de la experiencia teatral niuyorquina integrados a artistas latinos en Nueva York como parte de un proceso de producción. También ha propiciado la visita a Nueva York de producciones invitadas como en el caso de las obras *Siete veces siete* (Palanganas Incorporado), *El gran final* de Ricardo Santana y *Secretos prohibidos* de Tere Marichal, dirigida por Rosabel Otón.

(Uruguay, Nueva York).[16] Gracias a la colaboración de estos talleristas, Teatro Círculo logra cerrar la brecha creada por la ausencia de programas de teatro en las universidades estadounidenses dedicados al entrenamiento académico de la población teatral que da servicio a comunidades específicas, como la de habla hispana.

Sostener tan ambiciosa labor no es una tarea fácil. A diferencia del teatro en Broadway, el teatro latino de Nueva York no cuenta con un público turista que lo sostenga. La respuesta de los públicos se ve afectada, por ejemplo, por la dificultad económica para mantener una publicidad que compita con la de Broadway. El caso del éxito de Lin-Manuel Miranda, escritor latino/puertorriqueño, con sus obras en Broadway *In the Heights* y la muy merecidamente premiada

---

16 Los talleres ofrecidos hasta el momento son:
-1998 *The Bubble, Antunes Filhio's Acting Technique*, Antunes Filhio.
-1999 *Suzuki Acting Techniques*, Marcos Martínez.
-2000 *In Search of the Buffoon*, Luis Jiménez.
-2001 *Rhythm and Stanzas of the Spanish Golden Age*, Carmelo Santana-Mojica.
-2002 *Know Yourself, Know Your Voice*, Susan Young.
-2003 *Suzuki and Viewpoints*, Tom Nellys.
-2004 *Suzuki*, Tom Nellys.
-2005 *Lorca's Characters*, Luis Caballero.
-2006 *Danza-teatro*, Patricia Hoffbauer.
-2007 *The Psycho Physical Gesture*, Floyd Rumohr.
-2008 *Stage Combat*, David Brimmer y *Lucid Body*, Fay Simpson.
-2009 *Fundamentals of Rapier y Fundamentals of Unarmed*, David Dean Hastings y Alexandra Hastings.
-2010 *Boal's Theater of the Oppressed*, George Emilio Sánchez.
-2014 *Sobre la naturaleza y forma del trabajo autobiográfico*, Eva Gasteazoro.
-2015 *Cervantes y Shakespeare: La Construcción del Personaje*, Dean Zayas.
-2016 *Personajes de la Commedia Dell'Arte*, Rosabel Ottón.
-2018 *Manejo Emotivo de la Voz y el Cuerpo del Actor*, Carlos Araque.
-2019 *Madrigales*, Pablo Zinger.

Hamilton, no es típico del teatro latino que se produce en Nueva York. Desde nuestra posición, las crisis financieras que provocan cortes de presupuestos a los programas culturales de la ciudad, afectan especialmente a los grupos teatrales que trabajan a pequeña escala. En este sentido, las compañías de teatro latino en Nueva York funcionan, en mayor o menor medida, desde el margen en Off Broadway, Off-Off Broadway y hasta el más off-off-off de los offs.[17]

A pesar del impacto de las crisis económicas, Teatro Círculo se dio a la labor, conjuntamente con las compañías hermanas IATI[18] y Choices, de comprarle un edificio a la Ciudad de Nueva York, con la condición y compromiso de recaudar los fondos para su restauración.[19] El proyecto fue impulsado por la entonces concejal Margarita López, empeñada en reforzar la visibilidad de la cuadra evidentemente artística de la calle 4, entre la Segunda Avenida y Bowery, en Manhattan, para transformarla en un distrito cultural. Las tres compañías hermanas aunaron esfuerzos en un afán que tomó alrededor de ocho años de paciencia y $5.1 millones de dólares. De ahí surge la sede de Teatro Círculo, inaugurada el 14 de noviembre de 2013, en el #64 E de la Calle 4. Con esta sede Teatro Círculo e IATI se convierten en las primeras compañías de teatro latino dueñas de salas teatrales en Manhattan.[20]

La localización de la sede ubica a Teatro Círculo dentro de un distrito artístico que es también hogar de prestigiosas compañías de relevancia histórica para las artes representativas en Nueva York como: La Mama Theater, New York Theater Workshop, DUO Theater, WOW Café,

---

17 Por su número de butacas y su ubicación, Teatro Círculo, una organización sin fines de lucro, pertenece a la categoría off-off Broadway.

18 Instituto de Artes Teatrales Internacional.

19 El costo inicial de esta compra fue la cantidad simbólica de $1.00.

20 Teatro Pregones fue la primera compañía de teatro latino en convertirse en dueña de su propia sala teatral en la ciudad de Nueva York (2005), ubicada en la avenida Walton en el Sur del Bronx.

Downtown Arts, Alpha Omega Dance Company y Rod Rogers Dance Company, entre otras. El edificio que alberga a Teatro Círculo cuenta con dos salas de cámara negra (una con capacidad para 74 personas y la otra para 50), oficinas administrativas y espacios de ensayo. En el año 2018, con la equipación de luces teatrales en la sala de ensayos, la compañía ha sumado un tercer espacio de representación con cabida para 35 personas, conocido como The Studio Theater.

Para Teatro Círculo la bendición de tener su propio teatro y espacios de representación, viene seguida de nuevas responsabilidades y posibilidades como explica José Cheo Oliveras: "The renovation of this building will anchor us in this historical theater block. We are proud to have the opportunity to serve the cultural needs of the Latino community of the Lower East Side and to be part of the revitalization of this "de facto" theatre district" (teatrocirculowordpress.com). Además de asentar a Teatro Círculo en un espacio fijo, resolviendo la antigua necesidad de itinerar por la ciudad, las nuevas facilidades le propician a la compañía la posibilidad de temporadas de producción más largas, la seguridad de brindar servicios al colaborar y compartir recursos con otros grupos que no tienen sus propios espacios y la probabilidad de generar ingresos independientes de ayudas externas. Esta nueva coyuntura le permite a Teatro Círculo subvencionar muchos de sus costos operativos, además de competir por becas y ayudas financieras que dependen de la autosostenibilidad de parte de las compañías que las solicitan.[21]

---

[21] La labor de Teatro Círculo se ve facilitada gracias a auspiciadores que incluyen instituciones gubernamentales como: The National Endowment for the Arts, New York State Council on the Arts, New York City Department of Cultural Affairs, New York City Mayor's Office, New York City Council, Councilwoman María del Carmen Arroyo, Councilwoman Margarita López, Councilwoman Rosie Méndez, Councilwoman Carlina Rivera, Office of Parks and Recreation & Historic Preservation. Otras instituciones gubernamentales incluyen: Instituto de Cultura Puertorriqueña, Departamento del Trabajo de Puerto Rico, Consulado

Las nuevas circunstancias de Teatro Círculo también han proporcionado el espacio para expandir los programas que la compañía ofrece a la comunidad tanto artística como ciudadana. Gracias a esto, además de los programas anteriormente citados, se han desarrollado dos nuevos programas de servicio: *Teatro Círculo's Callback Series* y *Abuelito, Dime Tú*.

Callback Series es un programa que le brinda una segunda oportunidad a producciones de artistas independientes cuyas piezas, por motivos extra-artísticos, hayan tenido un limitado período de exposición al público. Teatro Círculo les provee a estos artistas una infraestructura de producción que incluye: espacio de presentación, apoyo en los diseños de escenografía y luces, además de publicidad y un estipendio para subvencionar gastos de producción. Este año (2019), se celebró la quinta temporada de *Callback* que ya ha presentado a trece artistas y/o grupos independientes, incluyendo nueve espectáculos unipersonales y obras originales de artistas locales y visitantes.[22] Esta oportunidad provee una plataforma para disfrutar de trabajo nuevo, expandiendo el registro de la

General de España en Nueva York y el Program for Cultural Cooperation Between Spain and U.S. Universities. Teatro Círculo también ha recibido contribuciones de fundaciones privadas como: N.Y. Community Trust Fund, Rockefeller Foundation, Rockefeller Brothers Foundation, Arts International, Association of Hispanic Arts (AHA), Hispanic Federation, A.R.T. New York, J. P. Morgan Chase Foundation, Marcus Foundation y Howard Gildman Foundation. Entre las corporaciones que aportan a Teatro Círculo están: Con Edison, Bank of America, Macy's y Brooklyn Gas.

22 Las obras producidas por Callback Series incluyen:
-**Temporada 2015**: *Láyel,* de Joselo Arroyo; *Fucking Cold,* de Nivia Marrero; y *El gran final,* de Ricardo Santana.
-**Temporada 2016**: *Manchild Machismo,* de A.B. Lugo; *Rhapsodia,* de Omar Pérez; y *Someday a Father Be,* de Indio Meléndez.
-**Temporada 2017**: *Trans-Mission,* de Barbra Herr; y *Olvidadas,* de Pablo García-Gámez.
-**Temporada 2018**: *Máscaras afuera,* de Joselo Arroyo; y *Seis,* de Federico Roca.
-**Temporada 2019**: *Inenarrable,* de Waddys Jaquez; y *Cariaquito morao,* de Pablo García-Gámez.

oferta teatral de la compañía a la vez que se crea el espacio para llegar a nuevos públicos.

No pasamos por alto el que, al igual que las obras que nos ocupan en esta antología, la elección de piezas para el programa Callback Series también ha contribuido a la promoción de una dramaturgia, hasta el momento, poco publicada, poco representada y, en muchos casos, producto de la autogestión. Además, ha servido para explorar modelos de colaboración y reclutamiento de producciones que incluyen: la solicitud y postulación por parte de los participantes, la exploración y reclutamiento directo de piezas por invitación de Teatro Círculo y, comenzando el año 2020, la colaboración con festivales de teatro locales. Este último modelo de colaboración consta de la presentación de obras en *Callback Series* como estímulo y premio de dichos festivales.[23]

Celebrando su quinta temporada, el programa *Abuelito, Dime Tú*,[24] parte de la *Cultural Immigrant Initiative at Teatro Círculo*,[25] está diseñado para entrenar a personas de la tercera edad en diferentes aspectos de las artes teatrales. Los participantes son instruidos en: dramaturgia, dirección escénica, actuación, diseño de escenografía y coreografía, entre otras destrezas. La temporada de entrenamiento culmina con una presentación teatral en la que se muestra el resultado de los talleres que se han llevado a cabo en diferentes centros para dicha población en la Ciudad de

---

23 En la edición Callback 2020 se presentarán las obras ganadoras de los festivales Fuerza Fest (2019) y Monologando Ando (2019).

24 La misión del programa estipula:

"Abuelito, Dime Tú" (Tell Me a Story, Grandpa) is a theater arts program for senior citizens that trains them in theater skills from playwriting to set design to presentation. We believe that promoting such experience acknowledges our debt to our creative seniors, developing a renewed sense of self-worth. This program stimulates self-discovery and empowerment through the arts in our adult's constant process of change and growth. (Programas de las temporadas 2016-2019 de *Abuelito, Dime Tú*)

Nueva York.[25] *Abuelito, Dime Tú*, programa galardonado en el 2018 con un premio especial de la Asociación de Cronistas del Espectáculo (ACE), por la contribución y servicio a la comunidad de la tercera edad, ha contado con la participación de ocho centros de envejeciente entre los coordinados por Teatro Círculo y sus invitados de otros condados de la ciudad.[26] Entre las metas futuras de Teatro Círculo está el poder expandir este exitoso programa a centros de servicio a ciudadanos de la tercera edad por toda la ciudad de Nueva York.

Con nuevas capacidades, nuevos espacios de trabajo y con la ayuda de una junta directiva comprometida con el desarrollo pleno de Teatro Círculo, la compañía examina y evalúa el pasado y el presente a la vez que mira al futuro con ojos renovadores y energía fresca. Al evaluar la labor de veinticinco años de Teatro Círculo y como resultado de un examen riguroso de las misiones antes citadas, se impone una nueva misión que actualiza la visión del grupo:

Teatro Círculo provides a home for Latino/Latin American and Spanish theater in the heart of New York City, where quality plays are produced and presented at affordable fees to the general public and where

---

[25] El programa *Abuelito, Dime Tú* fue creado por el director artístico de Teatro Círculo, José Cheo Oliveras. El programa es coordinado por Rubén Darío Cruz en colaboración con las instructoras y directoras Mariana Buoninconti y Mariangélica Ayala. *Abuelito, Dime Tú* ha sido financiado exclusivamente con fondos discrecionales otorgados por la Concejal Rosie Méndez (al comienzo de la iniciatiava) y la Concejal Carlina Rivera (en el presente).

[26] Los centros participantes de las cuatro temporadas de *Abuelito, Dime Tú* son:
-**Temporada 2016**: Lillian Wald Senior Center; Woodstock Senior Center; Morris Senior Center; Hamilton Senior Center.
-**Temporada 2017**: Lillian Wald Senior Center; Grand Street Settlement Grand   Coalition of Seniors.
-**Temporada 2018**: Lillian Wald Senior Center; Grand Street Settlement Grand   Coalition of Seniors; Hamilton Senior Center.
-**Temporada 2019**: Lillian Wald Senior Center; Grand Street Settlement Grand   Coalition of Seniors; Cypress Hills-Fulton Street Senior Center; Project Find Senior Centers; Bronx Works Senior Centers.

educational opportunities, space, and other resources are made available for the creation and development of the performing arts at large. (Article I, Mission. By-Laws of Teatro Círculo LTD, Adopted at board meeting of May 12, 2015)

Esta nueva misión, mucho más compleja e incluyente, refleja un largo y dinámico proceso histórico. Destacamos, por ejemplo, la desaparición explícita del español como lengua exclusiva de representación. Hoy en día se presentan obras en español, con supertítulos en inglés o viceversa. Además, aparece la inclusión explícita de la identidad latinx reconocida como parte integral del trabajo que la compañía promueve como nuestra herencia cultural y la de la ciudad de Nueva York. También, la nueva misión asume una responsabilidad institucional en el proceso de desarrollo de otros artistas. De paso, la misión identifica la necesidad de mantener accesibilidad en los precios de la oferta y su compromiso de tomar en cuenta este factor determinante en la participación de diversos públicos.

Al examinar la evolución de Teatro Círculo, adoptamos las observaciones que Juan Flores hace sobre la transformación orgánica de las relaciones sociales, políticas y culturales de la diáspora puertorriqueña, identidad explícita en las primeras misiones de la compañía. Al entrar en contacto con nuevas realidades que son ajenas a las de la experiencia migratoria original y reflejar un proceso de integración dentro de otros modelos, vemos que:

[…]la formación de la identidad diaspórica se encuentra, en nuestro tiempo, en medio de un proceso comparable de re-criollización, un nuevo tipo y nivel de interacción y de fusión cultural que incluye las experiencias culturales con las que entran en contacto. Eso ha significado las relaciones de los puertorriqueños de los Estados Unidos con caribeños de diferentes trasfondos, con otros latinos, con asiático-americanos, italianos, irlandeses y europeos del este y, sobre todo, con los afro-americanos. Estos intercambios y convergencias no están supeditados a la formación cultural diaspórica; son integrales y definitorios de tal formación. (Flores 116.)

Advertimos así que, de acuerdo con la idea expuesta arriba, la identificación con nuevos grupos y circunstancias amplía el sentido de identidad de Teatro Círculo en la etapa actual de su misión. No solo vemos que la misión de Teatro Círculo ha sido reevaluada a lo largo del tiempo, sino que podemos contar con que las futuras revisiones reflejarán las nuevas necesidades que emerjan de la relación de la compañía con las distintas comunidades a las que sirve y servirá a lo largo de su historia.

El deseo de exponer a estas comunidades a una producción teatral que refleje la fusión cultural dentro de la que existe, le ha permitido a Teatro Círculo expandir sus intereses y fortalecer su repertorio. Tal y como señalado anteriormente, a la producción de obras clásicas que distingue a Teatro Círculo desde sus inicios, se suma la producción de obras contemporáneas, algunas estrenadas en Teatro Círculo, otras como parte de *Callback Series*, además de las que ya han sido previamente éxitos en otros lugares. Dichas producciones manifiestan la necesidad de discutir desde las tablas temas como: la migración (*Cariaquito morao*, de Pablo García Gámez; *Fucking Cold*, de Nivia Marrero; *Carmen Loisaida*, de Eva Vásquez), la historia (*El arte de la pintura*, de Leo Cabranes-Grant; *La caída de Rafael Trujillo*, de Carmen Rivera), la creatividad (*Miguel Will*, de José Carlos Somoza; *Lorca Federico Lorca*, de Luis Caballero) y temas de género, especialmente en la oferta del *Callback Series* (*Láyel*, de Joselo Arroyo; *Trans-Mission*, de Barbra Herr; *Manchild Machismo*, de A.B. Lugo; *El gran final*, de Ricardo Santana Ortiz). A estas se suman obras que reflejan otros temas diversos dentro de la complejidad de la experiencia humana (*Sabina y Lucrecia*, de Alberto Adellach; *Aviones de papel* y *Algodón de azúcar*, ambas de Diana Cheri-Ramírez; *Olvidadas*, de Pablo García Gámez; *Rhapsodia*, de Omar Pérez) y otros temas de interés social, como la crisis del VIH/SIDA, en nuestras comunidades (*Inenarrable*, de Waddys Jaque; *Away*, de Nancy Mercado), o el efecto en nuestras comunidades de la violencia y el movimiento Black Lives Matter (*Some Day A Father Be*, de Indio Meléndez). Dentro de esta variada discusión de temas no se pueden dejar atrás las obras producidas por los participantes de *Abuelito, Dime Tú*; obras que reflejan una mirada tanto a los espacios comunes antes discutidos, así como a los nuevos retos que surgen en la tercera edad. Destacamos los temas de: la cultura, la migracón, la tradición, la comunidad, la memoria, la productividad, la capacidad de aprender, el reconocimiento y la alegría de vivir, de entre los temas que hacen de *Abuelito, Dime Tú* un programa exitoso e importante de mantener.

Como cierre a este resumen de la visión, misión y logros de Teatro Círculo, es preciso discutir las relaciones entre la compañía y la comunidad del teatro latino en Nueva York, para destacar la importancia y alcance conjunto de estas en el cuadro más amplio dentro del que existen. Partiendo de la premisa de que todo trabajo individual es más visible a partir de la unión, hacer labor de abogacía por la existencia y sobrevivencia de una familia extendida permite avalar el desarrollo de la historia del teatro latino en esta ciudad. En este contexto, la trayectoria de Teatro Círculo le ha permitido unir esfuerzos con otras siete compañías de teatro latino dentro de una alianza que vela por los objetivos comunes de grupos con una larga historia de producción artística en la ciudad. La Alianza de Teatros Latinos de Nueva York, fundada en el año 2010, busca la fuerza de la unión para proteger la producción, aporte y legado de compañías que, sin fines de lucro y con sedes en la ciudad, promueven la producción teatral orientada a la educación, el entretenimiento, el desarrollo de un público que guste del teatro tanto en inglés como en español y la preservación de la herencia cultural latina en la ciudad, entre otros objetivos. Hasta el momento, los logros políticos más importantes que se desprenden de la Alianza son: 1) la articulación de un esfuerzo conjunto no existente hasta el momento; 2) el poder del impacto logrado como grupo, nunca antes alcanzado como compañías individuales; 3) la influencia en el cambio de la mentalidad en los procesos de distribución de fondos públicos de los que los grupos latinos participan muy desproporcionalmente; y 4) el llamar la atención de líderes políticos latinos hacia la disparidad existente logrando que estos brinden su apoyo al esfuerzo por cambiar la manera de pensar de los líderes de organizaciones culturales gubernamentales y privadas que proveen fondos. A sus veinticinco años de existencia, Teatro Círculo no solo se enorgullece por sus méritos individuales, sino también por aportar a un esfuerzo que promueve el liderazgo, el compartir recursos estratégicos, el mantener precios accesibles a un público muchas veces privado de participar en actividades culturales y el apoyar a las generaciones de artistas ya establecidos y/o emergentes en la ciudad. Así, con mucho brío y deseos de crecimiento y larga vida, Teatro Círculo se une en alianza a: Repertorio Español, Teatro SEA, Teatro LATEA, IATI Theater, Thalia Hispanic Theatre y Pregones/Puerto Rican Traveling Theater para defender la existencia y continuidad del teatro latino en Nueva York.

La antología

Como complemento al registro de la narrativa que ha definido la visión y misión de Teatro Círculo a través de sus veinticinco años, nos hemos dado a la tarea de recopilar siete de las doce obras teatrales que han sido estrenos mundiales en esta compañía. Reiteramos que aquí asumimos una labor que hemos pasado por alto hasta el momento, la de crear un registro que sirva a la vez para reconocer, documentar y componer un volumen al alcance del público interesado en examinar estas obras, tanto para su entretenimiento como para ampliar el estudio del teatro escrito en Nueva York. La necesidad de publicar textos inéditos y/o escritos por miembros de la compañía, para su preservación y disponibilidad en esta antología, es una extensión del trabajo educativo hacia el que Teatro Círculo se inclina como uno de los pilares en su misión. Con esta colección privilegiamos el texto escrito como génesis del hecho teatral de obras que ya han sido probadas sobre el escenario y, por lo tanto, confrontadas con nuestros diversos públicos en y fuera de Nueva York. Aquí las proponemos como parte de un archivo necesario para comprender el teatro producido en esta ciudad como una actividad donde texto y puesta en escena forman parte de un todo.

Hemos considerado siete obras que han sido o comisionadas por la compañía para ser estrenadas por esta o que son expresiones de fe de Teatro Círculo en la escritura de sus miembros activos. Estas obras son testimonio de la apuesta por promover a dramaturgos no tradicionales, poco o no publicados, lo que siempre puede resultar en un riesgo a la hora de atraer al público. El éxito de las producciones y la acogida del público muchas veces corroboran que la posibilidad de riesgo es tal vez una de las ventajas de las compañías teatrales que operan a menor escala. La apuesta favorece la producción de material nuevo pertinente a la representación de temas y narrativas que logran universalidad desde la especificidad de lo local, como señala Patricia Ybarra en su análisis del teatro Latinx:

> Theater targets a smaller and often exclusive audience, making its critique less widely available than other forms. Yet there is some potential in this lesser scope. While there is often pressure in commercial

theaters to make bankable work, there are independent and university theaters that can afford to plout the desire for capitalist, individualistic heroic narratives. […] Quite simply, I believe that theater's smallness and its lack of mainstream relevance allow us to tell different stories. […] In a similar vein, the locality of theater at the site of production can privilege ideas, concepts, narratives, and subject matters that do meet national and international standards of popular interest, expanding the possibilities for representing local, global, and glocal concerns of divergent communities. (xi-xii)

Al reflexionar sobre la libertad de producción expuesta arriba, vemos que Teatro Círculo aprovecha su privilegio como lugar donde los artistas pueden experimentar y probar su talento con el respaldo de una infraestructura de producción que los apoye en el esfuerzo de autorepresentación, aún a riesgo de no ser rentables. Esta visión alivia la presión económica para los artistas escritores y crea el espacio para exponer al público a trabajo emergente desde la autogestión.

Los textos originales que aquí aparecen se han gestado desde la dramaturgia escrita por actores[27] o desde la visión del director de las piezas.[28] Estos textos incluyen (por orden alfabético del autor): *¡Qué felices son las Barbies!*, de Wanda Arriaga; *Un Quijote en Nueva York* y *Lorca Federico Lorca*, ambas de Luis Caballero; *Trans-Mission*, de Barbra Herr; *Amor perdido, Lágrimas negras*[29] y *Carmen Loisaida*, de Eva C. Vásquez.

Otros estrenos mundiales de Teatro Círculo incluyen

---

[27] Este es el caso de las piezas escritas por: Wanda Arriaga, Barbra Herr y Eva C. Vásquez.

[28] Este es el caso de las piezas de Luis Caballero. Parcialmente es también el caso de la pieza de Barbra Herr, dirigida por Luis Caballero, aunque escrita por ella.

[29] *Lágrimas negras: Tribulaciones de una negrita acomplejá'* aparece publicada en: *Se vende, se alquila o se regala: Antología de dramaturgia latina en Nueva York*. Editorial Campana, 2008.

las obras: *El arte de la pintura,* de Leo Cabranes Grant;[30] *Away,* de Nancy Mercado;[31] *Dibujo de mujer,* de Virginia Rambal;[32] *La caída de Rafael Trujillo,* de Carmen Rivera;[33] así como la revista musical *Tiempo de tango,* del distinguido pianista y director musical, Pablo Zinger.[34]

Estas piezas responden al desarrollo de la historia de la compañía Teatro Círculo en sus veinticinco años de existencia y reflejan, si bien inadvertidamente, el despertar de una conciencia de asentamiento en la ciudad de Nueva York. Esto parecería ir a la par de la revisión y expansión de la misión original de la compañía para incluir textos contemporáneos a su propio crecimiento. Las obras muestran lugares comunes con la historia de una compañía fundada por inmigrantes quienes buscan crecer en otras direcciones acordes con sus nuevas circunstancias. En ese sentido, el compromiso de Teatro Círculo con el teatro

---

30 Publicada en: Cabranes Grant, Leo. *El arte de la pintura*. Editorial Tiempo Nuevo, 2006. La puesta en escena de esta obra, producida por Teatro Círculo, se presentó exclusivamente en el Teatro Francisco Arriví, en Santurce, Puerto Rico, como parte del 47mo Festival de Teatro Puertorriqueño del Instituto de Cultura Puertorriqueña (mayo, 2006). La dirección fue de José Zayas.

31 La obra *Away* le fue comisionada a Nancy Mercado por los Centros de Prevención y Control de Enfermedades (Centers for Disease Control and Prevention), como parte de una campaña de educación y prevención del SIDA, orientada a mujeres jóvenes de color. Además del montaje de Teatro Círculo, esta pieza ha sido producida tanto por grupos teatrales, como por grupos comunitarios y se ha presentado en español e inglés en los Estados Unidos y en Puerto Rico. (thelatinoauthor.com)

32 Virginia Rambal (1950-2004).

33 Publicada en su original en inglés en: Rivera, Carmen. *To Catch the Lightning* and *The Downfall of Rafael Trujillo*. Lulu.com, September 13, 2015. La producción de Teatro Círculo se presentó en español, con traducción de Bersaida Vega, del 16 de octubre al 2 de noviembre del 2014. La dirección fue de Cándido Tirado.

34 *Tiempo de tango* recibió el premio HOLA 2004 a la Mejor Producción de Comedia o Teatro Musical (Outstanding Achievement in a Comedy or Musical Production). Pablo Zinger ha dedicado una parte importante de su impresionante carrera, a trabajar como director musical de una variedad de espectáculos producidos por las compañías de teatro latino más reconocidas de Nueva York.

clásico español que le dio vida a la compañía, es visible en las piezas *Dibujo de mujer*[35] y *Lorca Federico Lorca*. También, acorde con la conciencia recién migrada, oscilando entre dos culturas y todavía no completamente asentada en su nueva casa, algunos de estos textos resaltan el contacto con el lugar de origen, como es el caso de los unipersonales *¡Qué felices son las Barbies!*, *Amor perdido* y *Lágrimas negras*, las tres con coordenadas espaciales en Puerto Rico entre otros espacios como El Medio Oriente, Nueva York y México. Con el tiempo, algunos de estos autores evidencian haber asimilado su estatus como residentes permanentes en Nueva York y enfatizan narrativas de migraciones en sus textos. Estas circunstancias quedan manifiestas en las obras *Un Quijote en Nueva York* y *Carmen Loisaida*. En estas obras, la ciudad y la multiplicidad de identidades neoyorquinas, de orígenes latinoamericanos, son personajes principales de ambas tramas. *Trans-Mission* es, además, la primera incursión directa de Teatro Círculo en solidaridad con las comunidades LGTBQ+. Aunque otras obras con temas LGTBQ+ se han presentado como parte del programa *Callback Series*,[36] con *Trans-Mission* Teatro Círculo amplía el foro de discusión, desde adentro, creando una importante plataforma para la creación de espectáculos inclusivos.

Otro tema común entre los textos a continuación es el empleo del idioma. En estas obras, se destaca una preferencia por escribir en español, con la única excepción de *Trans-Mission* que, aunque estrenada en inglés y así incluida en esta publicación, también fue traducida para su representación en español.[37] A pesar de la inclusión

---

35 La obra *Dibujo de mujer*, de Virginia Rambal, no forma parte de esta antología, porque no es de dominio público.

36 Entre las obras de tema LGBTQ+ presentadas en *Callback Series*, se encuentran: *Máscaras afuera*, de Joselo Arroyo; *Olvidadas*, de Pablo García Gámez; *Manchild Machismo*, de A.B. Lugo; *Someday A Father Be*, de Indio Meléndez; *Seis*, de Federico Roca; y *El gran final*, de Ricardo Santana.

37 *Trans-Mission*, en su versión en español, estaba programada para estrenar en Puerto Rico en el 2017, pero este plan se vio frustrado por el

de textos en inglés en la oferta artística de Teatro Círculo, el mantener una posición firme sobre la importancia de representar en español es una forma de reconocer que el idioma es igualmente un tema de fricción y sobrevivencia en una ciudad que se caracteriza por ser multirracial, multiétnica y multilingüe. De esta manera se reivindica el derecho al entretenimiento, la educación, el activismo, etc., desde la lengua materna. Por otro lado, escribir y representar en español provee un terreno fértil para artistas que contribuyen a mantener la sobrevivencia del idioma como patrimonio cultural de Nueva York. Por si fuera poco, el mantener una oferta teatral en español, ofrece alternativas educativas para públicos no hispanohablantes deseosos de participar de la producción cultural en dicha lengua. Sobre todo, la producción de textos en español facilita el que un gran sector de la comunidad hispanohablante, que aún no domina el inglés, pueda asistir al teatro, no solo para su entretenimiento y educación, sino también para reconocerse en las tablas. Sensibles a los múltiples niveles de competencia lingüística entre las comunidades hispanas, latinoamericanas y latinx a las que Teatro Círculo sirve, la compañía le da la bienvenida a textos originalmente escritos en inglés, pero mantiene su compromiso con todos sus públicos a través de la traducción simultánea usando supertítulos en cualquiera de las dos lenguas.

A pesar de la diversidad de formatos, personajes e historias que aquí veremos, la característica en común más importante que tienen estos textos es el control de la narrativa desde la que se describe a las comunidades hispanas, latinoamericanas y latinx. Las obras a continuación representan voces genuinas que corresponden a múltiples experiencias reconocibles por estas comunidades. Los autores que nos ocupan, rompen con los estereotipos que

---

paso por la Isla de los huracanes Irma (6 de septiembre de 2017) y María (20 de septiembre de 2017).

permean la representación de personajes acartonados, para devolvernos una lectura multidimensional y no subalterna de lo hispano, latinoamericano y latinx, como observa Pablo García Gámez en el análisis de obras pares:

> Planteo que un grupo de hacedores de teatro recrea determinados aspectos históricos con la finalidad de brindar alternativas a imágenes y discursos hegemónicos creados sobre la hispanidad. […] los textos son parte de una contra-narrativa que desafía los relatos tradicionales, que replantean los términos y consecuencias de los encuentros entre culturas brindando una dimensión más acorde a la experiencia de los grupos inmigrantes. (30-31)

Es así que nuestros autores establecen una relación de retroalimentación con los públicos y, a su vez, muestran lo que aprenden de las comunidades dentro de las que viven para devolver reflejos y reflexiones sobre las realidades que nos afectan.

Como consideración final, si algo estimula la creación de esta antología es la escasez de publicaciones que recojan lo que en su reseña del estudio de Lowell Fiet, *El teatro puertorriqueño reimaginado*, la teatróloga cubana Vivian Martínez Tabares identifica como: "experiencias marginadas de otras "historias" o poco documentadas y sometidas a estudios críticos por los medios tradicionales" (149). La muestra aquí incluida se propone sacar del margen esta producción de textos, hasta ahora inaccesible casi en su totalidad, para que sirva de ejemplo de un activismo cultural que discute temas de género, clase, raza, migraciones, herencias culturales y lengua, entre otros temas de auto-representación que nos ocupan. Reivindicar una labor de creación que apuesta a reclamar espacios específicos desde realidades específicas, contribuyendo a la educación, al entretenimiento, a la creación de espacios de conciencia social, entre otros, es prueba de que Teatro Círculo también ha sido consistente con su misión de comisionar y producir trabajo original que fomente la apreciación de sus propios artistas.

Las obras

¡Qué felices son las Barbies! (1999), de Wanda Arriaga, es una obra unipersonal que cuenta la historia de Bárbara Pérez, una mujer que lucha con sus demonios a la vez que reflexiona sobre sus relaciones frustradas con los hombres y sus intentos desesperados de emular a la muñeca Barbie en un esfuerzo por mantenerlos. Sus ansias de perfección la llevan a sufrir múltiples operaciones estéticas que niegan la identidad e historia de una mujer puertorriqueña, de clase media trabajadora, sin acceso a los lujos a los que está acostumbrada la muñeca. Las dietas, ejercicios y sacrificios personales, no libran a la protagonista del abandono y maltrato de compañeros que no son capaces de respetarla ni de satisfacerla. Más bien, cada operación parece una forma de paliar su infelicidad o de disimular un maltrato. La obra presenta conflictos de género, clase, identidad, violencia doméstica y sobrevivencia, entre otros.

¡Qué felices son las Barbies! es el producto del proceso de una pieza corta (15 minutos) del mismo título. Wanda Arriaga creó el texto original como parte de un taller de escritura para actores latinos ofrecido por el Public Theater, bajo la dirección de George Emilio Sánchez. José Cheo Oliveras estimuló a la actriz a desarrollar la obra y convertirla en un espectáculo unipersonal, dirigido por él. La pieza se estrenó el año 1999 en el teatro Acting Studio, en Manhattan, Nueva York.

En el año 2001, *¡Qué felices son las Barbies!* formó parte de la gira de verano del Puerto Rican Traveling Theater, itinerando por diferentes parques, plazas y centros comunales de la ciudad de Nueva York. La obra se presentó en el Teatro Nacional de la República Dominicana. También formó parte del Festival Don Quijote, en París, en el año 2000. Además, ha tenido temporadas en otros teatros y ciudades, como producción ya independiente de Teatro Círculo. Wanda Arriaga fue galardonada con un premio ACE 2001, por su actuación en esta pieza.

Amor perdido (2002), de Eva Cristina Vásquez, narra historias de amor, lujuria y pérdida, hiladas por cuatro generaciones de mujeres puertorriqueñas y sus relaciones con diferentes guerras estadounidenses. La historia cuenta las consecuencias de: la Segunda Guerra Mundial en la vida de Lisístrata, una artista de cabaret reprimida por el amor y su suegra; la Guerra de Vietnam en la vida de Lisi, un espíritu libre dentro de un cuerpo preso de la drogadicción; la Operación Tormenta del Desierto en la vida de Lissette, una soldado víctima de la situación colonial que hace que jóvenes puertorriqueños se enlisten en las filas del ejército estadounidense; y una futura serie de televisión en la vida de Azad Lisamar, una actriz que protagoniza experiencias parecidas a la propia como producto de una relación interracial e intercultural entre dos grupos en guerra. La pieza discute temas como el abandono de la mujer, las consecuencias de la guerra, el poder de la independencia, los efectos de la drogadicción en la pareja, la maternidad subrogada, la solidaridad entre mujeres y el choque entre culturas, entre otros.

Amor perdido se estrenó en el año 2002, en el Blue Heron Arts Center, en Manhattan, Nueva York. La obra fue dirigida por Beatriz Córdoba y representó el comienzo de una colaboración extendida entre la autora/actriz y la directora.

Un Quijote en Nueva York (2005), de Luis Caballero, adaptación de la obra maestra de Miguel de Cervantes Saavedra, cuenta la historia de Felipe Caballero, un ciudadano neoyorquino de la tercera edad que abandona el centro de cuidados donde vive. Dentro del delirio causado por su incipiente enfermedad de Alzheimer, el protagonista emprende un viaje por la ciudad en compañía de Sancho, un inmigrante mexicano con quien crea lazos de solidaridad mutua. El autor recurre a los estereotipos de una ciudad cosmopolita (ladrones, prostitutas, policías, taxistas, vendedores ambulantes, etc.), para narrar historias que contrastan lo más cuestionable del ser humano con los ideales del protagonista y las necesidades de su compañero. Hace un especial hincapié en las historias de inmigrantes quienes reivindican su sobrevivencia en un ambiente cruel donde el chiste y el estereotipo acartonado encubren dolor y lágrimas. La obra discute temas como la tercera edad, la salud mental, la migración, la composición multiétnica de la ciudad, la solidaridad entre seres humanos con historias comparables, los estereotipos caricaturescos y los eventos del 11 de septiembre de 2001 que azotaron a la ciudad y estremecieron al mundo.

Un Quijote en Nueva York, coproducida con Teatro IATI, estrenó en el año 2005, en el New York Theater Workshop, en Manhattan, Nueva York. La pieza fue dirigida por su autor, Luis Caballero. Eva Cristina Vásquez fue galardonada con un premio HOLA 2006 a la Actuación Femenina Más Destacada.

Lorca Federico Lorca (2006), de Luis Caballero, cuenta una historia alternativa de la vida del autor español Federico García Lorca, a través de la poesía, el teatro y la música que nos dejó como legado. También narra el proceso creativo que inspiró, abrumó y liberó a Lorca hasta su temprana muerte por fusilamiento en el año 1936. En la pieza, se intercalan diálogos entre el autor y sus personajes (especialmente Bernarda Alba), los artistas que lo acompañaron en su carrera y hasta su propia musa, también premonitora de su muerte. Luis Caballero se vale de la intertextualidad, citando fragmentos de la obra que lo ayudan a tejer la trágica trama que oscila entre la grandeza del espíritu creativo, el duende que mueve a ese espíritu y las fuerzas destructoras que lo reprimen. Sobre todo, la obra de Lorca nos demuestra, a través de la pieza, que la sobrevivencia a la opresión es posible, a pesar de la muerte.

Lorca Federico Lorca, se estrenó en el año 2006, en el edificio de Teatro Círculo (antes de su renovación), en Manhattan, Nueva York. La pieza fue dirigida por su autor, Luis Caballero. Wanda Arriaga fue premiada con el ACE 2007 a la Mejor Actriz de Drama. Jessica Florí también recibió un Premio Sin Límite a la Mejor Actuación Femenina en un Drama.

Lágrimas negras: Tribulaciones de una negrita acomplejá' (2007), de Eva Cristina Vásquez, es un espectáculo unipersonal multimedia que explora las relaciones raciales en el Caribe hispanoparlante. La obra es un diálogo entre Belén, quien está por cumplir 15 años, la película *Angelitos negros* (1948, dir. Joselito Rodríguez), los medios de comunicación en masa (especialmente las radionovelas y los programas de chismes) y las campañas publicitarias (que constantemente imponen conceptos de raza e identidad que niegan las raíces africanas del Caribe). La protagonista oscila entre sus coordenadas espaciales en Puerto Rico, una madrina espiritual cubana y una estilista dominicana. Acompañamos a Belén en el proceso de aceptación de su herencia racial, antes negada por su lucha contra la textura natural de su pelo. La obra toca temas como: el racismo, las violentas relaciones de sexualización racial, los conflictos de clase, la celebridad, la maternidad, los medios de comunicación, la estigmatización, el movimiento circular de la historia y la libertad de romper los ciclos de opresión.

Lágrimas negras, inicialmente el producto de un taller de dramaturgia de Teatro IATI, estrenó en el año 2007, en Teatro Círculo, Manhattan, Nueva York. La obra fue dirigida por Beatriz Córdoba, quien fue galardonada con el premio HOLA 2008 a la Mejor Dirección del año.

Eva C. Vásquez también recibió un Premio HOLA 2007 al Unipersonal Más Sobresaliente y un Premio Extraordinario ACE 2008, fuera de concurso, en reconocimiento a su dramaturgia y actuación. La pieza fue invitada a presentarse en la Universidad de Puerto Rico y como parte del XLIX Festival de Teatro Puertorriqueño del Instituto de Cultura Puertorriqueña, en el Teatro Victoria Espinosa de Santurce. También tuvo una reposición en el Teatro Pregones, en el año 2013.

Carmen Loisaida (2011), de Eva Cristina Vásquez, toma como modelo una multiplicidad de genotextos que exploran el arquetipo de Carmen, desde la novella de Prosper Mérimée, la ópera de Georges Bizet y varias películas inspiradas en el tema, para discutir la situación desigual entre diferentes grupos de inmigrantes en el Lower East Side, también conocido como Loisaida. La obra se lleva a cabo en una variedad de locaciones del Bajo Manhattan, Nueva York, donde los personajes nos presentan fragmentos de sus historias de sobrevivencia. Las vidas de los habitantes de un edificio ocupado se van entremezclando con el triángulo amoroso formado por Carmen, una inmigrante puertorriqueña, José, un oficial de inmigración también puertorriqueño y el Carioca, un inmigrante brasileño indocumentado que necesita legalizar su estatus. Todos intentan sobrevivir en un mundo donde la solidaridad entre seres humanos es la única manera de honrar sus sueños y aspiraciones a una mejor vida. La justicia, la migración, la socialización, la integración y participación en la nueva cultura, la empatía, la solidaridad y la redención son temas centrales en esta obra.

Carmen Loisaida fue estrenada en el año 2011, en Teatro Círculo, Manhattan, Nueva York, dirigida por Beatriz Córdoba. La obra gozó de una reposición en el año 2013 en celebración de la inauguración del edificio renovado de Teatro Círculo, IATI y Choices. Ese honor se debió a la reflexión de José Cheo Oliveras de que: "la obra de alguna manera es una metáfora de nuestras propias luchas como compañía" (Blog de Pablo, 7 de noviembre de 2013). Edna Lee Figueroa y Carlos Valencia fueron galardonados con premios HOLA 2014 por su destacada actuación.

Trans-Mission (2017), de Barbra Herr, es una obra unipersonal que con gran honestidad, humor y amor propio, comparte momentos clave en la vida de la autora, durante su largo proceso de transformación transgénero, a los sesenta y un años. La trama está hilada por las consultas y entrevistas con sicólogos y siquiatras, que forman parte del protocolo que precede un proceso de reasignación de sexo. Con esta pieza, la autora/actriz reclama el derecho sobre su propia narrativa y visibilidad, reflexiona sobre su misión como miembro y activista de la comunidad y nos permite acompañarla haciéndonos testigos de sus penas, alegrías y del inminente triunfo de su misión. La obra nos lleva por la vida de esta admirable mujer que con gran sentido de resistencia nos hace escoltarla en un viaje íntimo dentro de la identidad que siempre ha sabido como propia. Los temas destacados en la pieza incluyen: la identidad de género, la lucha contra una sociedad heteronormativa, la violencia contra la mujer, la violencia doméstica, la crianza, los derechos humanos, la resistencia y el activismo, entre otros.

Trans-Mission estrenó en el año 2017, bajo la dirección de Luis Caballero. La obra marca para Teatro Círculo la creación de una plataforma de expresión artística para las comunidades transgénero. La pieza se mantiene en gira por diferentes universidades y centros de activismo LGTBQ+ de la ciudad de Nueva York, sorprendiendo y conmoviendo al público con una historia que subvierte la hegemonía heteronormativa desde una visión muy humana. Barbra Herr fue premiada , fuera de competencia, con un Latin Alternative Theater Award (LATA 2018) en reconocimiento al Trabajo de Interés Humano. Además, la larga carrera de Barbra Herr como cantante, actriz y activista LGTBQ+ le ha ganado un merecido reconocimiento Lifetime Achievement Honoree en el 59no Día del Desfile Nacional Puertorriqueño (2016).

  Ojalá que esta antología fomente la recopilación, edición y publicación de más obras teatrales originales gestadas en el teatro latinoamericano, hispano y latinx de Nueva York y que, sin el cuidado necesario, pasarán al olvido. Sin más que añadir y, por la generosidad de sus autores, ofrecemos estos textos para su consideración, estudio y disfrute. Esperamos que cualquier omisión en la información compartida en esta publicación sirva de estímulo para el estudio sistemático de todas las historias del teatro hispano, latinoamericano y latinx que faltan por explorar. Gracias por el interés y por su compañía durante estos veinticinco años. ¡Que sean muchos más!

Eva Cristina Vásquez
Prof. Asociada York College, City University of New York
Actriz, Dramaturga y Directora de Programas Educativos Teatro Círculo Ltd.

OBRAS CITADAS

García Gámez, Pablo. *Desde el margen: Teatro alternativo y comunidades hispanas 1997-2017*. Tesis Doctoral. City University of New York University School and Graduate Center, New York, 2017.

Flores, Juan. *Bugalú y otros guisos*. Ediciones Callejón, 2009.

Martínez Tabares, Vivian. *"Para leer el teatro puertorriqueño desde hoy"*. Sargasso 2004-2005, Special Issue (humanidades.uprrp.edu). Pp. 148-150.

Ybarra, Patricia A. *Latinx Theater in the Times of Neoliberalism*. Northwestern University Press, 2018.

¡Qué felices son las Barbies![1]

Wanda Arriaga

Dedicatoria: A mi eterno enamorado Frank Rodríguez, mi adorado KEN y a mi amigo del alma Edgardo Zayas (Zayitas) que se fue al otro plano y me dejó "soíta soíta". Jamás te voy a perdonar por no haber esperado a que envejezcamos juntos para gritar cuando nos salga una nueva arruga, ma' mol.

Aparece Bárbara Pérez, vestida con un traje Ultra Pink que podría haber sido copiado de una muñeca Barbie de colección limitada circa 1980s. Lleva unos zapatos de tacón igualmente rosados y una peluca larga y rubia. Es evidente que se ha expuesto a muchas cirugías plásticas. La acción tal vez podría estar llevándose a cabo en un escenario de cabaret venido abajo, o algún otro lugar que denote cierta degradación. Micrófono en mano y alumbrada por una tenue luz, comienza a hacer 'lip-synch' de "No me dejes no", versión en español de "Ne me quitte pas", de Jacques Brel.

> *No me dejes no, todo hay que olvidar*
> *Se puede olvidar lo que ya pasó*
> *Tienes que olvidar lo que ha sido cruz*
> *Y el tiempo que fue una niebla azul*
> *Tendrás que olvidar las horas sin fin*
>
> *Que matan así la felicidad*
> *No me dejes no, no me dejes no, no me dejes no*
>
>
> *Si vuelves te haré la brisa y el sol*
> *En el día mejor que jamás se vio*
> *Por ti cruzaré la muerte y el fin*
> *Mi existencia gris enriqueceré*
> *Un reino te haré donde seas rey*
> *El rey del amor, que te ofrezco yo*
> *No me dejes no, no me dejes no, no me dejes no.*

No me dejes no, yo te inventaré,
Palabras con luz que tú entenderás
Y yo te hablaré del antiguo amor

Que perdura aún con su resplandor
Yo te contaré la historia del rey

Que un día se murió al perder su amor
No me dejes no, no me dejes no, no me dejes no.

Yo he visto surgir un fuego febril

Del viejo volcán apagado ya
Esa vez se vio tanto resplandor

Como el mejor sol de un furioso abril
Y cuando fue luz allí estabas tú

Hablando lo gris, hablando sin voz
No me dejes no, no me dejes no, no me dejes no.

No me dejes no, no quiero llorar, ya no voy a hablar
Me voy a esconder y te miraré, llorar, sonreír,
Y te escucharé CANTAR Y REIR,
Solo quiero ser sombra de tu sombra

Sombra de tu sol, sombra de tu perro
No me dejes no, no me dejes no

No me dejes no, no me dejes no

No me dejes… ¡NO!

Al compás del último acorde de la canción, Bárbara Pérez se desmaya y cae al piso.

Cambio de luces. Reaparece Bárbara, esta vez de niña, jugando con su muñeca Malibú Barbie en el suelo. Sumida en su mundo, trata de no prestarle atención a la fuerte discusión que se escucha de afuera. El sonido de un televisor transmitiendo el programa de Iris Chacón se entremezcla con los gritos de sus padres.

Eres tan linda, Malibú, yo quiero ser como tú. ¿Qué quieres hacer hoy? ¿Jugar al tenis, montar a caballo, ir a la piscina, bucear? ¡Tengo una idea! ¿Por qué no practicamos para la sesión de fotos que tienes esta noche antes de que vayas a bailar ballet? ¿Qué traje quieres usar hoy? Te voy a dejar el rosita ese que tienes puesto que te queda bien lindo y te voy a dejar el pelo recogido.

(*Suspirando.*) Yo quiero ser como tú. (*Se le ocurre una idea.*) ¡Ya sé! ¡Vamos a dar una vuelta en tu Corvetta! ¿O prefieres que nos montemos en tu avión rosita? ¿Sabes una cosa? Le pedí a Santa Claus que me trajera las mismas botas que tú usas cuando vas a salir con Ken. ¡Ay, Ken es tan guapo! ¡Me encanta cuando se pone su traje de baño rosita como el tuyo! ¡Y qué lindo le queda el pañuelito en el cuello! Y su chaleco dorado y esos pantalones bien pegaítos… (*Suspirando.*) ¡Le quedan tan monos! Yo no sé, pero él es medio raro. Siempre está riéndose. Como es azafato, siempre está saludando. Yo quiero ser azafata como él y trabajar en Eastern Air Lines.

Canta imitando a Nydia Caro en un jingle publicitario.
"Porque volar con Eastern a New York, eso sí es volar".

Ken no tiene nada de qué hablar, pero no me importa. (*En secreto.*) A mí me gusta como a ti… aunque es un poco raro, me gusta.

Canta imitando a Iris Chacón.

"Me gusta, me gusta y cómo me gusta.
Me gusta, me gusta su modo de andar.
Me gusta si ríe, me gusta si calla,
Me gusta el misterio y lo quiero besar".

Ken tiene tanta ropa. (*Incisiva.*) Yo creo que él tiene otra novia y te está pegando cuernos porque no te hace caso. ¡Ya sé! ¿Por qué no le dices a G.I. Joe que sea tu pareja de baile? Es más divertido y si tienes un problema, él te puede salvar. Tiene granadas que las puede tirar a los malos y te puede cuidar. ¡Debes pensarlo! Es raro (*Susurrando.*) y medio pato. ¡Ay, perdón! Yo no puedo decir esa palabra. ¡Si mami me oye me va a dar una pela! (*Como queriendo convencer a su muñeca.*) Con G.I. Joe lo pasaríamos mejor.

¡Tengo una idea! ¿Por qué no le quitamos una pata a Ken para que no vaya contigo al yate? Así, llamas a G.I. Joe con tu teléfono celular rosita y lo invitamos. Ken no sabe nadar y si nos caemos al agua, G.I. Joe nos puede rescatar de los 'tigurones'.

(*Mira a su muñeca con verdadera admiración.*) Eres tan linda. ¿Sabes qué?, le voy a pedir a los Reyes que me traigan un equipo de buceo como el que tú tienes. A mi mamá no se lo puedo pedir porque ella siempre dice que no tiene chavos y que está 'pelá'. Y papi no está trabajando; se fue del trabajo y estamos cogiendo los cupones de alimento. (*Preocupada.*) No se lo digas a nadie chica, que mami me dijo que no se lo dijera a nadie y si papi se entera le da una pela a ella y a mí. Pero tú eres mi amiguita y yo te lo puedo contar todo porque eres buena y linda. (*Como si la llamaran de afuera.*) ¡VOY! Me están llamando para comer. Te prometo que no me voy a comer nada que engorde para que la ropa me quede como a ti. Voy a hacer que me lo como todo y le voy a echar la mitad de la comida a Benjie. Yo no quiero verme gorda y fea, ¡ay fo! Quiero ser flaca como tú. Yo no quiero verme como Marisol, que en la escuela le dicen que es fea y bruta porque es gorda. ¿Sabes cómo la llaman?, Miss Piggie y la comparan con el hipopótamo de 'Wrangler'. ¡Ay¡, si mami me oye hablando de Miss Piggie me va a dar una pela en sílabas. (*Incrédula.*) ¿Tú no sabes lo que es eso? Mira, cuando no me quiero comer todo lo que me sirve me dice: (*Imitando a su mamá pegándole sobre cada sílaba.*) ¡TE-DI-JE-QUE-NO-TE-LE-VAN–TA-RAS-DE-LA-ME-SA-SIN-TER-MI-NAR-TO-DA-LA-CO-MI-DA!

(*Riéndose.*) Yo igual me escondo y cuando no me ve, corro al baño y 'gomito' todo lo que como para que la ropa me sirva y parezca una modelo como tú. (*Escucha sonidos de afuera y grita.*) ¡VOYYYYY! (*A su muñeca.*) Me están llamando para comer arroz, habichuelas y chuletas fritas. ¡Wácala! (*Le implora.*) Barbie, llévame en tu caballo o en tu avión rosita! ¡Sácame de esta casa! Ya me 'jalté' de que mi tío Arturo siga viviendo con nosotros. ¡Yo no lo quiero en mi casa más! Ayer me dijo que jugáramos como tú y Ken. Yo le dije que no y me agarró y me quiso llevar a mi cuarto y me tapó la boca bien fuerte para que no gritara. ¿Por qué tuvo que venir de Nueva York? Se hubiera quedao' por allá... (*Reacciona como si la llamaran de afuera.*) ¡VOYYYYY! Cuando termine nos vamos en tu avión bien lejos, bien lejos, ¿está bien? Todas las noches sueño con estar ahí para no escuchar los gritos de papi, ni el llanto de mami, ni sus peleas... Yo quiero que tú me lleves a tu mundo, Barbie.

Sonido de biombo de carro de policía y cambio de luces. Aparece Bárbara corriendo y en estado de shock. Entra a un lugar al que ella llama: "Semen-terio" donde se ven lápidas de todos los hombres que ella ha enterrado de su pasado... en sentido metafórico. Está rodeada de muñecos sexuales inflables para mujeres. Les habla.

¡Llegué muchachos, llegué! (*A un muñeco.*) "Pasarás por mi vida sin saber que pasaste, pasarás en silencio por mi amor y al pasar, fingiré una sonrisa como un dulce contraste del dolor de quererte y jamás lo sabrás". ¡Ay San Alejo, aléjalo! ¡Cómo me encanta estar aquí! ¡Qué divertido, qué segura, qué viva me siento!

Canta
"Espérame en el cielo corazón,
si es que te vas primero,
espérame que pronto yo me iré,
que yo sin ti me muero".

El muerto al hoyo y el vivo al retoyo. ¡Ay, qué calor! *Busca en su bolso un abanico de mano. Se abanica. Saca un espejo, se mira y grita al descubrir una nueva arruga. Rápidamente busca un lipstick y se lo pone tratando de compensar la aparición de la arruga. Se vuelve a mirar y comienza a hacer ejercicios faciales con la esperanza de eliminar la nueva línea de expresión.*

¡Tengo que llamar al Dr. Ravelo urgente! Ayer me dejó en candela con la inyección de grasa que me sacó de atrás para rellenarme estas arrugas. Acabó conmigo. Ravelo siempre me dice: "Nena, para tener un moño hay que aguantar el jalón de pelo"; y yo aguanto como una 'macha', pero esta vez siento que se me está quemando el chicho. Lo tengo resentido. "Nena, acuérdate de dejarte la fajita. No te bañes por tres días y no te olvides de guardar bien esa grasa en el 'freezer' que eso dura por cuatro años". ¡Qué estrés! Cada vez que abro el 'freezer' y veo mi grasa congelada entre las carnes y los pasteles, se me quita el hambre. Ya yo tengo el plan: si viene una tormenta y se lleva la luz, tengo mi 'cooler' preparado. ¡Que se me pudra todo en la nevera, pero mi manteca, jamás! (*A los muñecos.*) ¿Y ustedes, cómo están muchachos? ¿A quién le toca hoy que le entregue las flores de plástico, que son las únicas que se merecen y les dedique una canción con todo mi corazón? A ti, Ángel Rodríguez, NO, porque ya hace tiempo que los gusanos te comieron los oídos. ¡Ingrato! No te voy a perdonar por no haberme ido a visitar al hospital cuando me hacía la dolorosa operación de la barbilla por ti. ¡Insensible! Mientras estaba en recuperación te fuiste con la bruja narizona, esperpéntica, cara de travesti, mientras yo lloraba de dolor en la cama del hospital. No importa. La belleza duele. Hay que sufrir para ser bella. ¡Hay que sufrir, sufrir, sufrirrrr!

(*A otro muñeco.*) Y tú, Pedro, ¿cómo te va, linnnndo? ¡Ni estas de plástico para ti! (*Lo imita.*) "Es que estoy tan ocupado con mis estudios y mi carrera y mi futuro y mis préstamos que no tengo tiempo para comprometerme contigo". ¡Qué linnnndo! Cuando conociste a la microbio, como tú, no lo pensaste dos veces. ¡Ni el tallo te toca, abusador! ¡Aaah... esa SÍ te la puedo cantar!

> *Canta y baila*
> *"¿Qué hiciste abusador, qué hiciste?*
> *¿Qué hiciste, qué hiciste?*
> *Cuando me dejaste, tú no me querías,*
> *Cuando me dejaste, tú no me querías.*
> *Yo vivía sufriendo de noche y de día,*
> *Yo vivía sufriendo de noche y de día.*
> *¿Qué hiciste abusador, qué hiciste?*
> *¿Qué hiciste, qué hiciste?*
> *Y ahora quieres que vuelva contigo,*
> *Y ahora quieres que vuelva contigo.*
> *Pero es que yo no puedo ser tu amiga,*
> *Pero es que yo, no puedo ser tu amiga*
> *¿Qué hiciste, qué hiciste?*
> *¡Abusador!*

(*A otro muñeco.*) ¿Y tú, Andrés? Nunca aceptaste mi sobrepeso. No me olvido de todas las dietas que pasamos juntos: la del huevo duro con café puya, la de la toronja, la de los carbohidratos, la de la cafeína, la de las proteínas. Nos matriculamos juntos en 'Jenny Craig' y en 'Weight Watchers'. Ah, la del 'Vanidades Continental': 'Pierda peso sin pasar hambre', la macrobiótica, la microbiótica, la del Dr. Atkins, la de 'Fit for life'... y nada. Ahora, estoy en la dieta milagrosa de los siete vegetales de la 'Cosmopolitan'... ¡y estoy 'jaaarta'! Se supone que haya rebajado 12 libras en tres semanas. Me tiene mareá', con diarrea cada media hora, me da pesadillas, hambre, sed, dolor de cabeza, pero no importa. Te voy a demostrar que estaré más bella que nunca. La belleza duele, yo lo sé, pero no importa. Hay que estar bella, más embellecida que nunca. (*Vuelve al muñeco.*) Ay, Andrés, con eso de comer sopa de desayuno, almuerzo y cena estoy comenzando a tener visiones y pesadillas. ¡Anoche soñé que me perseguía un tomate gigantesco para matarme! Yo corría y corría pero unas cebollas se me metían en el camino para tumbarme. Yo me tropezaba y aunque estaba casi al borde del desmayo, seguía la carrera. Miré para atrás para asegurarme que el tomate no me iba a matar y me di cuenta que también había una zanahoria en bicicleta que se le adelantaba al tomate y llevaba rábanos en la mano como piedras para tirármelos. Yo le saqué la lengua, (*Saca la lengua.*) 'a regao' que me achocara y me gritó: "¡Bárbara, arrepiéntete! ¡Ajo por ajo y diente por diente! ¡Deja la dieta! ¡Vámonos a chinchorrear pa' Guavate! ¡Come pasteles, lechón, morcilla, guineítos! ¡¡¡Qué rico es el cuerito!!! ¡Vámonos pa' Vacía Talega! ¡Come bacalaítos, alcapurrias de jueyes! ¡Peca, peca, peca! ¡Qué calorrr! ¡Tómate una Medalla! ¡El helado es bueno! ¡Los pastelillitos de guayaba son deliciosos!" De momento, una papa con pies, sombrero y guantes me agarró por la mano y me amarró a una silla de bebé y comenzó a darme un 'Big Mac', un 'Whopper' doble carne con queso, un 'Quarter Pounder' con tocineta, un 'Crispy Chicken', papitas fritas, mantecado 'Häagen Dazs', bizcocho dominicano, tres leches, flan de queso, de vainilla, de coco... Comencé a inflarme, a inflarme, a inflarme hasta que ¡PA! Me desperté.

Esta mañana no podía echarme ni pasta en la boca. To' me temblaba, to'.

(*Decidida.*) Si esta dieta no me sirve, la próxima que viene es la que me recomendó mi amiga Cathy la psicóloga:

'la de la china y el guineo'. Tendré que estar tres días 'chupa-que-chupa' y otros tres días 'monda-que-monda', a guineo limpio. Mi amiga Cathy la psicóloga me dijo que ella la hizo y le dio gastritis y diarrea. Es que Cathy es tan sensible... pero yo, ¡hago lo que sea por eliminar estas diez libras que me sobran! Hago lo que sea y como sea. Total, si esa dieta me manda pal' hospital, ahí sí que rebajo rapidito. El problema es el suero que te meten, que después da un hambre terrible y quiero comerme hasta una vaca que se me aparezca de frente. Ese es el problema de los sueros: la hambruna feroz que te da.

(*Al muñeco.*) Andrés, te prometo que cuando rebaje esas diez libras que me faltan, vamos a celebrarlas juntos. Voy a hacer un picnic de productos naturales y granola. El experimento que el Dr. Shimio y yo creamos no sé si funcione y ahora me pregunto si debo o no hacerme la liposucción. (*Recordando.*) Tanto que me tuve que fastidiar en el hospital cuando me operé el tabique y me puse silicón en los labios. Pero, hay que sacrificarse para ser bella. ¡Ay que sufrir, sufrir, sufrirrr!

¡Ay, pero qué contenta me siento de estar aquí! (*A los muñecos.*) Chicos, vamos a tomarnos una foto para la posteridad. (*Posando para una foto.*) ¡Cheese!

Flash de cámara fotográfica.

(*A otro muñeco.*) Rafael, hablé con el Doctor Shimio para alargarme el cuello y las piernas. (*Reacciona como si él le hubiera contestado.*) ¿Por qué te ríes? Cuando propuse hacerme el maquillaje permanente primero te burlaste de mí, pero como me tomaba menos tiempo para maquillarme por la mañana, te fascinó la idea. ¡Qué éxito! ¡Mediré dos pulgadas más! ¡Qué emoción! Estaré bella y podré solicitar empleo de azafata en 'American Airlines', ya que nunca pude ser cantante de cabaret. Cada vez que me acuerdo de la humillación de llegar última en el concurso "Buscando una Estrella"... quiero... quiero... olvidarlo.

Cambio de luz. Flashback de Bárbara participando en un concurso de búsqueda de talento local.

VOZ DE LOCUTOR: "Y ahora, damas y caballeros, directamente desde Cataño, Puerto Rico, la concursante número sesenta y nueve, Bárbara Pérez nos interpretará el bolero lírico: 'Vete de aquí', de su propia inspiración.

Sonido de aplausos. Canta.

"Vete de aquí so' perro
'Jidiondo' y desgastado
No quiero ni mirarte
Pues asco a mí me das.

Eres tú plaga inmunda
La causa de mis males
Y te juro por esta
que bien lo pagarás.

La vida se me esfuma,
La angustia me corroe
Parezco ya un pellejo
Sin fuerzas pa'vivir.

Falsante, mal nacido
Eres un puerco ingrato
No tienes ni verguenza
Para enfrentarte a mí.

Y aunque me llames loca
Nerviosa y desquiciada
Te digo y te repitoooo
¡Ya vete tú de aaaaquíiiiiii!
¡Aaaaaay!

Sonido del público abucheando una muy desentonada presentación de Bárbara. Ella reacciona avergonzada y sale devastada. Fin de flashback.

(*Enfurecida.*) Ahora lo veo bien claro después de todos estos años. (*Al muñeco.*) Tus malos pensamientos, Rafael Martínez. Nunca me apoyaste, decías que no tenía talento, que me faltaba carisma, que no iba a salir bien en las fotos de publicidad porque no tenía un perfil griego, como el de mi amigo Tato. Me operé la 'papa' por ti (*Señalando su papada.*) y ni eso te hizo cambiar de opinión. Jugaste conmigo. ¿Pero, por qué te quedaste? Si me conociste en una fiesta de Navidad y yo era la que llevaba el ritmo de la parranda con el güiro dominicano que me compré en Santo Domingo. Me sabía el cancionero de memoria. Yo era la que cantaba las notas altas de 'Verde Luz'.

(*Recordando.*) Si le hubiera hecho caso a mi amigo 'Charlie el del acordeón' y me hubiera ido a cantar con él a Plaza las Américas, todo el mundo me hubiera reconocido y hubiese sido famosa. Me hubiese ganado el 'Agüeybaná de Oro', pero me monté en tu maldito truck y se me destrozó el futuro. ¡Me destruíste la carrera Rafael Martínez! ¡Zape, gato, fuera!

(*Decidida.*) Ahora tengo otras preocupaciones. Tengo que salir de esto, ¡y pronto! (*Abanicándose.*) ¡Qué sofoque, qué calorrr! Lo de Kenny me ha puesto mala, muy mala. Anoche no pude pegar los ojos con eso de la pesadilla de los siete vegetales y lo de ese sinvergüenza. ¡Tengo los nervios de punta! ¡Y que preferir a la gringa 'patiflaca' esa! Deja que se entere de lo que le hice a ella. Yo jamás me pudiera comparar con esa... anoréxica. Yo tenía que hacerle algo. A ese maldito Kenny había que darle su merecido. Mi amiga Cathy la psicóloga siempre me da buenos consejitos, aunque yo sé que muchos de ellos se los saca de la 'Cosmopolitan'. Ella se cree que yo me como el cuento que son de ella originales pero yo la dejo porque eso de llevarme a hacerme una consultita con la bruja Mariblanca le quedó 'mua'. Ella es fabulosa. Hasta le dijo que su amante usaba un tupé y tenía una vasectomía. ¡Qué ataque le dio! Yo siempre le digo a ella: "No analices tanto, Cathy, que te vas a quedar jamona. No todo tiene una explicación 'froidiana' con los hombres. No siempre jugamos el papel de madre con ellos, a veces nos toca el de maestra de 'Kindergarten'. Es que se lo dije clarito: "Cathy, dale un 'break' a ese viejo, que total, como dice Gardel: (*Con exagerado acento argentino.*) "veinte años no es nada, ché". Pero la diferencia de edad no la dejó ser feliz. La bruja Mariblanca le había dicho todo lo de ese viejo, hasta lo de la vasectomía. Es que esa señora es un tiro cuando se le mete el espíritu de Changó.

Sonido de tambores batá. El escenario se oscurece, salvo un aro de luz que ilumina a Bárbara. Ella es ahora la bruja Mariblanca. Cigarro en mano, comienza a hablar con claro acento cubano.

"Saluda a esta vieja, mija! ¿Me trajiste la fotico? (*Exhala el humo del cigarro y lo lee.*) ¡Caballero! ¡Aquí lo que veo no es bueno! Cógelo suave. Oye, mi socia, ese hombre es candela. ¿Y esa mujer que él tiene escondida en tu casa? Esa es la causante de todo. ¡Uyyyyyy sácala, sácala lo más pronto posible! ¡Tunturuntun! ¡Que se vaya, caballero! Rápido. Por tu vida, que te la tiene 'cargá'. Deshazte de ella pronto. ¡Uy qué feo, asere! Pero no se preocupe mi socia, que ese hombre no si've para nada. No cojas lucha con él, caballero, que ese hombre está ciego, ado'mecido. Mira lo que vamos a hacer, que me lo está diciendo Santa Bárbara, que es la que te protege. (*Como escuchándola.*) Me dice que hay que trabajar rápido y en función de tu fin, que es sacarla de su lado lo más pronto posible. El hombre está tota'mente do'mido. No hace otra cosa que pensar en ella. Hace como unos jueguitos a escondidas. ¡Qué escándalo! Me dice que vayas a la botánica y compres 'arrasa con to', una 'vela colorá', cascarilla, aceite de corojo y pacholí pa'que te des unos baños. Cuando esté desape'cibida, có'tale un mechón de pelo. Recue'da: un mechón de pelo que con eso vamos a hacer un trabajito. ¡Sola vaya, sola vaya, sola vaya!"

Cambio de luces. Transición a Bárbara.

Mariblanca no me dijo de qué nacionalidad era esa mujer, secta religiosa, color, profesión, edad o a qué partido político pertenecía: si era penepé, pipiola o popular. No importa, lo averigüé todito, como que me llamo Bárbara Pérez.

¡Ay, mándame más si más me merezco! (*Se sienta y comienza a limarse las uñas.*) Ay, eso de estar soltera no es nada fácil, como dice mi amiga Cathy la psicóloga, que dice que ser soltero no es cuestión de elección propia, sino porque no te queda más remedio. Los hombres que nos gustan o están casados, o viven con alguien, están comprometidos o tocan la guitarra 'eléctrica'... y no la 'acústica'. No es que yo tenga nada en contra de los que tocan la guitarra 'eléctrica', porque según mi amiga Cathy la psicóloga: "Muchos de los grandes hombres de la historia, también la tocaron". Yo respeto el gusto de cada cual. Con eso de la identidad no juego. Ni siquiera me meto con mi gato Olafo que actúa como un perro y come como un caballo. (*Volviendo su atención a los muñecos.*) Ustedes, los hombres no sirven para nada. Nos cogen, nos usan como un 'Kleenex' y nos tiran. ¡Qué turbación! Si estamos detrás del culo de ustedes, nos rechazan, no nos llaman, no nos hacen caso. Cuando los ignoramos, se desviven por nosotras; se nos van detrás como perros falderos y no nos dejan respirar. ¿Dónde está el libro de instrucciones para poderlos entender?

(*A un hombre en el público.*) Fernando, tú eras como el 'perro del hortelano', que ni come, ni deja comer. "Te amo Bárbara, tú eres la mujer de mi vida, eres lo mejor que me ha pasado. Nunca he amado a nadie como a ti, me gustas mucho". Claro, pero a la hora de la verdad te fuiste como Toño Bicicleta: 'juyendo por la Piquiña'. Hiciste como 'San Blas': 'ya comiste, ya te vas'. Hasta que te enteraste que yo estaba saliendo con Roberto y te dio un ataque de cuernos que casi hubo que ingresarte al hospital. (*Imita a Roberto.*) "Estás hiriendo mi honor de hombre, eres injusta, insensible, estás jugando con mis sentimientos, eso no se le hace a nadie".

Canta

*"Tú la tienes que pagar Barbarita,
eso no se le hace a nadie".*

Lo que no querías era soltar la soga ni la cabra. Insisto que lo mejor es tener un perro. Cuando le doy comida a Benjie me lo agradece, no como tú mal agradecido. Aunque no sé si es mejor tener al perro del hortelano que a uno que te asfixia y no te deja respirar, como tú Rubén, (*A otro hombre del público.*) que no me dejabas ni en las cuestas. Llama por la mañana, llama por la tarde, aparécete por la noche, aparécete en mi trabajo, ya me tenías 'jarrrrta'; cada respiración, cada paso, cada instante. Si no hubiese sido porque estabas tan bueno, te hubiese mandao' a freír espárragos muchísimo antes de lo que lo hice. Ay, Rubén. Es que hay hombres para escoger, de todo como en botica. (*Enumera.*) Los hombres lobo, por ejemplo, se hacen pasar por los más mansos, como en el cuento de la Caperucita y la abuelita y lo que quieren es: ¡comerte mejor!; los hombres araña son los trepadores, los que te usan para escalar a mejores trabajos, a mejores posiciones sociales, políticas y económicas; los 'Flash Gordon', esos te tiran una flecha, te matan de amor y ¡flash! se van más rápido que 'juyendo'; los 'Superman' tienen doble personalidad: muy serios, con mucho maletín, mucho espejuelo, dan tres vueltas... y se van 'volando'; los 'Bestias' son los bellos por dentro y 'feeeos' por fuera, como tú Juan. (*Señalando a un hombre del público.*) Mi amiga Cathy la psicóloga siempre dice que el hombre es como el oso, mientras más feo, más hermoso. Yo no sé. Ella me decía que así eras tú, Juan.

(*Como Cathy*.) "Dale otra oportunidad que Juan es como el oso." Te la di, pero no podía. Eras gordito, bajito, insignificante y 'feeeeo'. ¡Pal'zoológico! ¡Pa'la selva! Te despaché como se despachan clientes en 'Kentucky Fried Chicken':

(*Como una cajera atendiendo a un cliente.*)

- Su orden, por favor.
- Deme un pollo con papas.

Eso hice. Te di un muslo pa'quí, el otro pa'llá y PA, PA, PA… Next!

A lo mejor bregué cajita'e pollo de $0.99 chavos contigo. Por eso me hundiré en las llamas del infierno. Aunque yo no me preocupo por eso, porque en esta batalla nunca he estado sola. Siempre he tenido a mis divas, a mis diosas que me guían… como La Lupe, porque con La Lupe nadie se mete. Siempre he admirado a La Yiyiyi. ¡Aaaaay! ¡Qué fuerza tenía esa mujer! ¡Qué sensualidad! ¡Qué carácter para hablarle a los hombres! Ella no tenía ningún problema en cantarle las verdades en la cara a nadie. Se quitaba las pestañas postizas, los malditos tacos tiranos, se tiraba contra el piso y a jugar con el micrófono… ¡Aaaaay! Esta te la dedico a ti Freddie:

Canta imitando a La Lupe

"*Según tu punto de vista,*
yo soy la mala,
vampiresa en tu novela,
la gran tirana.
Porque siempre habla el que no tiene nada de qué hablar.
¡Aaaay!"

¡Qué sabia! ¡Qué profunda! ¡Qué filosófica! Esa mujer y la Iris Chacón, fueron la encarnación latina de la Marilyn Monroe. ¡Cómo se quitaba esos zapatos, como hay que quitarse del medio lo que no sirve! ¡Pa'fuera! ¡Sacude zapato viejo!

(*Dando vueltas y pateando a los muñecos de plástico.*) Igualito que uno se debe quitar de encima a los hombres que nos fastidian, pero para siempre, como te saqué a ti, Freddie. (*A otro muñeco.*) Fueron muchos años aguantando tus borracheras, tu violencia y tus transformaciones. Luego, al otro día (*Imitándolo.*) "Perdóname, no era yo, era el alcohol. Yo te adoro, te amo. No tengo control cuando estoy así, soy impulsivo. Te juro que eso no va a volver a pasar más. ¡Por mi madre te lo juro!". Y volvía a pasar. Tenía que recurrir a las mentiras por la vergüenza. La vergüenza de ocultarme debajo de gafas oscuras porque me dejabas la cara destrozá', de las 'caídas falsas'. Siempre lo oculté. Nunca quise decirle la verdad a mi familia cuando me rompiste la mano. Me refugiaba en tus promesas de cambio. Te dejé con mucha rabia, ¿y sabes qué?, no te perdono ni lo haré jamás. ¡Que me hunda en las llamas del infierno por ser rencorosa!

Cambio de luz. Recita su plegaria a los hombres abusadores
Por los que que sienten placer en usar a las mujeres
de punching bag;
ruega por nosotras.
Por los que pierden la calma, gritan y ofenden;
ruega por nosotras.
Por los que te mandan pal' hospital;
ruega por nosotras.
Por los que te hacen usar gafas oscuras de noche;
ruega por nosotras.
Por los que lloran y se arrepienten, te piden
otra oportunidad y lo vuelven a hacer;
ruega por nosotras.
Por los que beben, abusan y al otro día no se acuerdan;

ruega por nosotras.
Por sus juegos psicológicos y mentales;
ruega por nosotras.
Por el miedo que tenemos a decir la verdad;
ruega por nosotras.
Por los vecinos que saben, oyen y no se meten;
ruega por nosotras.
Por los hijos;
Amén.
Cambio de luz

(*Al muñeco.*) Freddy, vamos a tomarnos otra foto para la posteridad. Uno, dos, tres: ¡CHEESE!

Flash de cámara fotográfica. Cambio de luz.

(*Con urgencia.*) Tengo que aprovechar ahora y hacer la meditación del día, porque de esto salgo más embellecida que nunca. (*Se sienta en posición de loto y medita.*) Ommmmmm... bres. Ommmmmmm... bres. Ommmmmmmm... bres. (*Saca un libro y lee.*) "How to Survive the Loss of a Love? It's Ok to cry, you are alive, you will survive". (*Lo repite como mantra.*) "It's Ok to cry, you are alive, you will survive". I will survive, I will survive, I will survive!
Cambio de luz, comienza la canción 'I Will Survive' de Gloria Gaynor. Bárbara comienza a hacer movimientos de Tai Chi al ritmo de la canción. Hace 'lip-synch' de la canción.

"*First I was afraid, I was petrified!*
Kept thinking I could never live without you by my side...
–canción continúa–
... and I'll survive
I will survive, hey, hey."
Fin de la canción. Cambio de luz.
Ahhhh.... me siento mucho mejor. Me quedé un

tiempo sola pero no importa, porque es mejor estar sola que mal acompañada... porque una siempre llora y llora. ¡Qué bello es llorar! Mi amiga Cathy la psicóloga dice que sabe que está enamorada cuando llora. Recuerdo que cuando era niña me encerraba en el cuarto a llorar como en las novelas que no han cambiado nada desde que las comencé a ver.

Cambio de luz. Se escucha una música dramática. Bárbara saca unos muñecos de su bolso y se tira al piso a interpretar una escena de una novela venezolana.

JESÚS ESTEBAN Amalia, chama, tengo que confesarte algo, o sea... y la verdad es que no sé cómo lo vas a tomar, mi amor.

AMALIA Jesús Esteban, me preocupa esa cara que traes. Estoy cargando a tu hijo en mis entrañas a pesar de que tus padres me odien porque soy solo la cachifa de esta mansión. No juegues chico. ¡Qué ladilla contigo! Sé que la señora Mariana prefiere que te cases con la sifrina faramallera de María Fernanda, pero yo te amo mi vida y haré todo lo posible para que nuestro amor viva y perdure para siempre. ¿Me oiste?

JESÚS ESTEBAN Cónchale, chica. ¡Es que lo nuestro no puede continuar, chama!

AMALIA Jesús Esteban, ¿qué pasa, chico? ¿Cuál es el rollo, chamo? ¿Tienes miedo de seguir con nuestro plan de escaparnos esta noche antes de tu compromiso con esa desnutrida? ¡Qué arrechera, vale! No soy una gafa, ¿me oiste? ¿Qué rollo con esa tipa? ¿O es que te estás dejando manipular por la cuaima de tu madre? Esa vieja me la va a pagar. Si tú no te escapas conmigo, se va a formar un rollo, ¿me oíste? Tú no me conoces, chamo. Voy a armar tremendo peo en la fiesta de tu compromiso con la rubia oxigenada, aunque termine abortando el chamo en el medio de tu bonche.

JESÚS ESTEBAN Gorda, mi amor, ha llegado el momento de decirte la verdad. ¡Qué impresión, vale! Yo… soy… tu hermano … y ese chamo que llevas en tu vientre… es… es… mi sobrino.

AMALIA (*Grita desconsoladamente.*) ¡Nooooo!

JESÚS ESTEBAN ¡Amalia, Amalia, Amalia… !

Cambio de luz.

Nos encanta sufrir. Lo llevamos en los genes histéricos, digo, históricos… porque no hay nada como sentarse a ver una novela y luego cantar un bolero corta-venas a dúo junto a Carmen Delia Dipiní. El abuso de los hombres es universal. No importa dónde una se meta: en Venezuela, en Argentina, en México, en Brasil, en Ecuador, en Little Italy. (*Recordando.*) Ay, Little Italy…. Ay, Piero Pastorello. Ay, la mozarella, el salami grosso. Cada vez que me acuerdo del salami grosso, se me hace la boca un charco. Nos encantaba el arte culinario. (*A un hombre del público.*) Al principio que te conocí tenía miedo de que lo que buscaras fuera la 'greencard'. Me encantaba que me llamaras 'cara mia'. Me hacías sentir como una Barbie de colección limitada.

(*Lo imita.*) "Guarda ragazza, vorrei essere con te. Io ti amo. Sonno pazzo di te. Andiamo a Verona come Romeo e Giulietta. Cucinerò tutti i giorni per te. Il lunedì, mangiaremo le penne a la puttanesca, il martedì, gli zuccini con pesto, il mercoledì, le 'meat-a-balls', le polpette come ti piace, e il sabato e la domenica, ti metterò la carne nel forno caldo." Che uomo, che oumo, che uomo!

Si no hubiese sido porque NO me lo pediste, me hubiera casado contigo. Te iba a ofrecer la 'greencard' hasta de gratis, pero…

Canta

*"Te fuiste y si te fuiste perdiste,
yo no, yo me quedé."*

Todos se van, se esfuman, desaparecen, vuelan como palomas. Pero (*Recita.*) "Volverán las oscuras golondrinas en tu balcón sus nidos a colgar", porque igual, todos vuelven... tarde o temprano regresan.

Canta imitando a Nydia Caro
*"Como veleros se van, como palomas regresan,
como veleros se van, como palomas regresan".*

(*De vuelta al hombre del público.*) Piero, se te fue tu cuarto de hora. Se te fue l'autobus! Arrivederci!

Insisto que es mejor tener un perro porque, ¿qué sería lo peor que te pudiese pasar con un perro? ¿Que te pegue una enfermedad? ¿Y cual sería la peor? ¿Una garrapata? No en realidad, la RABIA. (*Se ríe.*) Ay, la rabia, pero de eso ya estamos inmunes. Por eso tan pronto como me enteré de lo que me hizo ese canalla me lo saqué de encima. El rompimiento es lo más trabajoso. No niego que se sufre ¡y cómo duele!, casi como todas las operaciones que me he hecho. Y pensar que lo mío y lo de Kenny comenzó en la cama de un hospital.

Cambio de luces. Se escuchan sonidos de hospital, con la canción 'Unchained Melody', de Ghost, de fondo.

(*Recuerda.*) Lo tengo clarísimo en mi memoria. Estaba en la sala de recuperación del hospital saliendo de mi operación de los pómulos, cuando entre sueños... lo vi. Estaba envuelto en gasas, todo blanco, parecía una momia. Sabía que iba a ser mío. Su forma de toser (*Tose.*) sus movimientos limitados de cabeza (*Lo imita.*), sus ojos ensangrentados me lo dijeron todo. Cuando las enfermeras me dijeron que había estado en coma por caerse de un caballo, estaba segura de que iba a ser el 'hombre de mi vida'. Era evidente que seríamos el uno para el otro. (*Con rabia.*) Me prometió un 'penthouse' en Isla Verde con piscina y jacuzzi. Me prometió una Corvetta. Me prometió un pony. ¡No aparecieron jamás! Tuve que conformarme con vivir en Puerto Nuevo y coger la jodía guagua, porque su Toyota doble puerta no tenía ni sello de inspección. Y el pony, ¡ni al zoológico de Mayagüez me llevó! Y luego ella, la causante de todo... la rata traicionera. Yo, que le había dado todo por tantos años: mi vida, mi juventud; pero no estaba dispuesta a darle a Kenny.

Cambio de luz. Flashback de Bárbara discutiendo con Kenny.

Kenny, ¿a qué se debe tanta intriga? Yo los vi juntos en su Corvetta. ¿Te creías que no me iba a enterar? ¿No sabes que tengo amigas por todos lados? ¡Eres un sinvergüenza, malnacido! ¿Por qué no me das la cara? ¿Por qué carajo no me lo dices de frente? ¡Cobarde! No tienes los pantalones para enfrentarte a mí. ¿Qué? ¿Tienes miedo de perder la soga y la cabra? Te lo digo en dos palabras: ¡SE ACABÓ! No Kenny, no tengo nada que escuchar. ¿Qué, que yo no tengo talento? Mira Kenny, jamás ella te va a dar nada de lo que yo te di. Y no estoy hablando de sus propiedades; esas, te las puedes meter por donde no te da el sol. ¡Coño, tantos sacrificios que hice por ti; mis operaciones, mi reducción de senos. No me hubiera extrañado que mientras convalecía en la cama, estabas jugando tenis con ella o montando a caballo en su casa de campo. ¡Detrás de la 'patiflaca' esa! ¡Detrás de su look! Me encantaría verla con una uña postiza rota. Yo nunca lloré delante de ti cuando se me rompió una uña. La operación de las costillas fue idea tuya, no mía. ¡Yo quería hacerme la de las nalgas y tú me dijiste que la de las costillas era mejor! ¡Me operé los senos por ti y me quedé sin pezones! Se me secaron, se me pusieron como pasitas y se me cayeron. Me tuvieron que hacer otra operación para reemplazarlos con 'skin-draft' y ahora los tengo de diferentes colores, uno mirando pa' Arecibo y el otro pa' Fajardo. ¡Y yo que los quería mirando pa' San Juan! ¡Qué asco me das! No quiero escucharte, ya te dije... me toca a mí. No, Kenny, ¡esto seaca-bó! Y te lo llevas todo y no me dejes na'. ¡Te quiero fuera de mi casa y es ahora! Los cojines que me regalaste, te los llevas. Las flores de plástico, te las llevas; tus 'comic books', te los llevas y el queso de la nevera, te lo llevas. (*Reacciona como si él se estuviera yendo.*) ¿Kenny, adónde vas? Ah no, eso sí que no, el cepillo de dientes lo dejas, que ese me voy a dar el gusto de botarlo yo cuando lo sustituya por uno más largo, más duro, más inclinado y que tenga más alcance! ¡De ese, me encargo yo! Mira Kenny, a ti se te va a devolver todo el mal que me has hecho. Lo vas a pagar todo bien caro. Uno por uno. Si fuese mala y traicionera le desearía que a la gringa patiflaca esa que se le vire un pie pa' que vea lo que es bueno. De ahora en adelante, no voy a usar tacos para hacer compra como antes. ¡Me cansé de ellos para ir a la playa! Eres tan tirano como estos tacos! (*Se quita los tacos.*) ¡Los detesto a los dos! ¡Plaga inmunda! Y en cuanto a ella, ojalá que se le caiga el pelo de tanto tinte que se pone. Por favor, antes de que te vayas... tienes que jurarme algo. Por todo el amor que nos ha unido, por todos los años que hemos estado juntos... Tienes que jurarme una cosa... dime que NO es rubia natural, que se pinta el pelo. (*Reaccionando a su contestación.*) ¡NO! Eso sí que no lo puedo aceptar. Lo dices para amargarme la vida. Lo dices porque quieres verme la cara de sufrimiento. ¡No! ¡Kenny, Kenny, Kenny...!

Sonido de un portazo. Fin de flashback. Cambio de luz.

(*Suspira.*) Los hombres se lo llevan todo, TODO: el tiempo que una les dedica, la juventud, la compra, los chavos, el cepillo de dientes. Porque... qué fácil es decirles a ellos en medio de la pelea final: 'llévatelo todo, no me dejes na', como dice Millie y sus vecinos. No importa, las mujeres somos fuertes y lo recuperamos todo rápido. ¡Tan felices que son las Barbies! Esas no tienen problemas de nada. Ken no es un hijo de su madre, no se las pega, aunque eso a veces lo dudo. No confiaría en lo que hace con GI Joe. ¡Porque el Ken tiene una pinta! Pero ellas no sienten nada, claro, ¿cómo se van a preocupar por esas cosas con tantas propiedades que tienen: la Corvetta, la piscina, los caballos, el avión, la ropa, los tacos de cada uno de los colores existentes en el mundo? ¿Qué tiempo libre les queda?

Cambio de luces.

Ella y yo éramos felices... Recuerdo cuando los Reyes Magos me la trajeron un 6 de enero debajo de la cama. Yo sentía que era el comienzo de una relación duradera y honesta. Llegó directamente de Malibú, California. Tenía un suntan perfecto, como yo nunca he podido tener uno ni aunque me sacrificase toda la vida yendo a la playa por las mañanas y tomando el sol poco a poco. Era bella. Su pelo largo, lacio y rubio me incitaron a dejarme crecer el mío y a lavármelo con champú de manzanilla. (*Reflexiona.*) Y pensar que después de muchos años de amistad, de yo confiarle todos mis secretos, me engañó. Yo que se lo confiaba todo, que daba mi vida por ella, que era mi única amiga. Yo la tenía que eliminar. Tan hipócrita. ¡Cómo disimuló tan bien sus jueguitos a escondidas con Kenny! Tan fresca, sacándome en cara sus nuevas adquisiciones. Yo lo que tenía en la cabeza era la palabra venganza y ella sabiendo que me estaba engañando, su interés era enseñarme su nueva computadora 'laptop' y su 'Jet Ski'. Ella sabe que yo no sé teclear, que las uñas postizas no me dejan escribir rápido... y que yo no sé nadar. Cuando éramos niñas, me tenía que quedar en la orilla viéndola cómo se desaparecía con Ken a la distancia. Tenía que eliminarla. No podía permitir que me opacara más. Toda la vida había estado a merced de ella.

Éramos amigas y nos queríamos mucho, pero ella siempre lo tenía todo y yo no. No podía competir con ella y ahora hasta a Kenny se lo quería llevar y él la prefería a ella antes que a mí. Entonces... mi plan estaba asegurado.

Comienza a quitarse el traje para lucir un traje de baño rosado que llevaba debajo de su ropa. Cambio de luz. Flashback de Bárbara en la playa. Sonido de olas.

Esa mañana, ella me invitó a tomar un baño de sol. Ella también sabe que yo no me puedo quemar mucho porque me da una insolación terrible. La espalda se me llena de unas ronchas feísimas. Para poder acompañarla tuve que ir a K-Mart y comprar un bloqueador de sol Número 60. Nos fuimos las dos a la misma playa de siempre y nos sentamos en la misma penca de siempre, cerca de la orilla.

Bárbara saca una Barbie Malibú de su bolsa que está idénticamente vestida como ella. La coloca cuidadosamente a su lado, como si la muñeca fuera a tomar sol, y ella se coloca exactamente en la misma posición.

Yo me llevé mi libro nuevo: *"Are You The One For Me?"*, porque el de *"We Love Each Other, Let's Work It Out"* ya me lo había terminado y todavía no había podido 'work-it-out' con Kenny. Me senté a leerlo. Ella allí, serena y tranquila al lado mío dándome conversación.

– ¿Qué?... Sí, está lindo el día.

– Leyendo.

– *"Are You the One for Me?"*, ¿y tú?

– Claro, Vogue. (*Pausa.*) Oye, ¿cuánto tiempo esperas estar aquí?

– Claro, como puedes estar bajo el sol las horas que te dé la gana, no te importa quedarte aquí por horas. Tú sabes que el sol a mí me hace daño. Yo no me puedo quemar mucho.

—Sí, sé que te apena. (*Entre dientes.*) Estúpida.

—¿Ahh… ?, ¿qué dije yo?

—Pues oiste mal. Yo dije: 'estoy tupida', tengo catarro… (*Hace que tose. Sigue leyendo.*)

— Oye, ¿dónde estabas ayer? Te estuve buscando por toda la casa y no te encontré.

(*Pierde la calma.*) Ya no pude más. Sabía que estaba engañándome pero me callé para esperar a que se durmiera y aprovechar para cortarle el mechón de pelo como Mariblanca me pidió que hiciera. (*Pausa.*) No pasaron tres minutos cuando la flaca esa comenzó a cabecear. Yo, callada, la miraba de reojo para no perderla de vista. Ya en ese momento el calor y el sol me estaban siendo intolerables. La espalda comenzaba a arderme. Estaba loca por levantarme y salir corriendo. No pude más. Ella, allí, impúdica, restrallándome en la cara su suntan, restrallándome su pelo largo y rubio, restrallándome su cara perfecta, sus pómulos, su cuello, su cuerpo 'slender' sin celulitis, sin barriga, sin manchas, sin estrías… Entonces me di cuenta que la causante de mis problemas era ella. No dejaba de pensar que Kenny la prefería a ella antes que a mí. (*Fuera de sí.*) Me subió un calentón por los pies y no pude más… Ya, cuando estaba casi a punto de dormirse, saqué las tijeritas y traté de cortarle el mechón de pelo. Ella se dio cuenta y trató de quitarme las tijeras para matarme… (*Forcejea con su muñeca y recrea la escena.*) …tuve que defenderme. Traté de estrangularla pero la muy plástica no cambiaba su sonrisa de pájaro imbécil. Como no funcionó, traté de ahogarla en la orilla de la playa; yo la hundía y ella flotaba, yo la hundía y ella flotaba, yo la hundía y ella flotaba… ¡entonces la agarré por el pelo y se lo traté de arrancar de raíz!… (*A la Barbie.*) ¡no más pelos largos para ti, Bárbara Matell!… ¿tú no tienes un 'beauty parlor'?,

¡úsalo! Corre, móntate en tu Corvetta rosa para que llegues temprano, usa tu motora para que no tengas problemas con el 'parking'! Pero la muy estoica seguía con su risa de pájaro imbécil. Luego se la tiré a los tiburones para que se la comieran. (*La lanza.*) ¡Destrócenla, atáquenla! Tintorera del mar, ¡cómete a esa americana! (*Pausa. Recoge a la muñeca como si estuviera muerta.*) La marea se encargó de traerme sus restos a la orilla y aquí vine a enterrarla ante ustedes... (*Agotada y victoriosa.*) ¡Que descanses en paz Bárbara Mattel! Porque con la Teresa Pérez, nadie se mete!

Sonido de sirena de policía. Bárbara lucha para volverse a poner su traje rosado. Reacciona como si estuviera escapándose de un asesinato y sale a medio vestir. Cambio de luces. Bárbara ahora está en su 'Semen-terio', como en el comienzo de la obra.

¡Llegué muchachos, llegué!

Comienza la canción "Barbie Girl", del grupo Aqua. Bárbara hace lip-synch de la canción, mientras baila alocadamente con todos los muñecos, como si estuviera en un trance.

> Ken: Hiya, Barbie
> Barbie: Hi, Ken!
> Ken: You want to go for a ride?
> Barbie: Sure, Ken
> Ken: Jump in
>
> Barbie: I'm a Barbie girl in a Barbie world
> Life in plastic, it's fantastic
> You can brush my hair, undress me everywhere
> Imagination, life is your creation
>
> Barbie: I'm a blond bimbo girl in a fantasy world
> Dress me up, make it tight, I'm your dolly
>
> Ken: You're my doll, rock'n'roll, feel the glamour in pink
> Kiss me here, touch me there, hanky panky

Barbie: You can touch
You can play
If you say "I'm always yours"

I'm a Barbie girl in a Barbie world
Life in plastic, it's fantastic
You can brush my hair, undress me everywhere
Imagination, life is your creation

Ken: Come on, Barbie, let's go party! (ah ah ah yeah)
Come on, Barbie, let's go party! (ooh oh, ooh oh)
Come on, Barbie, let's go party! (ah ah ah yeah)
Come on, Barbie, let's go party! (ooh oh, ooh oh)

Barbie: Oh, I'm having so much fun!
Ken: Well, Barbie, we are just getting started
Barbie: Oh, I love you, Ken

Con el último acorde, Bárbara mira hacia adelante. En su cara se dibuja una sonrisa esperpéntica; forzada mueca entre felicidad y tristeza profunda.

Apagón final.

Amor perdido[1]

Eva Cristina Vásquez[2]

A través de la obra hay varias cosas que deben hilar la pieza: la pérdida y ganancia, la muerte y el nacimiento y una maleta que pasa de generación en generación.

PRÓLOGO
Julia Lisístrata: IIda Guerra Mundial

Mientras una voz narra la historia de Julia Lisístrata Rivera, esta aparece ilustrada en proyecciones de diapositivas.

AZAD LISAMAR ¡Qué reguero! La verdad es que salí a mami, regueretera. También salí a mi abuela. Bueno, es que yo vengo de una familia grande. Muchos hijos, muchos soldados, muchas mujeres marcadas por sus hijos, matrimonios y muchas guerras. Mi bisabuela Julia Lisístrata, por ejemplo, fue hija de un marinero griego que nadie recuerda cómo llegó a Puerto Rico y se fue antes del nacimiento de Julia Lisístrata, pero no sin ponerle ese nombre: LISISTRATA. ¿Se imaginan? ¡Lisístrata! El se casó con una nativa de algún país africano que hacía una tercera generación en la isla y no recordaba su origen. Lisístrata era original del área de Piñones, pero vivía en el Fanguito y trabajaba en una barra de Villa Palmeras. Talentosa hasta más no poder, bella, glamorosa. (*Diap. 1: Lisístrata en la barra*[3]) Siempre rodeada de alegría, color y belleza. Siempre

---

1 Los derechos sobre la obra *Amor Perdido* le pertenecen a su autora, Eva C. Vásquez. Queda prohibida su reproducción en cualquier formato sin la debida autorización de la autora. Favor de referirse a las reglas de derecho de autor que aparecen en esta antología.

2 Esta version está identificada como texto de la pieza en progreso, editado por Lourdes Centeno. La fecha de edición es 29 de julio, 2001.

3 Las proyecciones utilizadas en la obra se hicieron con diapositivas, aquí abreviadas como "Diap.".

cantando, bailando, culipandeando. (*Diap. 2: Es muy feliz.*) Así pasaban las horas, los días, semanas, meses, años, hasta que conoció a Arturo. (*Diap. 3: Le presentan a un joven que parece ligeramente más joven que ella.*) Arturo se babeaba por ella. La iba a ver al cabaret noche tras noche. Le compraba tragos, le llevaba flores, le abría los caminos para que pudiera pasar por la vida sin problemas y se los cerraba detrás para que los problemas no pasaran por su vida. Como todo buen amor que valga la pena recordar, el de Lisístrata vino acompañado de infortunio. Justo un mes después del inicio del romance de mi bisabuela y Arturo, comenzó la Segunda Guerra Mundial. (*Diap. 4: Vistas de la Segunda Guerra Mundial en Puerto Rico.*) Como era de esperarse, Arturo, al igual que muchos otros jóvenes puertorriqueños, fue llamado a la guerra. Pero pidió a Lisístrata en matrimonio. (*Diap. 5: Pedida de mano.*) Y se casaron.

Música: Despedida, cantada por Daniel Santos. Se escucha la canción de fondo a lo largo del próximo parlamento.

(*Diap. 6: Lisístrata y Arturo brindando, Arturo vestido de soldado. Diap. 7: Foto de la pareja con los amigos de la barra. Diap. 8: Foto de Lisístrata con su nueva familia; Arturo y una suegra que la mira con desprecio. Diap. 9: Lisístrata se despide del esposo que se va a la guerra.*) Cuando Arturo se fue, mi bisabuela se sintió abandonada y se vio confundida por las carencias de la guerra, los cambios en su vida y la vida a la que la confinó su joven marido. Lo peor que le pudo haber pasado a Julia Lisístrata en toda su vida de rumbera paticaliente, era verse convertida de la noche a la mañana, en una ama de casa, desesperada y esperando.

La música se apaga abruptamente. Las luces suben y vemos a Lisístrata. Está en su nueva casa. Algunas fotos de su pasado la rodean. Ella ya no es ni la sombra de lo que era. Viste una bata semi-glamorosa, tal vez lo único que le queda de su vida de cabaret y en la cabeza tiene un pañuelo grande que oculta unos rolos o unos papelillos. A su lado hay un radio antiguo y al fondo, una diapositiva gigantesca con la foto de ella, el esposo y la suegra al estilo "Big Brother is watching you". Esa es la última foto que tenemos de Julia Lisístrata sonriendo. Lisístrata cose cuando de pronto su suegra, que toca una campana, le grita:

VOZ DE LA SUEGRA ¿Lisístrata, ya le escribiste la carta a Arturo? (*Lisístrata mira hacia arriba, al borde de perder la paciencia y le pide a Dios con señas que mate a la vieja, acto seguido contesta con fingida dulzura.*)

LISISTRATA Ya voy. (*La suegra vuelve a tocar la campana*)

VOZ DE LA SUEGRA No te olvides de mandarle las cosas que compramos en la plaza. (*Lisístrata mira al cielo y contesta.*)

LISISTRATA Está bien.

VOZ DE LA SUEGRA Ve escribiendo en voz alta que te quiero oír.

(*Lisístrata se sienta en la silla frente a la mesa y escribe.*)

LISISTRATA Querido Arturo: Espero que al recibo de la presente te encuentres bien. Tu madre y yo estamos bien, gracias a Dios… (*Mira mal la foto de la suegra.*) *Voice over: "Me tiene loca y no la soporto"*. Todas las mañanas vamos a la iglesia y todas las tardes rezamos el rosario con la esperanza de que vuelvas lo más pronto posible… (*Mira la foto con fingido cariño.*) *Voice over: "¡A encargarte de esta vieja inmunda!"*

Aquí te manda tu mamá unos pasteles enlatados… *Voice over: "Yo no le meto mano a eso, ni así me esté muriendo del hambre"*. También te mandamos unos plátanos y unas quenepas. Estos son los más grandes que encontramos. (*Mira el plátano con lascivia.*) ¿Te mencioné que te extraño?

SUEGRA ¡No te escucho!

LISISTRATA Últimamente coso medias de nilón para mujeres insensibles que todavía llevan una vida glamorosa en tiempos de guerra... *Voice over: "¡Dios las bendiga! Estoy harta de la iglesia, de la puritana de tu madre y de ser decente!"*
Me cuentan los muchachos de la barra...

SUEGRA ¿Qué dices?

LISISTRATA Perdón, me cuentan nuestros amigos que... (*Tocan a la puerta.*)

VOZ DE LA SUEGRA ¡Nena, atiende la puerta!

LISISTRATA Sí, señora, ya voy. ¿Quién es?

VOZ ¿Señora Rivera?

LISISTRATA ¿Sí?

VOZ Por favor abra la puerta que tengo un mensaje para usted del Ejército de los Estados Unidos. (*Mientras Lisístrata hace la pantomima de que está abriendo la puerta, se oye el sonido de por lo menos tres cerraduras y una cadena.*) Mi nombre es Heraldo Rodríguez y vengo de parte del ejército a comunicarle la dolorosa muerte de su esposo Arturo Rivera. Su esposo murió como un héroe y la nación lo honra como tal. La acompañamos en su sentimiento. ¡Que Dios le dé fuerzas!

LISISTRATA (*Dice pasmada.*) Gracias.

Se arrastra hacia la mesa, se sienta frente a la carta, la rompe en pedacitos y, durante la introducción de la canción, se pone un lipstick bien rojo, se quita el pañuelo de rolos revelando un peinado muy chic y se arranca la bata revelando un traje de su época de cabaretera, se pone unos tacos fabulosos, agarra el plátano, lo vuelve a mirar con lascivia y canta: Amor perdido... Al comenzar se ve triste, pero mientras avanza la canción se va poniendo contenta, porque con esta muerte comienza su nueva vida.

Mientras se oye la canción, aparecen los créditos de la pieza en diapositivas. También se ve la dedicatoria: A mi abuela Julia Rivera; a las mujeres puertorriqueñas, que hemos sobrevivido tantas guerras; a los amores perdidos y sus ganancias; a Hale.

Amor perdido
Si como dicen es cierto que vives
Dichoso sin mí.
Vive dichoso
Quizá otros brazos te den la fortuna
Que yo no te di...
[...]

Al terminar toda la canción, Lisístrata saca otro papel y le escribe a su suegra.

LISISTRATA Querida Doña Martirio: Arturo se murió. La acompaño en su sentimiento. No me busque. Me fui... (*Lisístrata comienza a retirarse, vuelve y escribe una vez más.*) ¡Me fui al carajo!

Sale Lisístrata con una sonrisa de oreja a oreja mientras se oye a la suegra tocando la campana y gritando.

VOZ DE LA SUEGRA Lisístrata, ¿quién era?, ¿Lisístrata? ¡Lisístrata!

Lisístrata agarra una maleta, un álbum de fotos y se va. De esa maleta van a salir algunos props y cambios de vestuario a través de la obra.

Mientras la narradora cuenta la historia de Lisi, se va cambiando el vestuario y la peluca para transformarse en ella.

NARRADORA En ese preciso instante, Lisístrata no sabía dónde era el carajo. Pero buscando, buscando, buscando, llegó a Nueva York. Tampoco sabía que estaba embarazada. Tuvo la suerte, sin embargo, de venirse a Nueva York a donde se venían las muchachas puertorriqueñas que ya no eran tan decentes, mientras que las "indecentes" de aquí se iban a Puerto Rico a hacerse abortos ilegales.

Llegó encinta a una ciudad fría, pero llena de vaudevilles donde a nadie le importaba que Lisístrata hubiera dejado a su Martirio atrás. En Nueva York nació Lisi, la mamá de mami, mi abuela.

Allá en Puerto Rico nunca habían conocido a Lisi, pero contaban que un día una prima pentecostal de ella vino a la Estatua de la Libertad (ustedes saben una de esas giras que hacen los de la Iglesia pentecostal de Piñones). La prima se le quedó mirando fijamente a una mujer que, para su sorpresa, era ella misma cagaíta, cagaíta, cagaíta, menos en el maquillaje, la ropa, el pelo y, definitivamente, cuando abrió la boca. ¡Qué jodío acento, Santo Dios! ¡El Señor la reprenda! La prima pentecostal y Lisi eran de la misma edad, pero Lisi estaba marcada por una vida de sabiduría callejera. Tuvo la suerte de ser una hija de los 60.

ESCENA 1
Lisi: Vietnam

Había nacido de pie. Tenía una madre rumbera, creció libre, no tuvo una niñez difícil, era una mujer afortunada. Primero, era una niuyorican lo que, para empezar, ya era un acto de rebeldía. Segundo, tenía el afro más desafiante y parao que se hubiera visto en toda una vida de alisados y moños achinantes. En aquel afro todos veían mucho más que un nido de amor para piojos bellacos, era como el epítome de lo rebelde, de lo sexy y de lo prohibido y así vivía Lisi. Se ponía flores. Spray de brillo en el afro. Era la reina del signo de la paz. Y decían las malas lenguas que era una come fuego y que pa' colmo trabajaba con poca ropa. Ella estaba muy orgullosa de su carrera, pero nuestra familia ya ni la mencionaba por la vergüenza. Sabe Dios qué les fue a contar la prima pentecostal cuando volvió a Piñones.

Lisi no siempre había sido un tema oscuro. Ella era brillante. Pudo haber sido doctora, abogada, ingeniera, o algo así. Solo que había dejado la escuela para irse detrás del hombre más fascinante que había conocido en su vida: Joe.

Canción Summertime entra.

Con él conoció el amor libre, las noches de marihuana y voladera, el rock & roll, el funk, la meditación y hasta el sexo tántrico. Dicen que el Kama Sutra se lo sabía al derecho y al revés y que no había ni una posición que no le saliera. ¡Ay, contra! El Kama Sutra no está fácil. No traten esto en sus casas.

Todo iba bien hasta que siguiendo la suerte de su mamá y justo antes de que se entregaran ella y Joe a conocer el mundo país a país, Lisi vio a su amante desvanecerse detrás de la puerta de un aeropuerto camino a Vietnam.

Cuando Joe, el hombre a quien más amaba en su vida regresó de la guerra, el gigante a quien había esperado se había convertido en un enano de circo. (*Silencio.*) No, no, fuera e' relajo, es que volvió sin piernas y actuaba como un payaso. Para ese entonces Lisi ya trabajaba de "stripper" al principio por necesidad y después que llegó Joe para pagar el vicio de su marido de inyectarse. Bueno, también para satisfacer su propio gusto por la sensualidad y la locura del "tease". Con el tiempo Lisi descubrió que su trabajo le daba control total sobre su cuerpo, su vida, su público y su marido.

De más está decir que Lisi tenía dos carreras; por el día era la enfermera de Joe y por la noche era la reina de un strip joint en la 42. Viendo la dedicación y el amor con que lo esperó Lisi, Joe se casó con ella. Créanme, no fue porque ya no tenía piernas, ni porque le hiciera falta una enfermera, se casó de puro amor y agradecimiento. Lisi se casó porque tenía la esperanza de que el enano lograra superarse y volviera a ser un gigante, aunque le tocara a ella empujarlo en una silla de ruedas de un país a otro. Lo esperó y recibió como a un héroe. Lo trató como a un héroe.

Hasta que un día supo que Joe no era el héroe que le habían hecho creer.

La narradora se termina de poner el afro que representa a Lisi. Durante todo el diálogo se ve la sombra de Joe inyectándose heroína de vez en cuando. Lisi sale desesperada del cuarto donde se queda Joe. Todavía tiene una correa amarrada en su brazo y la jeringuilla sin usar en la mano derecha.

VOZ DE JOE Lisi, perdóname. Yo no pensé que... Mira, yo estaba solo, you know? ¿Te imaginas lo que es que te entrenen para matar? ¿Sudar las 24 horas sin parar? ¿Meterse de pantano en pantano? ¡Yo pensaba en ti cada momento!

LISI ¡No jodas conmigo, Joe! ¿Tú me oíste? Pleeeeeease! No me vengas con que metido up to your waist en un pantano y cargando un rifle encima de la cabeza te vas a acordar de mí. Yeah, right! Y mira, por lo que más quieras no me vengas, no te atrevas a decir que estabas pensando en mí cuando estabas con la china esa. (*Se va a inyectar cuando Joe la interrumpe.*)

VOZ DE JOE Vietnamita.

LISI That's not the point Joe! El punto es que de ninguna manera tú te acostaste con una tipa así (*Se rasga los ojos.*), así (*Enseña el meñique para señalar lo flaca que era.*) y con el pelo más churreao que si se hubiera comido dos guineos verdes, un aguacate y una malta, pa'acordarte e' mí. ¿Tú me oíste? No, no, no, no y no, tú no te acostaste con ella pa' acordarte de mí. No fucking way, José! Don't you even try it mother fucker! Y ni pienses que la bebé de la china…

VOZ DE JOE Vietnamita.

LISI Bueno, pues pa'cá no viene. China, vietnamita, japonesa, me da igual. Aquí yo no la quiero. ¿Cómo le vamos a explicar de dónde salió? ¿Que el pai' es un puerco y la mai' es una puta? ¡Una puta china!

VOZ DE JOE Vietnamita.

LISI Mira, ¡Que se acostumbre a ser china, porque si viene pa' cá, a Chinatown es que va!

VOZ DE JOE Lisi, era la guerra…

LISI (*Mira la jeringuilla en su mano, se da cuenta de que no va a poder escaparse de lo que le está pasando y tira la* *jeringuilla al piso mientras contesta*.) ¿Y qué tú te crees que aquí no hubo guerra? ¿Te crees que aquí no hay guerra? The war's not over Joe! ¡Aquí la guerra no se acaba! ¿Me oíste? Aquí la guerra empezó el día que tú te fuiste: las noches sola, las protestas, las noticias, ¿te imaginas lo que era ver a un soldado caminando por mi calle con una cartita en las manos?, ¿sabes lo que era abrir el buzón y ver que me estaba ahogando en deudas? Do you know? No one was gonna tell me if you had died, Joe! Yo tuve que aprender a defenderme sola. ¡Que aprenda ella también! ¡La chinita esa sólo viene sobre mi propio cadáver muerto! Did you hear me? Es más, aquí a mí no me encuentra. (*Comienza a empacar*.)

VOZ DE JOE No seas así Lisi, no seas celosa. Mira, tú bailas esnúa y yo no tengo celos.

LISI ¿Queeeeeeeeeeeeeeeeeeeeeeeeeé? Tú sí que tienes pantalones. ¡¿Cómo te atreves a meterte con mi trabajo?! ¡A que cuando te traigo chavitos pa' la manteca no te importa! ¿Te metiste a moralista hijo'e puta? Listen mother fucker, cuando tú te fuiste pa' Vietnam tú no eras mi marido, yo no tenía derechos, ni chavos, ni trabajo. Y ahora que gracias a ti y a la chinita esa no estoy embalá, me doy cuenta que si hubieras tenido el break, me habrías manda'o pa'l infierno. ¿Quién era yo cuando tú te fuiste?, vamo' a ver. Cuando tú te fuiste yo era una hippie y créeme que nadie estaba pagando por fumar marihuana que era mi único talento, you know? Hasta el día de hoy me pregunto cómo rayos fue que sobrevivimos con solo yerba and tantric sex. You left me naked, Joe. Tú me dejaste esnúa. En pelotas. Y así mismo me fui a trabajar, como me dejaste. ¿Me oíste? Y tuve que aprender. Tú no sabes lo que es tener que aprender a vivir esnúa. Y cuando por fin reuní chavos pa' estudiar, fuácata, en vez de un letter, que nunca me iban a mandar, porque I was not your little wife, me mandaron un paquete.

Surprise!!!! Sin piernas, hecho un tecato, un junkie, un inútil, un resentido y, pa' acabar de joderme, now you tell me you're a cheater? Damn! No m'hijito, no. I'm fed up! ¡Estoy harta! ¡No aguanto más! ¿Pa' qué me casé contigo? ¿Pa' que me saques en cara que con esto y esto me mantengo viva pa' mantenerte el vicio? ¡Me vienes con ese cuento a mí, la única pendeja en to' el Bronx que se casó con un tecato sin patas! (*Imitándolo*.) "Ay mamita, I'm sorry, but I forgot to mention that I have a daughter." ¿Y mis hijos qué? I Know, I know, I Know, I know, I know. ¿Qué hijos de qué?, ¡si a ti ya no se te para! (*Se pone a buscar la jeringuilla que tiró al suelo y no la encuentra.*) ¡Coño, tú sí que le bajas la nota a cualquiera! Es más, desaparece. ¡No te quiero ver nunca más! Mira y que yo criarle a la nena esa, ¿está loco? Yo no le crío hijos a nadie a menos que yo los para. Ahora callaíto ¿verdá? (*Silencio*.) ¿Qué te pasa? ¡Di algo! (*Silencio*.) What's wrong with you? Don't do this to me, OK? Say something, baby. I have the right to be mad, you know! ¡Yo tengo derecho a encabronarme de vez en cuando, you know?! (*Se ve la sombra de Lisi jamaqueando el cuerpo de Joe una y otra vez sin éxito.*) Oh shit, you fucking O.D.'ed. Una sobredosis. ¡Dios mío ¿qué hago?! Oh shit! (*Le da un ataque de risa.*)

Entra de tras escena muerta de risa y tiene que reunir fuerzas para llegar al teléfono. ¡Ay, Dios mío, pero si este tipo esta muerto! Oh shit! ¿Dónde está el teléfono! Oh, shit! Shit! ¿Dónde está el jodío teléfono? Shit! Shit! ¡Puñeta! ¡Qué hago ahora! ¡Dios mío! Why? Yo te pedí que me lo sacaras de encima, ¡pero no así! (*Le da otro ataque de risa.*) ¡Coño, tú sí que eres dramático Joe! (*Se ríe.*) What do I do now? What do I do?

Agarra el teléfono, pero le vuelve a dar risa. Cuelga. Vuelve a agarrar el teléfono y llama.

Yeah, hi, is this the V.A. office? Listen (*Se ríe.*) I'm sorry, I'm sorry, I'm sorry, I'm very nervous. Ah, oh God!

listen, my husband just died and I, oh no, no, no se apure que yo me encargo del cadáver después, ah, well, hold on a second, (*Suelta el teléfono y se sopla la nariz.*) hello, yeah, I need to know what can I do p'adoptar a una hija ilegítima que él dejó allá en Vietnam.

Apagón.

VOICE OVER Lisi agarró a su recién adquirida hija, agarró los cheques de pensión del muerto y cumplió su meta de conocer el mundo tal y como Joe le había prometido. *Diapositivas mostrando a Lisi con su "hija" en diferentes países del mundo mientras se escucha* la canción de La Lupe *Ciao My Love, como fondo a diapositivas con fotos de Vietnam.*

NARRADORA Y finalmente Lisi visitó Puerto Rico donde conoció a Carlos, un panadero de quien se enamoró y tuvo con él una hija, a quien bautizaron Lissette en nombre de Lisístrata, su madre.

Hay fotos de Puerto Rico y se enfocan poco a poco hasta ir dejando una foto de la familia frente a la panadería.

Narradora: Esta es la única foto que tengo de Lissette, mami, antes de irse a la Guerra del Golfo Pérsico.

ESCENA 2
Lissette: Desert Storm

Cuadro I

Aparece la actriz vestida de soldado. Está haciendo sus ejercicios de entrenamiento. Se escucha la canción que cantan los soldados cuando hacen jogging. Ella corre con los soldados a la vez que habla.

LISSETTE No es por nada que a esto le llaman el desierto. Estoy rodeada de gente uniformada igual que yo y me siento sola. Tormenta del Desierto. ¡Tormenta es la que me está desbaratando el alma! ¿Qué hago yo tan lejos de Piñones? "Desert Storm My Ass!"

Vine aquí sin saber muy bien ni a dónde iba. La verdad es que no tengo la menor idea de dónde estoy, ni quién es esta gente que estamos acabando a bombazo limpio, ni mucho menos sé por qué les queremos caer encima. "Viaje al desierto cortesía del ARMY." Estoy siendo "todo lo que puedo ser." (*Deja de joggear y comienza a cruzar el escenario en diagonal arrastrándose por el suelo como hacen los soldados.*) El calor está bien fuerte, casi tanto como cuando trabajaba cerca del horno de la panadería de papi. ¡Ay!, si por lo menos tuviera un bikini. Acho' me ponía mi suntan lotion y me tiraba aquí mismo a coger sol como en Piñones. Para colmo los de mi pelotón no hablan español y a mí me pica el inglés muy poco. ¡Maldita sea la hora en que cogí esa beca, coño! Ahora les debo la vida y la tengo que pagar en este mar de arena que empana a una a la menor provocación del viento. ¡Si por lo menos tuviera una botellita de Evian! O una agüita de coco... pero esta porquería 'e cantimplora, que da agua, pero sin hielo. ¡Qué calor! ¡Qué sed! ¡Qué sofocón! (*Ahora comienza a hacer ejercicios de tiro al blanco, se oyen los disparos.*) ¡Este maldito rifle pesa más que la mochila de la escuela! (*Disparo.*) ¡El casco hace que el pelo me apeste a mierda! (*Disparo.*) ¡Si por lo menos tuviera un bikini! (*Disparo, cambio de posición.*) ¡¿Si tuviera un bikini?! ¡¿Si tuviera un bikini, dije?! (*Disparo.*) A la verdad que yo estoy bien turuleta. (*Disparo.*) Yo sí que estoy tripeando en una cajita 'e corn flakes... (*Disparo.*) M'hija, ¿Tú te crees que estás en Loíza, Luquillo o Boquerón? ¡Déjate de pendejaces y date cuenta de una vez que estás en el mismo medio del infierno! (*Disparo, caminando recorriendo el área.*)

¡Dios mío, ¿cómo estará mami?! ¡Mami se debe estar volviendo loca! La pobre mami que protestó tanto la guerra de Vietnam. (*Disparo.*) ¡Y yo pensando en bikinis y en el calor! (*Disparo.*) ¡Y yo que pensaba que iba a ser capaz de matar al sapo inmundo de Pedro cuando me dejó! (*Disparo.*) ¿Seré capaz de matar a un tipo extraño si se me pone al frente? (Disparo.) No es como que estoy agarrando a estos tipos con otra. (*Disparo.*) Ese no es el caso. Yo no tengo razones para querer matar a un tipo que no me ha dejado ni plantá' ni despechá'. (*Disparo.*) Y yo que pensaba que me iba a morir cuando me dejó Pedro. (*Disparo.*) ¿Y si el que me viene a matar es uno de estos tipos? (*Disparo.*) ¡Si yo no les he hecho nada! (*Disparo.*) No es como que me cogieron coqueteando con otro. (*Disparo.*) ¡No, si aquí nadie sabe por qué quiere matar al otro! ¿To' esto es por petróleo? ¡Si yo ni carro tengo! Yo tengo que escaparme. Tengo que buscar cómo escaparme.

Cuadro II

LISSETTE ¡Y me escapé! Me escapé una noche que trajeron a unas bailarinas del vientre a entretener a los muchachos. Aproveché el entusiasmo de los muchachos por las 18 bailarinas anoréxicas que trajeron de Los Angeles. Decían que las bailarinas de aquí eran muy gordas y las trajeron de un gym de Los Angeles. Aproveché que los soldados estaban tan bellacos que les daba lo mismo Juana que la hermana.

Se quita parte del uniforme y queda en una especie de bikini para belly dance con motivos militares. La faja está hecha de granadas.

¡Dios mío! ¿Se darán cuenta de que este traje es un invento mío, o pasará como el "ultimate" acto de patriotismo? ¿Se darán cuenta de que tengo múltiples chichos y celulitis? Bueno, si me cogen en pifia me hago la morona, los hago reír un rato y me voy a la barraca a ahogar las penas, en lágrimas será porque aquí no se puede beber.

(*Trata de bailar.*) La verdad es que yo sólo sé bailar salsa y estas tipas están meneando las caderas como si fueran de tembleque. Me siento como cucaracha en baile de gallina. *Se oye la versión de Hossan Ramsey de La Cucaracha.*

Ay vijne, me están aplaudiendo, están cayendo como cucarachas intoxicás con Raid.

(*Baila con torpe, pero relativo éxito.*) Me voy, me voy, me voy, ¡me fui!

Cualquiera los pudo haber cogido de soquetes. Ni las flacuchas ni yo éramos "the real thing." Cuando se llevaban a las muchachas a entretener a los soldados de otro campamento, yo agarré a la bailarina brasileña, que era prieta como yo y como era la que hacía la danza de los siete velos tenía más tela en su ropa. La amarré bien duro a una litera en la barraca donde se estaban cambiando, no sin antes ataponarle un velo en la boca. Le quité la identificación y me puse su ropa. Me emborujé la cabeza con tres de sus siete velos. Agarré mi rifle, lo emborujé en los otros tres velos, me tapé la cara con todo, me monté en el jeep y me fugué del campamento. Gracias a que de noche to's los gatos son prietos, nadie se dio cuenta.

Las muchachas se durmieron tan pronto se sentaron en el Jeep. Se notaba que no se estaban escapando. Yo sí que no me dormí. Cada vez que el cansancio me vencía un poco imágenes del presidente Bush gritándome: "¡Traidora! ¡Vende patria! ¡Hija de…!" que en inglés se dice "Son of a bitch", amenazaban con condenarme al insomnio por el resto de mi vida. En definitiva las muchachas se durmieron, pero yo no. Yo me quedé despiertita detrás de la pila de telas, rezando en mi mente en español que se me diera la oportunidad de tirarme del Jeep. "¡Ay, Dios mío, que pase algo!" Y Dios me oyó porque en los próximos 10 minutos se nos ponchó una goma. "Estoy directa," pensé. Me hice la que iba a mear y, aprovechando que estaba bien oscuro, me dije "a juyir" como si el mismo Saddam Hussein que tanto me habían mentado me estuviera corriendo. Corrí hasta que perdí la fuerza. (*Se cae.*)

¡Ay coño, si me cogen me jodo! (*Se levanta y vuelve a correr.*) Sabe Dios cuántas horas había corrido cuando de pronto llegué a un pueblito de madrugada. No estaba seca, estaba reseca. Reseca y medio desnuda lo cual ya era suficiente pa' que me despellejaran en la plaza. Como Eva, la que se ensartó con Adán en la Biblia y acabó botá' de la casa por el pai', me di cuenta de mi propia desnudez y empecé a caminar con cautela (*Se tapa.*) cuando, de pronto, oí la voz de un hombre. Me empezó a hablar, pero la verdad es que no entendía nada de lo que me estaba diciendo. No entendía ni pío.

Yo lo apunté con el rifle y me le acerqué. No paré hasta que le puse el rifle en la frente, pero como nos estaba cayendo el sol del amanecer encima desde el horizonte, al verle la cara no tuve otra que exclamar: ¡Qué bueno estás!

Yo no sé qué fue lo que se apoderó de mí, pero no pude matarlo, era yo la que se estaba muriendo. Me estaba muriendo de sed, de miedo y de una pasión que jamás había sentido. La poca humedad que me quedaba en el cuerpo, se me estaba escapando entre las piernas. El tipo era un cruce entre Omar Sharif y Frankie Ruiz. ¡¿Qué más se puede pedir de la vida?! Lo miré a los ojos y le dije, segura de que no me entendía: "Más vale que te quites la ropa y no dejes de hacerme el amor hasta que me desmaye". Y no se imaginan cuánta fue mi sorpresa cuando se quitó la ropa y el rifle de él también me estaba apuntando entre los ojos. Cuando estaba a punto de darme el banquete de mi vida, estaba tan deshidratada que me desmayé.

Cuando me desperté, sabe Dios cuánto tiempo después, ya no tenía sed, pero sentía que estaba metida en un saco de algodón; era un maldito velo. Por mi madre que me estaba asfixiando dentro de esa tela. Cuando me salí del saco, o velo, lo que sea, unas mujeres gordas, gordas como esos luchadores japoneses, por poco me matan del susto sobándome como sólo se puede sobar una libra de pan antes de meterla al horno y comenzaron a gritar (*Sagarita.*).

¡Ay virgen! ¿Qué diablos les pasa a estas locas? ¿Me irán a cocinar? ¿Qué hacen? ¿Qué confianza es esa? ¡No me toquen! ¡Ummmmmmmm! Tiene que haber pasado mucho tiempo porque yo ya ni me acordaba del olor a jabón. ¡Qué perfume rico! ¡Suavecito!

¿A dónde me llevan? ¡Es que no me entienden! ¡Ahhhh! ¿Todo esto es para mí? ¡Qué belleza! ¡Ay! ¡Ay! ¡Ay! No me jalen el pelo. ¡Ouch! (*Se mira al espejo.*) ¡Me veo bella!

Esto tiene que ser un Spa de esos que tanto mencionan en *Vanidades*. ¡Qué Spa más raro! ¡Un camello! ¡Y pa' colmo es un Spa con trilla! (*Se monta en el camello.*) ¡Ugh! ¡Qué peste! ¡Qué náuseas! ¡Qué ganas de vomitar! Mire señora, doñita, ¿me pueden bajar del camello? ¡No me entiende! (*Con señas.*) ¿Me puedo tirar del camello? ¿Me puedo tirar? Es que estoy mareá' y creo que voy a ¡wooooooah! ¡Ay, me entendió! Gracias. ¡Qué bien que me tratan! Se nota que son muy amables con la gente que se deshidrata. No, no se preocupen. Yo me voy a pie pa'l aeropuerto. ¿Y adónde iremos ahora? ¡Wow! ¡Esto sí que es un party de despedida! Si no fuera porque no hay hombres, hasta parecería una boda. ¿Será una boda? ¿Quién será la novia? Esta no; esta no; esta no... ¿¿¿¡¡¡Yooooooooooo!!!??? ¡Nooooooo! No puede ser. No, no, no, no, no, no. Esto es un error. ¡Yo no puedo casarme! ¿Qué me hacen? ¡Sáquenme de aquí! Yo no hablo árabe. Yo soy puertorriqueña. Yo no soy de aquí. Yo soy de Puerto Rico: calor, playa, nadar, coco. Yo Puerto Rican. I am gringa, gringa: "Hi!, Hi!, Hello!" I American! I come here to: pa, pa, pa, pa, pa, pa, pa, pa, pa! ¡Ay, Dios mío, no me entienden! ¡No se rían! No canten más. No me empujen. ¡No me encierren, por favor! (*Lo ve.*) ¡Ay! ¡Qué bueno que eres tú! Mi cruce entre Omar Sharif y Frankie Ruiz...

Por fin me calmé, me le quedé mirando a los ojos y le dije, esta vez completamente hidratada y sin temor de que fuera un espejismo, a pesar del calor: "¡Qué bueno estás!" Y me desmayé en sus brazos de la emoción.

Me despertó echándome encima un vaso de agua de rosas y, como hacía tanto calor, me dije: "¡Ay, qué amable, se cree que sigo deshidratada!" Y desde que abrí los ojos me fue introduciendo poco a poco a los placeres del baklavá.

(*Al público.*) Mire señora, si usted no sabe lo que es un buen baklavá, yo no tengo palabras pa' explicarle de lo que se está perdiendo: hojaldre, miel, almendras, más hojaldre, miel y almendras y yo no sé qué especias son las que le echan, pero me volvió loca cuando me untó baklavá en los labios, en el pelo, en las manos, entre los dedos de los pies, y hasta en los pezones. Hizo que la miel se me resbalara por la cintura y las caderas. Que se me incrustaran las almendras en el escote, en la rabadilla, en las coyunturas de los brazos y las rodillas, y el hojaldre me lo puso de cama. Y "ahí" ¡Ay! Imagínese lo que me puso "ahí", un nidito de pistacho.

Todo se lo comió. Me lamió la piel a la vez que me besaba todas y cada una de mis estrías y cada hoyito de celulitis, convertido ahora en un platito de miel, mientras yo decía la única palabra que había aprendido a decir de esas partes del mundo: "baklavá". Baklavá, baklavá, baklavá, voy clavá, clávame más si más me merezco dios, guerrero, amante, dios, ¡Alá! (Recibe un bofetón.) ¡A la mierda! ¡Qué kinky! ¿Por qué me pegaste? ¿Por qué me miras así? ¿Qué fue lo que hice? ¡El baklavá está agrio!

VOZ DE GAMAL Mi nombre es Gamal.

LISSETTE ¿Tú hablas español? Yo me llamo Lissette.

VOZ DE GAMAL No. De ahora en adelante tu nombre es Mariam Fatima. Mariam por lo bella y Fatima por mi madre muerta.

LISSETTE ¿Bella yo? Pero si yo no soy más que una prieta pasúa de Piñones. ¡Fatima! Fatima, Fatima…¡Fátima! ¡Como la Virgen de Fátima, mi patrona! Esto tiene que ser una señal. Este hombre me salvó. ¡Gracias Virgen de Fátima! Te prometo amar a Gamal y más nunca mencionar el nombre de Alá en vano.

Ahí fue que empezó mi adoctrinamiento y paseo por lo que más tarde mi sicoanalista llamó la desconstrucción del baklavá. Primero me presentó a sus otras dos esposas Amar, una belleza rubia y más alta que una palma y Soraya, una gordita de pelo azabache y ojos color miel. Después me explicó las reglas de la cárcel, digo, la casa. No podía salir de la casa a menos que fuera al patio interior a hacer trabajo de jardinería, o al techo a coger fresco. Tenía que rezar cada vez que "mis hermanas," o co-esposas como prefiero llamarles, rezaran, para lo que me dio una copia en español del Korán y, como si fuera poco, me tocaba a mí hacer el pan para la familia. ¡Yo tenía que hacer el pan! Cuando todo esto empezó enlistándome en el ejército pa' coger la maldita beca que iba a impedir que yo tuviera que hacer pan toda la vida como mi papá.

Los días eran largos, largos, largos, laaaaaaaargos y las noches apasionadas. Más miel, más almendra y más hojaldre; ¡más baklavá! Yo pasaba las noches "enamorada" y los días tratando de entender lo que me estaba pasando: dónde estaba, por qué me pasaba esto y quién era esta gente.

(*Se escuchan las voces de Soraya y Amar.*) Ay bendito, Soraya y Amar son tan lindas y obedientes. Me miman, me añoñan y me enseñan a cocinar.

(*Se escucha la voz de Gamal.*)

Gamal, por otro lado, es tan raro. Siempre está leyendo, pero yo nunca sé qué piensa. Sólo me habla de religión o me lee cosas que no entiendo muy bien. Pero tiene un no sé qué, ¡carajo!, que nos tiene a las tres bailando por toda la casa sin chistar. Y no es por nada, pero mi marido está bien bueno.

(*De pronto cae en la cuenta de su situación.*)

Oye, ven acá. ¿Yo me creo que soy Princess Jasmine la jeva de Aladino?

(*A Gamal.*) Gamal, aquí la cosa no está tan fácil, no te creas que no me doy cuenta. Yo no estaré en una cárcel militar, pero "Hello!", no hace falta. Me estoy chupando a dos co-esposas igual que mami se tuvo que chupar a las amantes de papi. Me has levantado la mano muchas veces y, aunque me lo pagas en oro y no en flores como le hacía papi a mami, no te lo perdono. ¡Y yo quiero salir de vez en cuando Gamal!

VOZ DE GAMAL ¿Prefieres volver a tu país y morirte en la cárcel?

LISSETTE No. Yo prefiero jartarme de baklavá. ¡Ay!
(*Lissette está mareada.*)

VOZ DE GAMAL ¿Qué te pasa? ¿Qué tienes?

LISSETTE No sé. Estoy marcá', tengo náuseas y me apesta a camello.
Cuando se dieron cuenta de que yo no estaba indigestada por el baklavá, (*Señalando su barriga.*) sino indigestada por el baklavá, poco les faltó para que me pusieran en un pedestal.

Parto.

LISSETTE Soraya, Amar ¿Qué tuve? ¡Un varón! ¡Nene! ¡Un macho! ¡Bingo! ¡Esto me va a convertir la cárcel en un hotel de cuatro estrellas!
Un momento, ¿adónde se creen que se lo llevan? Este bebé es mío. No, no te ofendas Amar, es que yo soy la única que le puede dar leche. Perdóname, el bebé es de las tres... y de Gamal, pero más de las tres. ¡No se peleen! Una lo baña y la otra lo viste.
Para Gamal yo era la preferida otra vez. Me llenó de joyas, de besos y de amor a su manera. Soraya y Amar me engordaban mientras me sonreían con sus dientes de oro. ¡Eran tan felices conmigo y con mi bebé! No pasaba un día en que no trataran de embellecerme. Tanto era el esfuerzo que un día Soraya, mientras yo amasaba el pan, me dio un brazalete de oro sólido y con señas me indicó que me mandara a hacer una dentadura de oro como la suya. Le contesté en señas lo mejor que pude: (*Primero en señas y después en palabras.*) "¿Los dientes? ¿Los dientes?– le expliqué– tú estás loca o te pica el coco."
Con la misma me enganché el brazalete del brazo, jamás en los dientes y le besé las manos en señal de agradecimiento.

A pesar del encierro creo que a veces era feliz. No estaba en la guerra, no trabajaba fuera y mis co-esposas me jartaban como a bestia amarrá'. Y, pa' colmo, mientras más gordita y chichúa me ponía, más buena encontraba mi marido que yo estaba. Díganme: ¿Qué más se puede pedir de la vida?

Estábamos felices, hasta que un día mi bebé se enfermó. No sé qué tenía. Yo no entendía a los médicos y mi marido no me permitía que estuviera a la vista de ellos mientras examinaban al niño. Ninguna de nosotras podía ser vista por los médicos. Gamal decía que nos amaba demasiado para compartirnos.

Mi bebé estaba cada día más flaquito. No quería nada, ni bibí, ni teta. No dormía bien. A las dos semanas empecé a rebajar yo también. No podía ver a mi niño así. No dormía yo tampoco, no comía. No hacía más que llorar, hasta que un día, amasando pan, me di cuenta de que la solución estaba en volver a mi propia fe y devoción por la Virgen de Fátima.

Así fue que amasé mi primera virgen de pan y cuando mis co-esposas Soraya y Amar se ponían a orar, yo me postraba ante ellas, pero con otras intenciones.

Cuadro III

Canción Llamado al rezo de Baba Maal. Se ve a Mariam Fatima postrada, pero se le escucha rezar un Ave María.

LISSETTE Tenía mucho miedo con mi virgencita de pan. Si Gamal me hubiera cogido rezándole a la virgen, habría tenido que arrancarle la cabeza de un mordisco para disimular y ¡eso sí que habría sido un sacrilegio que me habría costado mi niño, mi marido, mis dos co-esposas y mi propia vida! ¡Nos habríamos jodido to's!

Pero mi niñito se había mejorado. Eso era lo que me importaba. ¡Te agradezco Virgen de Fátima! Mi bebé se puso rollizo y rojizo otra vez. Amar y Soraya se creen que fueron los caldos que ellas le dieron, pero yo sé que fueron mis vírgenes. Le agradezco cada día y a escondidas siento a mi niñito a agradecer también a la vez que le enseño a decir "Fátima".

Y pasó lo inevitable. Gamal me cogió rezando en la otra liga y enseñando al niño a rezarle a una frágil y comestible virgen de pan. Me agarró por las trenzas y me hizo comerme a la virgen completita. Por poco me muero ante mi propio sacrilegio y el empacho. Tan exagerada que soy, había hecho una virgen de dos libras. ¿Se imaginan jartarse dos libras de pan de un solo cantazo? ¡Y un pan sagrado!

Y entonces Gamal me rompió el alma:

VOZ DE GAMAL Estoy decepcionado. Eres lo más bajo. ¡Fuera de mi casa! ¡Lejos de mi hijo! ¡Lejos de Amar y Soraya! ¡Me divorcio de ti! ¡Me divorcio de ti! ¡Me divorcio de ti! ¡Te vas y dejas al niño!

Cuadro Final

Aparece Mariam Fatima (Lissette) con una maleta.

LISSETTE Yo entiendo que no me ames, Gamal, que no me quieras, que me botes pero, por favor, déjame llevarme al niño. Te juro que le voy a dar una crianza musulmana. Te juro que le voy a dar la educación que tú quieras. Te juro que vamos a venir todos los años a verte, que vas a poder venir cuando quieras. Te juro que…

VOZ DE GAMAL ¡No! Te vas sola. ¿Cómo crees que voy a dejar a mi hijo en manos de una traidora sin fe? Hay un solo dios y Alá es su nombre. Eres una desgracia para la familia. Has manchado nuestro nombre. ¡Que Alá acorte tus días!

LISSETTE Pensé en todo. Plan A: matar a mi esposo, a mi hijo y matarme. Plan B: matar a Gamal y llevarme a Soraya, Amar y al niño. El plan C es tan macabro que mejor me lo callo. ¡Ay Dios mío! Lo pensé todo. Y como si me estuviera leyendo la mente me dijo:

VOZ DE GAMAL Y no hagas una locura, porque aquí tú no eres nadie. ¡Vete! (*Le tira la maleta.*) ¡Que Alá acorte tus días! ¡Que el profeta acorte tu camino¡ ¡Te maldigo¡ ¡Que Alá te maldiga!

Fatima (Lissette) va sacando cosas de la maleta que va dejando en el camino: posiblemente un corazón que va rompiendo y dejando atrás como si fuera un caminito de pan que marca para luego recorrer de vuelta. Posiblemente va sacando de la maleta lo que representaría sus propios órganos.

LISSETTE Y me fui. Me fui, tan liviana como vine, vacía y con sabor a miel amarga, a almendras rancias incrustándose en mis poros como clavos y dejando atrás un camino de hojaldre duro y a la vez hecho pedazos que no iba a poder usar para volver a ningún lado del mundo. Me fui con mi hijo tatuado en la frente. Las trenzas enterradas como raíces debajo de la casa de piedra y barro que había habitado, haciéndose más largas y dolorosas con cada paso. Los buitres comiéndose cada señal que dejé con la esperanza de encontrar mi camino de vuelta. Me fui con el recuerdo de mi niño quemándome, calcinándome las plantas de los pies y apuntada por el rifle que fue mío, mi única dote de boda, y ahora era de Gamal. Sin nombre, sin hogar, sin dinero, sin identidad, sin mi hijo, sin patria…y enamorada aún, sin entender por qué, de ese retoño del diablo llamado Gamal.

Se va desvaneciendo la luz, mientras Fatima continúa su camino, ahora sin velo, hacia la locura y transformando su velo en el niño perdido.

Me fui como vine. Me fui al mar.

Apagón.

Se escucha la canción Diahowo de Baba Maal. En diapositivas vemos que Fatima va a meterse al mar para ahogarse. Amar la salva y le entrega todo su oro para que pueda salir del país. Fatima se va embarazada con la hija que va a ser la protagonista del epílogo.

EPÍLOGO
Azad Lisamar: Año 2025

Se escucha la música de una película o serie de acción. Se ve a un personaje de la película haciendo acrobacias. Está vestida con una burka. Es la terrorista dentro de la película. Cuando sale de abajo de la burka, posiblemente tenga un ojo tapado y está toda vestida de negro, como buena mala de la película. De pronto se oye la voz del director.

VOZ DEL DIRECTOR Cut! Azad Lisamar, take half an hour we need to fix something technical here.

AZAD Thank you, I'll be in the dressing room.
Azad llega al camerino. Posiblemente en el fondo haya una diapositiva, o varias, que enseñan a Azad en diferentes momentos de la serie. Prende el televisor para ver un cassette de una entrevista que le hicieron el día anterior. Mientras el cassette corre, ella se va retocando el maquillaje. Llama a su maquillista.

AZAD Bibi, vamos a ver la entrevista de ayer.
La entrevista se escucha en voz en off.

ENTREVISTADOR Hoy entrevistamos a una de las estrellas de la serie *El Ojo del Águila*, la exitosa serie sobre la guerra contra el terrorismo que se presenta en nuestra cadena. Tenemos el gusto de recibir en nuestro programa a la enigmática actriz Azad Lisamar. (*Aplausos.*)

Posiblemente una maquillista está ayudando a retocar a Azad. Se deja maquillar, pero de vez en cuando, mira a la pantalla del televisor. La entrevista es simultánea a lo que sucede en el camerino.

ENTREVISTADOR Azad, siempre he querido preguntarte de dónde salió tu nombre artístico.

AZAD (*En vivo.*) Bibi, dame un break, tengo que orinar.

MAQUILLISTA Aprovecha y hazte la prueba.

AZAD (*En vivo.*) ¡Ah, verdad, se me había olvidado!

(*Entrevista.*) No es mi nombre artístico. Mi madre me llamó así cuando nací.

ENTREVISTADOR ¿Qué quieres decir?

AZAD (*Entrevista.*) Es una historia muy larga. Hubo una mujer que fue secuestrada por un hombre árabe durante la Operación Tormenta del Desierto, ¿recuerdas ese caso? Ella tuvo un hijo en el Medio Oriente y cuando se logró escapar, estaba otra vez embarazada.

ENTREVISTADOR Sí, ese caso fue muy famoso.

AZAD (*Entrevista.*) Bueno, yo soy la hija de esa mujer. Mi madre es Lissette Rivera, ¿la recuerdas? Ella me puso ese nombre, Azad Lisamar.

(*En vivo, Azad sale del baño le da la prueba a Bibi.*) Toma, a mí me da terror.

ENTREVISTADOR ¡Qué fascinante! Entonces eres mitad árabe.

AZAD (*Entrevista.*) Creo que sí.
(*En vivo.*) ¡Qué idiota! ¿No se da cuenta que no me gusta hablar de mami?

ENTREVISTADOR ¿Crees también que eso influyó para que te dieran el papel de una terrorista árabe en la serie?

AZAD (*Entrevista.*) Yo espero que no.
(*En vivo.*) ¿Este imbécil no sabe que me estoy acostando con el director de la serie?

De pronto interrumpen el programa para anunciar la noticia sobre la identidad del ganador del Premio Nóbel de Física.

VOICE OVER Noticia de última hora. El reconocido científico de origen árabe Ibrahim Mufflet, ha sido galardonado con el Premio Nóbel de Física por sus investigaciones en el campo de la energía nuclear. La controvertida selección del ganador se ha visto manchada por protestas de grupos pacifistas internacionales que alegan que las investigaciones de Mufflet son conducentes a la posible creación de armas de destrucción masiva. El nombre de Ibrahim Mufflet ha sido también relacionado a la famosa investigación en los años 90 sobre el presunto secuestro de una soldado puertorriqueña durante la Operación Tormenta del Desierto. Se piensa que la soldado Lissette Rivera, mejor conocida como Mariam Fatima, es la madre del distinguido científico.

AZAD ¡Pausa! ¡Pausa! ¡Dale pausa! ¡Ese es mi hermano! ¡Mariam Fatima era mi mamá!

MAQUILLISTA ¡Qué guapo es tu hermano! ¡Se parece a Omar Shariff!

AZAD ¡Coño! ¿¡Tú siempre tienes que ser tan puta!? ¿No te das cuenta que están hablando del hermano que he buscado toda la vida?

MAQUILLISTA ¿Él sabe que tú eres una "terrorista árabe"?

AZAD ¡Qué bruta eres! Yo no soy terrorista, niña. Tampoco soy árabe y él no me conoce. (*Pausa.*) ¿A quién tú dices que se parece? ¿Omar quién?

MAQUILLISTA ¡Qué bruta eres tú! Omar Sharif, el de *Lawrence de Arabia*.

AZAD ¡Hum!, si es de Arabia, mamá no me lo dejó ver. ¡A mí se me parece a Frankie Ruiz! ¿Te acuerdas de Frankie Ruiz? Mami tocaba su música todo el tiempo. ¡Dios tuyo, qué sorpresa!; no me mires así, mamá nunca me dejó decir que Dios era mío. ¡Encontré a mi hermano! (*Apaga el televisor.*)

AZAD (*A la maquillista.*) Por favor, búscame una coca cola sin cafeína, sin azúcar, sin calorías, con sabor a limón y hielo ¿ok? (*La maquillista sale.*) ¡Ah! Y un baklavá.
MAQUILLISTA: ¿Estás segura?
AZAD Bien segura. (*Azad saca una computadora con micrófono.*)
¡Dios!, encontré a mi hermano por fin. (*Mecanografía.*) Ibrahim Mufflet. Search. Dale, por favor encuéntralo. Nada. Mufflet. Search. ¡Ajá! Mufflet, Mufflet, Mufflet, Ibrahim. *www.imufflet@saudienergy.com* ¡Es él!

Ibrahim:
Hay un solo Dios y Alá es su nombre.
Eres una desgracia para la familia.
Has manchado nuestro nombre.
¡Que Alá acorte tus días!

Esas fueron las últimas palabras de mi madre antes de morir. Tu madre se llamaba Mariam Fatima; la mía se llamaba Lissette Rivera. Mi nombre es Azad Lisamar. Lissette Fatima, nuestra madre, me puso Azad porque nací libre de tu padre y de la cárcel militar o doméstica, aunque nací en cautiverio. Me puso Lisamar porque su nombre real es Lissette y porque amó mucho a Amar. Mamá amó a tu otra madre, Amar, más de lo que amó a nuestro padre, porque ella nos salvó a mamá y a mí de la muerte. Para mamá, por otro lado, Soraya era una traición de 173 libras. Ella es responsable de la locura de mamá. Ella fue quien nos separó a todos. Ella fue quien informó a nuestro padre de las vírgenes de pan. Yo soy alérgica al pan.

Mamá nunca me dejó rezar, pero me dejaba leer la Biblia y el Korán para que entendiera de qué revolú inmundo yo había salido y me pudiera evitar miles de dólares en siquiatras. Mamá murió adicta al siquiatra y a una técnica llamada re-enactment. Todos los días hablaba de ti, aunque no decía tu nombre. Antes de morir me dijo que mi padre se llamaba Gamal.

"¡Que Alá acorte tus días, Gamal!", dijo nuestra madre mientras agonizaba. Todos los días me acuesto con miedo de que tu Alá acorte mis días, como si creyera en Alá, o en Dios o en nadie. Todos los días lo miro desafiante y le digo: ¡No te atrevas! Como si no supiera que cada día es uno menos. Treinta y pico de años no me han ayudado a curar tu ausencia matando a mi madre, la soledad, el dolor y la maldita alergia al pan provocada por el empacho de nuestra madre el último día que te vio. Por esa misma alergia nunca he probado el baklavá. Mamá pidió comerse un baklavá tan pronto como el médico la desahució.

Ibrahim, el tiempo no cura un carajo. Siempre fuiste una cárcel alrededor de mi alma, y ahora eres una amenaza nuclear. Que Alá acorte tus días si el tiempo no te ayuda a curar mi rencor.

Tú no eres Alá. No te atrevas a matarme sin saber que existo. Te salgo a buscar. (*Pone un arma en la maleta que pasó de generación en generación.*)

MAQUILLISTA ¡Lisamar, la prueba dio positiva!

AZAD (*Sorprendida, sonríe.*) Ojalá se acabe el dolor. (*Lo piensa. Saca el arma de la maleta y la intercambia por un álbum de fotos.*) Te voy a buscar... (*Sonríe.*)

MAQUILLISTA (*La abraza felicitándola.*) ¿En qué piensas?

AZAD Toma. Guárdame esto. (*Le entrega el arma.*) Si me nace niña le voy a poner Lisístrata. (*Cierra la maleta.*)

Apagón Abrupto. Se oye la canción de Faudel "Salsa Raï". Durante la canción se ven los créditos de agradecimientos en diapositivas. Fotos de las personas involucradas en la pieza: directora, sonidista, fotógrafa, diseñadores, etc.

Un Quijote en Nueva York[1][2]

Luis Caballero

NARRADOR En un lugar del Bronx de cuyo año no me quiero acordar, por aquello de la primera generación, vivía un caballero que, como todos los que habían bajado de la montaña en carreta, con sueños y dolor; con olor a café, a fango y a tierra menor; allá en los rocíos de un puerto de rico vapor, con árboles y guayabales; con sordo ruido y rumor, se montó en un ave metálica que lo llevó a Nueva York. Con tres gallinas rojizas, dulce coco y almidón, Juan Felipe Caballero se estableció en El Bronx. Trabajaba en factoría a dólar, el peso no es lo peor. Los lunes limpiaba pisos, lavaba carros sábados, con su familia compartía la cultura y el amor -su tierra, Puerto Rico, donde nací yo- domingos luego de misa y a pegarle al dominó, a un café bien caliente y a un buen cigarrón.

Con la nieve, la tristeza, Juancho, como sabemos tú y yo, enterró el amor de su vida, su mujer, en Nueva York. Gran melancolía en las ventanas se coló. Juan se encontraba con su hija Anacleta que un día sin despedirse también se marchó sin trenes y sin paradas... Juancho solo quedó disfrazado de un invierno que quemaba su vestido de señor. Como todos sabemos, Juancho al inglés se rehusó –aquí en estas tierras no solo se puede hablar español– su única amiga lejos de la radio y la televisión no sabía a qué atenerse este pobre señor, que sin casa y sin fortuna en las noches se extravió, 40 mayos pasaron 20 abriles y un soplón lo llevaron a quedarse sin techo y sin amor, en una casa

---

1 Los derechos sobre la obra *Un Quijote en Nueva York* le pertenecen a su autor, Luis Caballero. Queda prohibida su reproducción en cualquier formato sin la debida autorización del autor. Favor de referirse a las reglas de derecho de autor que aparecen en esta antología.

2 El título original de esta pieza fue *Un Quijote sin memoria*.

de ancianos. Ahí Juancho terminó solo y sin memorias con gran deseo de mudarse de Nueva York y volver a Puerto Rico

Canción: *"Amanece"*

ESCENA 1

Nursing home. Enfermera con un libro del Quijote.

ENFERMERA Así Juancho "Quijote cabalgaba con Rocinante y su acompañante Sancho Panza a la cima del monte en donde se vislumbraba a lo lejos la silueta de su Aldonza".

JUANCHO Aldonza …¿dónde está el reloj verde? Yo no sé la hora y tengo que trabajar…

ENFERMERA Juancho, ya usted no trabaja. Usted se retiró hace mucho.

JUANCHO …¿y Anacleta me trajo dulce e coco? Oye, ese Quijote sí se la pasó peleando con to' el que se encontró …¿pa' qué tú usas eso?

ENFERMERA Eso se llama cuchara y se usa para comer.

JUANCHO …¿y eso que tú tienes en las manos?

ENFERMERA Esto es un libro *Don Quijote de la Mancha*, el que le estoy leyendo.

JUANCHO Oh sí …oye…¿cómo tú te llamas?

ENFERMERA Maritza y usted, ¿se acuerda cómo se llama?

JUANCHO Sí … ahora mismo no lo tengo claro, pero me acuerdo 'horita...

NARRADOR Así se la pasaron siete días y siete noches y Juancho no se acordaba de su nombre. Las noches lo atolondraban con pesadillas aterradoras con nombres que solo aparecían en su conciencia después de medianoche.

JUANCHO (*Se oye a Juancho hablando solo.*) Mira, mujer, deja la gallina quieta… que no, que yo como marota, eso sabe a diablo… llámate a Pedro pa' que me cure el pie…

NARRADOR No solo hablaba con fantasmas del pasado, también les cantaba canciones desaparecidas y a veces las enfermeras venían a llevarlo a la cama, porque montaba un danzón que mantenía a todos ocupados, pues hasta que no acababa la última nota en su cabeza no paraba de bailar...

Todo esto es gráfico; vemos a Juancho haciendo la escena y, cuando termina de bailar, dice "gracias".

Pero un buen día, de esos de primavera, Juancho desapareció del *home* junto con el libro del Quijote. Llamaron a la policía, a la televisión, la radio, pero como Juancho no tenía quién lo procurara, lo dieron por perdido. "Se lo llevó la hermana para Puerto Rico", decían las enfermeras cuando les preguntaban los otros pacientes, sin saber ellas que Juancho se había escapado porque, en su cabeza, al gato de doña Jacinta lo habían raptado y junto con su libro, iba en su auxilio.

ESCENA 2

En el parque se oyen sirenas, trenes, etc.

JUANCHO *Llamando a un gato.* Wichi, Wichi, Wichi, miau, Wichi toma leche...

Entra un tipo con una cuchilla.

HOMBRE Mira, viejo, ¿qué tú haces?

JUANCHO Buscando a Wichi.

HOMBRE ¿Quién carajo es Wichi?

JUANCHO El gato de doña Jacinta, que se escapó y yo la estoy ayudando a ver si está por aquí.

HOMBRE Aquí no hay ningún gato. El único gato que yo vi fue hace 5 años; uno que se ahogó en el Hudson cuando yo lo tiré. ¿Tú tienes chavos?

JUANCHO ¿Qué es eso?

HOMBRE No te hagas el loco conmigo o te tumbo el cuello.

JUANCHO ¿Qué es eso?

HOMBRE Oye, viejo, ¿qué te pasa? No te hagas el funny, tú estas homeless y ese libro, dámelo.

JUANCHO ¿Qué es eso?

HOMBRE *Don Quijote.*

JUANCHO ¿Qué es eso?

HOMBRE Don't fuck with me!

JUANCHO Yo hablo inglés.

HOMBRE Dame chavos o me llevo el libro y lo vendo.

JUANCHO ¡Que no!

HOMBRE Give me the book.

JUANCHO ¿Qué es eso?

El hombre se vuelve loco hablando inglés, tira a Juancho al suelo y lo rebusca en un forcejeo.

JUANCHO Deja demonio, yo no me voy contigo. ¡Dios mío, que le caiga un coco en la cabeza, que le caiga un coco en la cabeza como a Pito, el de Josefa!

En ese momento se oye una sirena y el hombre sale corriendo. Vemos a Juancho en el piso. El hombre regresa y le cae encima, otra vez. Entra el narrador con un coco y le mete un cocazo en la cabeza al hombre. Juancho sale corriendo y mira al público.

NARRADOR Pito el de Josefa, era el vecino de Juancho, que solía correrlo con un alacrán vivo cuando eran pequeños. Un día, mientras Pito corría a Juancho, a eso de los 10 años, pasaron por debajo de una palma de coco y Pito murió de un cocazo en la cabeza. Desde ese día hay una leyenda: cada vez que algo malo te va a pasar "un coco del cielo caerá"...

ESCENA 3

Están Sancho Panza y Quijote en escena. Entran dos mujeres que cantan una canción misteriosa. Entra el narrador.

NARRADOR Cuenta la historia que todas las noches se escuchaban unos lamentos femeninos, una voz desgarradora, un alma en pena. La llamaban la Llorona que caminaba todas las noches por las calles de Nueva York, buscando a sus hijos. Se comenta que sus hijos desaparecieron una noche de lluvia y relámpagos. Un 31 de diciembre, hace unos años atrás, era lo más comentado por las madres latinas a la hora de acostar a sus hijos: "no te levantes a medianoche que te coge la llorona"... y los niños, muertos del miedo preferían hacerse niní en la cama antes de enfrentarse a la Llorona. Quijote o, mejor dicho, Juancho, había escuchado de la historia de la Llorona y había decidido ir en busca de esos horribles lamentos en la calle 142 y Grand Concourse.

Vemos a los dos personajes caminando y se escuchan unos lamentos de mujer.

SANCHO Señor, mejor nos vamos; esto suena peligroso.

JUANCHO ¡Nunca, Sancho! Sancho, tenemos que enfrentarnos a nuestros miedos y es importante saber quién llora tan desgarradamente.

Se escuchan los lamentos "¡AY, MIS HIJOS!", Sancho brinca detrás de Juancho.

JUANCHO ¿Quién llama? ¿Quién tan penumbrosamente se queja en medio de la noche.

VOZ DE MUJER ¡Ay, mis hijos! ¡Ay, Martita! ¡Ay, Julito! ¡Ay, mis hijos...!
Entra una mujer vestida de negro con un velo tapándole la cara.

SANCHO ¡Ay, Padre Santo!

JUANCHO Detente, mujer. ¿Quién cruza tus penas?

MUJER ¿Qué?

JUANCHO ¿Quién atormenta tu mente?

MUJER ¡Ay, mis hijos...!

SANCHO Yo creo que ella no lo entendió.

JUANCHO Mujer, te repito, aplaca tu dolor y dime quién te ha maltratado que en las noches te quejas asustando a todo aquel que se cruza en tu camino.

MUJER No los encuentro. Los busco en todas partes y nadie me contesta.

JUANCHO ¿Qué demonio o mala lengua la ha llevado a tan gran locura?

MUJER Mis hijos, se los llevaron en Navidades, lejos de mí, yo no tenía trabajo y les dije que trataría pero se los llevaron esos diablos.

JUANCHO Dicho y cumplido. Diablos en el camino. ¿A dónde se fueron?

MUJER ¿Qué sé yo? Esa es mi lucha.

JUANCHO ¿Sabe dónde moran?

MUJER ¿Qué?

SANCHO ¿Dónde viven... sabe dónde viven los diablos?

MUJER ¿De qué usted habla? Se los llevaron en un carro negro con tres hombres y una maldita mujer.

JUANCHO Una mujer maldita… una bruja Sancho, La Maga Negra debe ser la que devora niños.

MUJER ¿Qué le pasa a él… está loco?

JUANCHO Retén tu lengua, mujer, la conciencia no tiene que ver nada con la información.

MUJER ¿Por qué habla así? Señor, ¿usted me va a ayudar? Llevo 6 meses sin trabajo y nadie me emplea.

SANCHO ¿Por qué se viste de negro ? ¿Quién se murió?

MUJER Mi alma… ¡Ay, mis hijos…!

SANCHO ¿No los tendrá el padre? Usted sabe que muchas veces los padres se llevan a sus hijos, porque las madres no los dejan ver y los secuestran.

MUJER Mi marido murió limpiando ventanas. Se cayó del piso 54 en el Twin Tower y desde ese día comenzó mi penar. Mi marido muerto y mis hijos desaparecidos. ¡Ay, mis hijos… yo me quiero morir…!

JUANCHO No hable así, señora, yo y Sancho la ayudaremos.

SANCHO ¿Nosotros? … ¿cómo?

JUANCHO Iremos al más poderoso.

MUJER Ya yo fui a la oficina de recursos humanos. Esa gente de foster home... esa gente fue la que me arrebató a mis hijos. Y no me quieren decir en dónde están.

JUANCHO ¿Es el más poderoso?

SANCHO Que sepa yo esa gente da y quita. Nosotros, los mejicanos, siempre llamamos ahí para pedir ayuda... pero como no hay papeles, te quitan.

MUJER Ya yo no sé qué hacer.

JUANCHO Vamos a caminar

MUJER ¿A caminar? yo me la paso caminando todo el día, ya estoy cansada, llevo meses caminando, ¿y todo para qué?, para que la gente me grite "loca", porque no entienden mi problema. Me tiran latas, me corren con palos por las noches, las madres me ven y les dicen a sus hijos: "mira, mira, ese es el cuco". Dígame usted, señor, ¿para qué quiere usted caminar? o es que no me va a ayudar.

JUANCHO Cuando camino me florecen las ideas.

MUJER Oh, pues, vamos a caminar. (*Salen.*)

ESCENA 4

Instituto Cervantes. En escena están Juancho y un homeless con un palo en la mano. Juancho está de rodillas con los brazos extendidos. Hay personas observando.

JUANCHO Patria mía, por fin he llegado después de haber desandado los caminos. Patria, por fin regreso a ti, como hijo único y me hacen caballero. Bendíceme.

El homeless está haciendo humming. La escena se convierte en un escándalo y en eso llega la policía.

HOMELESS Oh, por el poder que me confiere el agua ardiente con limón, me otorgo el poder de hacerle señor caballero de la esquina... señor... ¿de qué me dijo?

JUANCHO En España, frente a Cervantes, mi señor.

HOMELESS Sí, eso mismo.

Entran dos policías: uno latino y el otro gringo. Pueden ser dos mujeres.

POLICIA 1 Mire, señor, párese de la calle, lo van a meter preso.

JUANCHO Yo vine a cumplir con mi destino, ser caballero ambulante de esta ciudad que está en tanta necesidad.

POLICIA 2 Hey, do whatever he wants you to do. Otherwise, I'll take you downtown.

JUANCHO Qué lenguas demoniacas habla este insulso, reprendido seas por la Virgen del Cobre, patrona...

POLICIA 2 What is he saying? Tell me. It looks like he is ready to attack.

POLICIA 1 Señor, por favor, se va a meter en problemas. ¿De dónde es usted? ¿Usted es cubano, de Puerto Rico?

JUANCHO Esa lengua reconocida me afecta el estómago.

POLICIA 2 What do you want?

JUANCHO Ahí está otra vez. ¡Malditos los infiernos que te poseen!

Juancho se levanta y con el palo ataca al policía que saca su pistola.

POLICIA 1 Don't shoot, don't shoot. He's crazy, he's an old man.

JUANCHO ¡Qué lenguas cruza el destino!... te han poseído a ti también. Tendré que eliminar tal desafío...

POLICIA 2 He'll kill us with that stick!

POLICIA 1 Don't shoot, McCarthy.

Juancho ataca a los dos policías que están tratando de detener la situación. El homeless les brinca encima y Juancho logra escaparse.

ESCENA 5

NARRADOR Muy cansado, Juancho, de tal batalla partió a un lugar seguro en donde la noche le tendiera calma, así que se fue al South Bronx.

Vemos a Juancho recostarse en el parque y comienza a roncar. De pronto se escuchan gritos y vemos a Sancho con su bicicleta gritando "delivery, no inglés, delivery".

SANCHO ¡Ayuda, me matan! ¡Suelta esa comida, que no es mía! ...

PILLO 1 Give me that, shorty!

SANCHO En la cara no, en la cara no...

Entra Juancho con el palo y le entra a palos al pillo.

JUANCHO Abusador, te reconozco y todavía atacas al desvalido. Cien hombres, en contra de uno, aquí tendrán su merecido.

SANCHO En la cabeza, señor en la cabeza...

JUANCHO En la cabeza será. (*¡Pángana!, le da un golpe en la cabeza y el pillo sale corriendo.*)

SANCHO Gracias, mi señor, le debo la vida con este son 5 asaltos. Se llevó la comida, pero dejó la bicicleta.

JUANCHO ¿Qué haces, a tan altas horas de la noche, en tan acomodado peligro?

SANCHO Yo trabajo de delivery aquí, en la 190 y Broadway, en un restaurante mejicano.

JUANCHO ¿Cómo?

SANCHO Yo hago dos turnos.

JUANCHO Explica.

SANCHO Tengo que mantener a mi mujer y a mis 12 hijos.

JUANCHO ¿En dónde está tu familia?

SANCHO Pos 'orale 'uey, en Méjico. Lo que pasó, cuate, fue que la tranca se me formó en California. Mucho paisano allá y no había trabajo y un primo de mi primo me cobró 500 pesos por traerme aquí, a la ciudad de los sueños.

Es verdad que me trajeron en un camión, pero llegué y aquí el esposo de la prima de mi tío, que es primo del primo que me trajo de Méjico, me consiguió esta chamba.

JUANCHO ¿Trabajas de mensajero?

SANCHO No, yo llevo comida. La cosa es que tengo que conseguir un apartamento para traer a mi familia.

JUANCHO Yo te puedo ayudar.

SANCHO ¿Mande?

JUANCHO Si tu deseo es conseguir una casa para tu familia, yo te puedo ayudar.

SANCHO ¿Usted trabaja pal gobierno? Yo todavía no tengo papeles, pero estoy ...

JUANCHO Si me acompañas en mi travesía tendrás lo deseado.

SANCHO ¿Qué tengo que hacer?

JUANCHO Me llevarás al final, a la puerta, y me dejarás allí.

SANCHO A su casa…sí, yo lo llevo.

JUANCHO No importa lo que pase te quedarás conmigo.

SANCHO …y me dará una casa… Está bien.

Entra el Narrador.

NARRADOR Y así conoció Juancho Quijote a su inseparable compañero, dispuesto a la travesía, un poco confundido, pero dispuesto a la caminata. Partieron los dos al descubrimiento de la tierra prometida y a la búsqueda del amor: dos hombres, dos destinos y un apartamento en medio.

ESCENA 6

NARRADOR Como es sabido en la historia, miles de cuentos narran las travesías de los hermanos que buscan un mejor futuro y partieron tras un sueño. He aquí la historia de los tres Juanes.

Mientras el narrador habla, vemos cómo el escenario se transforma con telas color azul y una balsa. Hay tres hombres en ella. Al fondo, una luz que asemeja una figura. Se escucha "Cuando salí de Cuba" o los actores lo cantan.

JUAN 1 Óyeme Juan, no te acabes el agua que todavía nos quedan como 20 días pa' llegar.

JUAN 2 Ven acá, por tu madre, chico, ¿pa' onde es que nosotros vamos pa' United States o pa' Miami?

JUAN 1 Chico, es lo mismo Miami es de United States, son de un pájaro ...

JUAN 3 ...la misma ala. Oye anoche tuve un sueño. Soñé que la Virgencita de la Guadalupe nos llamaba y que decía... "oye, Juan, pa' la orilla, pa' la orilla".
JUAN 1 Qué querrá decir ese sueño tú... "pa' la orilla".

JUAN 2 Será la orilla del mar.

JUAN 3 Chico, la orilla pueden ser muchas cosas.

JUAN 1 Juan, ven acá, ¿la patrona de Cuba no es la Caridad del Cobre?

JUAN 2 Oye sí, esa es, ¿qué tú haces soñando con una Virgen mejicana?

JUAN 3 Después que nos cuide, que sea de China.

JUAN 1 Me estoy acordando, ¿tú sabes de quién?

JUAN 2 ¿De quién?

JUAN 1 De Martica, chico, la mulata no me dio na'. Me dijo que cuando la mandara a buscar, ella me daba algo.

JUAN 2 Yo te tengo que hacer una pregunta, tú sabes, con to' el respeto que tú te mereces, ¿verdad?… tú sabes que la gente allá en Cuba siempre habla, claro que no sepa Fidel porque se jodió la cosa, pero ¿tú no eras jinetero?

JUAN 1 ¿Cómo va a ser?, la gente es una mala hablá. Yo jineteé cuando tenía 12 años, tú sabes, había que comer… pero, ven acá, ¿cuál es la mierda? Tú te ibas pa' detrás de la tiendita de don Jacinto y salía lleno de dulce... Mira, llevaba: galleticas, fruta bomba, tres leche, bomboncillos, torticas... ¿eso era que tú limpiabas la tienda o el don te limpiaba a ti?

JUAN 2 Óyeme respeto, que por mi santa madre que ella se quedó con el Viejo, que a mí no me tocó nadie… yo limpiaba la tienda de don Jacinto y cuando no tenía chavos, me daba dulce.

JUAN 3 ¿Eso na' ma' o tú le metías el dulce después de limpiar?

JUAN 2 No jodas conmigo porque te echo pa' llá, pa' la playa.

En eso, pasa un avión. Se escucha un ruido de aves.

JUAN 1 Mira, mira pa' arriba un avión.

JUAN 3 Oye, ¿nos verá?

JUAN 2 Eso está muy lejos, lo más probable que no.

JUAN 3 A lo mejor nos ve un gringo y se hace el loco.

JUAN 1 Loco voy a quedar yo con este calor. Oye, dame agua.

JUAN 2 Cógela, mira to' la que hay...

JUAN 1 Salá' como la lengua tuya.

Transición. Vemos cómo los Juanes se acuestan en la balsa. Una voz de fondo dice: "la orilla, la orilla". Vemos cómo un Juan está hablando despierto y lo que dice es: "la guagua". Es Juan 3, que se esquiva y cae al fondo del mar. Nadie se da cuenta. Vemos cómo el mar se lo lleva.

JUAN 1 ¡Despierta, Juan! Despierta...

JUAN 2 ¿Qué pasó? ¿Qué pasó?

JUAN 1 Juan no está. ¡Ay, Dios mío, se lo chupó la mar ... Juan, Juan, Juan...!

JUAN 2 Se ahogó. ¡Ay, Juan, Juan responde! ...

JUANES Juan, Juan, aquí.

JUAN 1 Se acabó el paseo, chico. ¿Anoche eras tú el que gritaba: "la guagua"?

JUAN 2 Yo no.

JUAN 1 Pues Juan gritaba: "la guagua, la guagua".

JUAN 2 Se montó en la guagua … se volvió loco.

JUAN 1 Y ahora, dos.

JUAN 2 Mira, esta noche pal centro de la balsa esta. No te acerques a la orilla, porque…

JUAN 1 La orilla, ¡ahí está la señal!

De pronto la balsa se empieza a menear como loco. Hay un tiburón debajo.

JUAN 1 ¡Tiburón, tiburón…!

JUAN 2 ¡Ay, Dios mío, no! ¡Que me ahogue, pero que no me coma un tiburón!

Transición. En el Central Park está Juancho, con Sancho, leyendo un periódico. La escena es simultánea. Él está leyendo en voz alta y lo que se escucha es la voz de Juan.

JUAN 1 ¡Reza, coño, reza!
JUAN 2 ¿A quién?

JUAN 1 A quien sea, pero no pares de rezar.

JUAN 2 Virgen, Virgencita, por piedad sálvanos de esta… tú sabes que yo soy católico y voy a misa.

JUAN 1 ¡Yemayá…! ¡Ay, Santa Bárbara bendita!

JUAN 2 Se fue, se fue el cabrón... La Virgen nos oyó... Ay, gracias, Virgen, gracias...

JUAN 1 Juan... Juan...

JUAN 2 Se perdió el agua y la comida.

JUAN 1 Se acabó el mundo pa' nosotros. Hasta aquí nos llevó el viaje...

JUAN 2 De Cuba pa' la mar y sala'o...

Se quedan en silencio. La luz cambia y están dormidos. Vemos cómo la voz de la mujer vuelve: "la orilla, la orilla nooooo". Se despiertan los Juanes.

JUAN 1 ¿Qué es? Me estoy volviendo loco. Oí a mi madre.

JUAN 2 Me morí, dime que esto es el cielo.

VIRGEN Óyeme tú, que no, que no están muertos na'. Que me he cansa'o de darles mensajes y no los oyeron. Tuve que mandar a Guadalupe a ver si con acento mejicano era más atractivo. Yo estoy ocupa' y esto hay que resolverlo.

JUAN 1 ¡Ay, Virgencita, ayúdanos!

VIRGEN Y pa' que tú crees que estoy aquí pa' hablar mie'da no es. Mira, yo les voy a decir lo que van a hacer: se tienen que quedar en el medio, "la orilla no", era que NO se acercaran a la orilla, porque se van a ahogar. Por eso fue que el otro se hundió. Guadalupe me dijo que ella le dijo: "pa' la orilla no"... óyeme, pero están sordos con tanta sal. Este es el plan; ¿tú ve' esa soga que está en el medio?, se la van a amarrar de los pies. Vaya, tú sabes, pa' que les sirva de soporte. Cuando venga el tiburón ese, le van a echar la soga. Vaya, que yo los ayudo y se van a agarrar de la balsa esa de mierda y cuando el tiburón hale, no se atrevan a soltar la soga porque se chavó la cosa... Tun tun de oreja, mi vida, como si fuera Cadillac se montan, que yo tengo dos delfines en la esquina que los van a tirar a Miami. Una vez allá, ustedes resuelven con las autoridades, porque yo no tengo poder más allá del Mar Caribe... OK, por ahí viene el tiburón, ¡tira la soga, tírala...! (*La tiran, se van y se escucha a la Virgen.*) Suave... eso... agárrate bien. De nada y mira, si les preguntan, díganles que fue la Virgen de las Mercedes. Sí, la de los dos Juanes y los tres también ... y no me confundan con la otra, que nosotras somos amigas, pero ella es del río y yo, vaya, del mar.

Apagón

ESCENA 7

Están en la Calle 42. Es de noche y se escucha música de fondo y carros pasando.

PUTA 1 Ay, nena, estoy cansa'. Llevé el nene a casa de Mary, la "baby sister".

ALFONZA Yo también, chica, pero estoy histérica porque me perdí la novela.

PUTA 1 Yo también, chica y se me olvidó dejarla grabando.

ALFONZA Ay, yo la dejé grabando. Esta noche Miguel Rudentario le decía el secreto a Antonieta.

PUTA 1 Ay, nena, préstamela cuando la veas...

ALFONZA ¿Pa' qué?, pa' que no me la devuelvas... Tú eres ponera y no devuelves...

PUTA 1 Perdóname, Alfonza, pero yo a ti no te he cogido nada.

ALFONZA Mira, no me hagas sacar la lista.

PUTA 1 Dime qué te cogí prestado y no te devolví...

ALFONZA La cosa es que yo no te voy a prestar la novela *En las venas del corazón*. Lo último que yo te presté se perdió en el infinito... no, no, deja eso...

PUTA 1 Chica, qué pasa no seas mordía. ¿Qué fue lo que me prestaste?

ALFONZA ¿No te acuerdas?, vamo' a ver adivina...

PUTA 1 ¿Qué, un libro?

ALFONZA No, yo no leo... más importante que eso...

PUTA 1 ¿Los panties rosas?

ALFONZA Ni los panties ni los clientes se prestan; esa es la regla.

PUTA 1 Ay, nena, si estoy en regla.

ALFONZA Mira, bruta, lo que te presté y se perdió fue el pintalabios rojo de la buena suerte, con ese pintalabios yo estaba rica y desde que tú lo cogiste prestado y no me lo devolviste, me he visto cerca de la bancarrota y al punto del retiro.

PUTA 1 Ay, perdóname, te lo voy a explicar pero no te molestes conmigo. ¿Tú te acuerdas del cliente tuyo? el tuerto que le gusta que le peguen y lo llamen "el pirata"...

ALFONZA ¿Cofresí? Oye, pero ¿qué es lo tuyo?...

PUTA 1 Chica, no me quería pagar... yo estaba cansa' esa noche, tú sabes... y le tumbé la cartera. Mira, ese tuerto se ha dado una encojoná que sacó una pistola y en el corre y corre se me perdió tu pintalabios.

ALFONZA ¡Por roba clientes! Si no fueras la madrina de mi hijo te tajeaba la cara. Una buena amiga no le tumba los clientes a otra.

PUTA 1 Chica, perdóname. Además, tú me tumbaste a la mariposa.

ALFONZA Tú me dijiste que lo cogiera prestado. Tú sabes que yo no tumbo clientes.

PUTA 1 Chica, perdón... mira, yo te prometo que pa' las madres te regalo algo pa'l nene.

ALFONZA Eso no es un nene. Eso es un gato. Yo tengo gato, como todas las solitarias. Gato, el nene lo tienes tú y lo mandaste pa' Perú pa' terminar tu doctorado aquí. (*Se miran y se mueren de la risa.*)

PUTA 1 Yo soy una buena madre, además las noticias llegan tarde al Perú.

ALFONZA Si te coge Laura Bozo.

PUTA 1 Deja el pleito. Mira, clientes. (*Entran Sancho y Quijote.*)

JUANCHO Buenas noches, hermosas damas. Bendecidos los ojos de tan bellas palomas. (*Las putas están muertas de la risa.*)

JUANCHO Es menester...

PUTA 1 Mire, Don, 50 la hora y 100 toda la noche.

SANCHO Señor...

PUTA 1 Al chiquito 25, por la estatura...

ALFONZA Nena, no te equivoques...

JUANCHO Mis señoras, yo y mi asistente estamos perdidos y buscamos orientación y al ver tan respetables damas...

SANCHO ¿Qué dice?

JUANCHO La promesa...

SANCHO Sí, damas de honor...

JUANCHO Pedimos, por favor, que detengan sus trabajos por un solo minuto.

ALFONZA Este se perdió con la botella.

PUTA 1 Síguele la corriente.

ALFONZA Mi querido señor, nosotras pertenecemos al grupo cívico *Las damas de la noche* y trabajamos como voluntarias. Nuestra organización ayuda a la mujer.

PUTA 1 A través de la recaudación de fondos nosotras recogemos dinero para ayudar a todas las mujeres de esta ciudad. Trabajamos hasta altas horas de la noche.

SANCHO Colectando.

PUTA 1 Sí, y nuestra meta es recaudar 500 dólares la noche.

ALFONZA Y solo tenemos 50, entre las dos. Es mucho trabajo para dos mujeres… no nos quejamos, nosotras somos felices con lo que hacemos.

PUTA 1 Imagínese, nosotras trabajamos con la mujer y para la mujer.

ALFONZA Orientamos a sus maridos.

PUTA 1 Les explicamos cómo limpiar el patio.

ALFONZA Cómo mapear el piso después de las doce.

PUTA 1 Hasta a bailar… montar a caballo…

ALFONZA …a correr la bicicleta.

PUTA 1 Les enseñamos a contar del 1 al 69.

Pasa un carro y se escucha una voz de hombre que grita.

VOZ Mira cuero, vete pa' tú casa ramera, mampriola…

PUTA 1 Vete tú, espatria'o, yo soy ciudadana y pago taxes, mamón.

ALFONZA ¿Ve cuán difícil se nos hace la misión?

SANCHO Me imagino...

JUANCHO ¿Cómo podemos ayudar a tan encomiable misión?

PUTA 1 (*Brinca.*) Donaciones. Necesitamos muchas donaciones. Nosotras estaríamos muy, muy agradecidas...

ALFONZA Viviremos totalmente....

PUTA1 Alfonza, un voluntario te llama. Debe ser para darte donaciones para el caso de Rosa.

ALFONZA ¿Qué Rosa?

PUTA1 Rosa Me El Leño. (*Muerta de la risa. Sale Alfonza.*)
PUTA 1 Como les decía... ¿de dónde es usted?

SANCHO De Méjico.

PUTA 1 ¿Y no puede donar 25 dólares?

SANCHO Con eso le doy de comer a mis 12 hijos en Méjico.

PUTA 1 Pues váyase pa' Méjico pa' que lo rapten y tenga que pagar un millón.

Se escuchan gritos de Alfonza.

ALFONZA ¡Auxilio, auxilio, me raptan!

PUTA 1 ¡Ay Dios mío, se la llevan!

SANCHO ¿Mande?

PUTA 1 ¡Ay, se la lleva el loco!

JUANCHO ¡Qué demonio acosa a tan hermosa dama!

PUTA 1 Ay, mire, ayúdela que ese hombre es loco.

JUANCHO Vamos, Sancho y trae mi espada.

SANCHO ¿A dónde?

JUANCHO A rescatar a mi princesa... *Salen.*

PUTA 1 ¡Ay, Alfonza desaparecida! Ay, Dios... ese carro es negro... Oh my God... mire... listen... ese es un cliente de ella... mire... espérese... se jodió la cosa.

Apagón

ESCENA 8

NARRADOR Así eran las historias que leían y vivían Sancho y su amigo Juancho. Todos los días Sancho le compraba el periódico a don Juancho para que este estuviera al tanto de los acontecimientos, por aquello de que se le olvidaban a la hora; pero ese no es el tema. Estando en el parque sintió don Juancho las enormes ganas de saber de su amada, la prostituta, digo, Dulcinea de la 42, digo, del Toboso, doña Alfonza, así fue que...

JUANCHO Querido Sancho, labrador de mis deseos, cuánto daría yo por escribirle unas letras a mi amada...

SANCHO Mi señor, tengo papel, pero no tengo pluma.

JUANCHO ¿Qué?

SANCHO Pluma.

JUANCHO No, mi Sancho querido, necesito carbón.

SANCHO ¿Carbón?

JUANCHO Sí, podrías buscar, querido amigo, carbón para descifrar mis sentimientos a Dulcinea, a doña Alfonza...

SANCHO Pero Señor, ella fue raptada por un cliente, digo, un villano.

JUANCHO Sancho, recuerda la promesa...

SANCHO Sí, mi señor.

JUANCHO No cuestiones mis quehaceres y consigue carbón.

SANCHO Sí, mi señor.

Sancho sale corriendo y vemos a Quijote que se duerme y ronca. Mientras, Sancho corre por el escenario agotado.

SANCHO Aquí, mi señor, carbón.

JUANCHO Gracias, mi amigo... papel... listo. Mi amada doncella...

SANCHO Si tan solo fueras bella...

JUANCHO Sancho, ¿cuántos hijos me dijiste que tienes?

SANCHO Mi querida doncella...

JUANCHO Es menester que aclare tan gran confusión,

mi alma transita por el silencio desde el día en que tropecé con usted, mi flor...

En ese momento aparece Alfonza, vestida de, "leather", con un látigo en la mano.

ALFONZA ¿Te creías que me ibas a pegar otra vez?

HOMBRE (*Con boca vendada.*) Hummmmm

ALFONZA (*Le da un latigazo.*) Esto es por la última vez, no me pagaste y me debes 200 dólares. (*Le pega.*) ¿Quién es tu mamá? ¿Quién es tu mamá?

Vemos cómo Juancho está dictando la carta y baja el volumen. Sancho tiene como 50 papeles.

JUANCHO Las almas que han sido destinadas, Lucrecia...

SANCHO ¿No es Alfonza?

JUANCHO Sí, Alfonza, no se deben separar por nada; se encuentran como la mar y el río... (*Sancho está moviéndose de lado a lado.*)

JUANCHO Es por eso que he decidido, junto con mi acompañante, Sancho Pena, buscarla por todos lados hasta rescatarla de tan rigurosa fiera y hacerla libre para mi amor. Con respeto, Don Juan Felipe Caballero... necesito una paloma mensajera.

SANCHO Señor, una paloma mensajera... yo... yo pienso que lo mejor sería otra solución. Además, no sabemos en dónde está ella.

JUANCHO Es cierto mi fiel...

SANCHO El terrible villano que la raptó quizás se la llevó para las Amazonas o está en África rodeada de caníbales... Lo mejor sería un mensaje en una botella, así alguien la encontraría en cualquier lugar y le darían el mensaje. Mire, ahí está el río. Usted ve, a lo lejos dice Riverside Drive vamos a tirarla al río, vamos...

JUANCHO Cuán inteligente y valeroso eres, mi Sancho, el río la llevará al mar y el mar a tierra. Vamos.

NARRADOR Así fueron caminando los dos aventureros, dispuestos a conseguir a la bella Alfonza, conocidísima por sus grandes dones. No obstante y en distintos puntos de la isla de Manhattan, se prestaba la voz de un alabancioso caballero, el caballero negro, el famoso vizcaíno, alias Vicente Cintrón, nacido en un país lejano, Bayamón, quien se decía haber poseído a la bella Alfonza y que con solo 20 dólares, mejor dicho 20 reales, duros o euros, había hecho y deshecho del manantial del cuerpo de la caliente Alfonza. Al escuchar las noticias, don Juancho cabalgó en su impresionante y blanco Rocinante, a desafiar al caballero negro a una lucha a muerte.

Entra el vizcaíno borracho en un lado y Juancho en el otro. Sancho está en el medio, con un pañuelo, como en una carrera. Esta lucha va a ser como una narración de pelota.

NARRADOR (*Con pito en boca.*) Y ya se acerca el caballero negro, lanza en punta y refrenando un odio inmenso, al Quijote Juancho que se prepara en la esquina con su adelgazado Rocinante. Los dos se encuentran ya listos a comenzar esta sangrienta batalla por el honor de la única, bella y reconocida en todos los condados de la isla y condados cercanos, Alfonza del Toilet alias la Dulcemea … Salió el caballero negro a atacar a Juancho, que está completamente desprevenido y le tira un lanzazo. Se esquiva Juancho y toma una derecha. Se mueve lentamente, pero seguro y golpea la cabeza del vizcaíno de Bayamón que se molesta y con un gran viraje se zumba a los cascos del Quijote …le pegó…le pegó… y Juancho se tambalea, se tambalea, se sigue tambaleando y va pal piso… *Entra Sancho y lo empuja pal caballo. En ese momento pasa un personaje femenino. Todos se detienen mientras pasa la china.*

MUJER Battery, one dollar…

NARRADOR Y están en la lucha. Los dos caballeros se preparan para el último zarpazo y están dando vueltas como gallinas en un corral. ¡Señores, a la lucha! Se han dado tremenda paliza. No hay consideración para tal hazaña. Los dos caballeros han quedado rendidos en el suelo, moribundos, esparcidos como cenizas volcánicas luego de la erupción…

JUANCHO ¡Ayayayay, Sancho…!

SANCHO Voy señor, voy… (*Sancho agarra la bicicleta y monta a Quijote.*)

ESCENA 9

Llegamos a las afueras de un hotel jodido. Vemos a dos viejos sentados cantando una canción en unas escaleras. Vemos a Sancho llegar con Quijote moribundo.

SANCHO Buenas tardes, señores.

VIEJA ¿Qué quieres? ¡Ave María, qué peste a botánica!

SANCHO Buscamos posada.

VIEJO ¿Po... qué?

SANCHO Posada. Mi señor y yo hemos desandado por muchos lugares y deseamos descansar, pero no tenemos dinero.

VIEJA Adiós, ¿qué se cree este?; esto no es *welfare*. Si quieres dormir, tienes que pagar... Ah, bueno espérate, tú no tienes dinero. Mira, te tengo una proposición

SANCHO Una proposición, ¿a quién tengo que matar?

VIEJA No es pa' tanto. Lo que pasa es que a nosotros nos hace falta quien nos limpie el inodoro, porque lleva dos meses tapa'o y mi esposo y yo no estamos fuertes. A mí la espalda me está matando.

JUANCHO Sancho, amigo, deberíais, por cortesía, aceptar la invitación.

SANCHO Que no es invitación, es obligación, si queremos descansar en tal pocilga.

VIEJO Perdón ¿qué dice usted?

SANCHO Le explico a mi señor la propuesta. Señor, no está usted en condición de limpiar inodoros.

JUANCHO Lo que sea, por el honor y el retorno de mis fuerzas, para estar con Alfonza. Señora mía, aceptamos la proposición.

VIEJA Pues ahí está el Clorox y el cepillo de caballo. Le daremos la última habitación, la 312, pero con cuidado, que esa está al lado de la habitación de mi hija Marianita … esa nena es tan buena y soltera. Yo le pido a Dios que le consiga un marido...

VIEJO Esa, que pesa más de 300 libras, a esa se la llevan pa' un circo creyendo que es ballena...

VIEJA ¡Más respeto con mi nena! Es virgen y pura, así que les advierto: ni se le acerquen o va a haber problemas. Y cuida'o con los junkies del 310. Se la pasan fumando una cosa apestosa y a cada rato se desaparecen cosas de los cuartos, pero como ellos a mí me pagan, a mi plín...

JUANCHO Limpiaremos, cenaremos y nos iremos con el amanecer.

VIEJA Lo que sea... después que destapen el toilet...

JUANCHO Sancho, toma el cepillo y comienza a limpiar; yo llegaré pronto.

Entran a escena que cambia a una cama en la cual Juancho se acuesta y se duerme roncando. Cambio de luz. Llega Sancho rendido y cae a dormir en el suelo, solo se oyen ronquidos y de pronto se abre la puerta. Es Marianita, llamando a alguien. Todo está oscuro. El coro entra y canta a capella "Mami qué será lo que quiere el negro".

MARIANITA José, Joseíto, papi, tiguerazo llegué. ¡Si me coge mami!

JUANCHO Uhhhann

MARIANITA Ay, papi, estás roncando. Dominicano de mi corazón, déjame acurrucarte en las sábanas del amor...

JUANCHO Mi querida, mi adorada...

MARIANITA Ay, qué romántico estás tú hoy, papi. Dame mangú, papi, dame morir soñando...

JUANCHO Mi Dulcinea, mi adoración, cuánto tiempo he estado extrañándote...

MARIANITA ¿Qué tú dices? ¿Quién es esa Dulceguinea? La flaca junkie esa, ¿eh?

JUANCHO Ven a mis brazos...

MARIANITA ¡Ayayayayay!... ¿quién es usted? ¡Mami, auxilio... agua... fuego... me violan... me raptan... me llevan lejos... mamiiiiiiiiiiiiiiiiiiii!... (*Se escuchan ruidos de pasos y gente gritando.*)

VIEJA ¡Ay, Dios míooooooo...! Me matan a la nena. Policía... Llamen a la policía... ¡Auxilio! ... abran la puerta o la tumbo...

SANCHO ¿Qué pasa señor?

MARIANITA ¡Ayyyyyy, mami, son dos, me violan dos... socorrrrrrooo...!

Se forma un revolú y, a la vez, tumban la puerta. Todos brincan encima de Juancho y Sancho. Juancho logra salir, pero a Sancho lo acaban a puños.

SANCHO Me matan, señor, me matan. ¡Ay, Dios mío, yo no hice nada! ¡Esa nena es fea! (*Más duro le dan.*) Yo soy casado. (*Más duro le dan.*) Yo soy mejicano.

VIEJA Ciégalo, coño. (*Más duro le dan.*)

Todos salen cansados. Sancho se queja del dolor. Todos regresan y le dan una pela. Salen. Esta acción se repite dos veces más. Entra el narrador.

NARRADOR Decir está de más el dolor que sufrió Sancho y la pena que hacía honor a su apellido. Lo dejaron sin fuerzas y con muchas ganas de matar a su señor, que lo había dejado abandonado en tan importante misión.

JUANCHO *Entra Juancho en cuclillas.* Sancho, Sancho...

SANCHO ¡Ay, señor, qué dolor! Lléveme al hospital.

JUANCHO Ven, ven...

ESCENA 10

Se escucha música de circo. Entran unos personajes circenses: una bailarina, un payaso que hace bombas y un mago.

MAGO Abracadabra, pata de cabra, dime si tú me haces falta, nada por aquí, nada por allá, dígame señora dónde su hija está...

SANCHO Mire, señor, un circo.

JUANCHO Demonios, son los que se pintan la cara. ¿A quién pertenecen tan malos hábitos?

MAGO Bienvenidos a Coney Island. Tenemos golosinas, juegos, adivinanzas...

Entra Adivinadora y le pregunta a Sancho.

ADIVINADORA ¿Qué es chiquitito y manganzón?

SANCHO ¿Qué?

ADIVINADORA Tú, bolita de algodón.

SANCHO ¿Qué dice usted señora?

ADIVINADORA ¿Qué es largo y puntiagudo?

SANCHO Señora, ¿qué le pasa?

ADIVINADORA La esperanza del pobre y si es corta es la del rico.

JUANCHO ¿Qué magos le dieron tal sabiduría?

ADIVINADORA Mi abuelo, que era negro y me contaba cuentos cuando trabajaba en la caña.

JUANCHO No entiendo.

ADIVINADORA Yo tampoco. Mire, mire, por ahí viene mi hermana. Ella lee el tarot, ella es Taractika.

(*Señala a lo lejos se cambia el gorro y es otra.*)

TARACTIKA Lo veo, lo veo, lo veo, se siente lejos hay que tomar la luz. Señor, ¿quiere que le lea las cartas?

JUANCHO ¿Me escribió Dulcinea?

TARACTIKA No, Señor, las cartas del tarot.

SANCHO Eso es brujería.

TARACTIKA No condenes lo que no conoces; yo puedo ver muchas cosas. Por ejemplo, ¿quieres una prueba? Cinco dólares.

SANCHO No tengo dinero.

TARACTIKA Un dólar un minuto.

SANCHO Que no tengo dinero.

TARACTIKA Esa cadena de la Virgen.

SANCHO No. Fue un regalo.

JUANCHO Si tan poderosa es su visión, ¿por qué tiene que motivarla con dinero?

TARACTIKA Yo también como. Soy mitad gitana y mitad embustera, eso es andaluz.

JUANCHO Tengo fe y nada más.

TARACTIKA Pues, buen provecho.

SANCHO Tengo 25 centavos.

TARACTIKA Por eso, un sello del correo. Está bien, solo una predicción... veo una travesía, un puente que se cruza… 12, veo el número12, se reunirán 12 y usted... Usted, señor, usted está en busca de un amor perdido... Lo va a encontrar, aunque veo oscuridad... ohohohohohoh... se fue. Se fue. Ok, adiós. (*Sale y se detiene.*) El tiempo, enemigo de todos, te da, te quita, te enseña y te desorienta y al final solo memorias que se borran con el viento. Alacazán... todos desaparecemos ya.

Apagón

ESCENA 11

Transición. Aparece un hombre junkie. Luz especial sobre él.

HOMBRE (*Le habla al público.*) Mira, mira, con permiso. ¿Tú tienes una peseta que me dé, por favor? Mira, yo llevo 10 años aquí y el doctor me dijo que yo tenía una enfermedad terminal, tú sabes, que me voy a morir y necesito chavos para comprar una tarjeta Mondongo, tú sabes, pa' llamar a casa. (*Alguien le da chavos.*) Gracias... con esto tengo 60 pesos.

ESCENA 12

Se escucha suavemente la canción "My Little Town Blues".

NARRADOR Como todos sabemos, en las travesías del Quijote Juancho siempre hubo compasión para aquellos que de una forma u otra desembarcaron en la alta mar de una ciudad de piedra, buscando lo que para muchos era un sueño de abril en una terrible pesadilla norteña. Confusión que los llevó a una de las más terribles luchas en la historia, con gigantes tan grandes que devoraron a miles. (*Entra Rosa a escena con su mamá.*)

MAMÁ Rosa, mi vida, ¿ya te levantaste?

ROSA Sí, mamá y ya levanté a las gemelas.

MAMÁ ¿Quieres café?

ROSA No, no se preocupe mamá que yo lo compro cuando me monte en el subway.

MAMÁ Oye, Rosa, por favor cuando regreses ayúdame a escribirle unas letrecitas a tu tía.

ROSA Pero claro; ¿usted no le escribió hace una semana?

MAMÁ Sí..., pero tú sabes cómo es la familia… ¿Cuánto se tarda una carta en llegar a Nicaragua?

ROSA Como dos semanas.

MAMÁ ¿Tanto?

ROSA Recuerde que estamos lejos.

MAMÁ Bien lejos. Mira, llama a esas niñas que van a llegar tarde a la escuela. Mira, ahí hay una carta que hay que entregarla el 11 y yo no sé firmar bien.

ROSA Pero mamá, yo le enseñé a escribir su nombre.

MAMÁ Ya se me olvidó.

ROSA ¡Ah María, mamá! ¡Gemelas, están tarde, salgan de ese baño ya!

Cambio de escena. Están Quijote y Sancho en Central Park. Se escucha el ruido del viento. Todo apacible.

SANCHO ¡Ay, qué frío, mi señor!

JUANCHO ¿De qué te quejas, Sancho?

SANCHO ¿Mande?

JUANCHO Que ¿de qué te quejas ?

SANCHO Del frío y del hambre

JUANCHO Un buen caballero no precisa de mantas para cubrirse ni de comida para recobrar fuerzas.

SANCHO Yo no soy caballero.

JUANCHO Andemos, pues, a llenar tu barriga y a calentar tu cuerpo.

SANCHO Pero, mi Señor, no tenemos dinero. (*Juancho se está rascando el pie y del zapato sale un billete de 10.*)

JUANCHO Malditos mosquitos que se interponen entre mi zapato y mi pie.

SANCHO Eso no es un mosquito... además, con este frío se congelan.

JUANCHO Oh, un papel verde.

SANCHO Eso no es un papel verde. Eso es un billete de 10.

JUANCHO ¿Un qué?

SANCHO Dinero.

JUANCHO ¿Y para qué se usa esto?

SANCHO Para comer, señor.

JUANCHO Yo no me quiero comer esto... ¿quién tú eres?

SANCHO Señor, ¿qué le pasa?

JUANCHO (*Perdido.*) ¿En dónde estamos?

SANCHO Señor...

JUANCHO Vamos a caminar, mi amigo, hoy es día de descanso.

Caminan por el parque y se encuentran a una mujer cantando ópera. Esta acción sirve de transición a la casa de Rosa.

ROSA Mamá, las medicinas.

MAMÁ Ya yo me las tomé.

ROSA Mamá, no me mienta, hay que sacarle el azúcar.

MAMÁ ¡Ay, Dio'!, tanto preocuparse. A mí lo que me queda es na', así que...

ROSA Se comió las donas.

MAMÁ (*Riéndose.*) No, fueron las gemelas.

ROSA Mamá, lo sé, que se está riendo.

MAMÁ Mira, yo no, Rosita.

ROSA Lo ve, cuando usted me dice "Rosita", es porque algo está escondiendo.

MAMÁ Es que estaba cansada y no tenía qué hacer.

ROSA Ah... entonces se comió las donas. Le va a subir el azúcar.
MAMÁ Ah, yo me tomé la insulina.

ROSA ¿Qué?

MAMÁ Déjame prender la radio y escuchar música. Mira, llama a esas nenas que llegan tarde.

ROSA ¡Gemelas!

Se escucha de fondo un tic tac de reloj, como una bomba atómica.

ROSA Mamá, me voy que se me pasa el tren.

MAMÁ ¿Te vas? Dios te bendiga.

ROSA Si le pasa algo, ¿qué va a hacer?

MAMÁ Llamo al 911 y digo: "no inglés, no inglés..."

ROSA Bendición.

MAMÁ Que Dios y la Virgen te acompañen.

ROSA Gemelas, bajen el volumen de la televisión que está muy alta y Dios las cuide.

Escenas simultáneas. Vemos a Rosa en el tren A; a Sancho y Juancho comiendo en el parque; y a la cantante de ópera haciendo lip synch en el centro del escenario. Transición. Vemos a Rosa en el piso 16 de una de las Twin Towers.

MUJER Good morning, Maria. Could you please throw the trash out?

HOMBRE Maria, get the mop. The bathroom floor needs to be mopped.

MUJER Maria, coffee.

VOCES Maria, the toilet paper, Maria, the vacuum cleaner, Maria, Maria, Maria...

ROSA (*Rosa mira a todos lados y solo dice: "yes".*) Yes, one minute please, I'm going... (*Sale.*)

Parque. Están Sancho y Juancho caminando. La ópera no ha terminado. Se escucha gente gritando. Algo ha pasado. Todos se conmocionan. La cantante sale corriendo, pero la canción continúa en el ambiente. Una voz dice:

VOZ 1 They are attacking.

VOZ 2 Un avión... un avión

JUANCHO ¡Sancho! Prepara a Rocinante. Hay que rescatar. Los demonios atacan.

SANCHO Mi Señor, no sé qué está pasando, pero no tengo su caballo.

JUANCHO Hay que hacer algo. Vamos pronto.

SANCHO Un taxi, señor, un taxi.

JUANCHO Detén al samaritano.

Cambio de escena. En escena entra un taxista indio con un guía en sus manos y unas sillas. Arriba dice Taxi.

SANCHO Pare... pare... Móntese, mi señor.

JUANCHO Qué demonio guía tan horroroso caballo.

TAXISTA Where do you want to go?

SANCHO No inglés, no inglés...

TAXISTA No Spanish, sorry.

JUANCHO Sir, take us to the fire. I believe is downtown.

TAXISTA No problem, sir.

SANCHO ¿Usted habla inglés?

JUANCHO Ni yo lo sabía.

ESCENA 13

Estamos en las Torres Gemelas. Unas telas gigantes aparecen en escena y vemos a Rosa luchando con las telas. Cambio de escena. El taxista lleva a Juancho y Sancho, mientras habla por teléfono.

TAXISTA I don't know, my love... I promise I will call you at 12. I've been listening to the songs that you sent me.

Prende el CD y sale música de Bollywood. Salen personajes a bailar. Es un sueño de Quijote. El sueño para cuando Sancho grita.

SANCHO Stop!

Desaparecen todos los personajes y entran las telas. Todo se convierte en monstruos gigantes.

JUANCHO ¡Sancho, dame mi lanza, son gigantes, son gigantes!

SANCHO Noooo, mi Señor son dos edificios en fuego...

JUANCHO Dame la lanza, tengo que acabar con estos gigantes.

SANCHO No son gigantes, no son gigantes, mi señor, se va a quemar.

Juancho va muy lejos y no escucha a Sancho. Entra a los edificios. Hay muchos ruidos de cosas cayendo y gente gritando. La escena se vuelve un tanto dramática. Vemos a Rosa luchando por salir, la cantante de ópera comienza a cantar y Quijote se enreda con las telas. Sancho ve de lejos mientras se escucha una voz de radio que está describiendo el suceso. Cuando todo se calma vemos a la mamá de Rosa en un sillón, escuchando las noticias y llorando. Apagón suave.

ESCENA 14

Juancho está perdido entre realidad y locura. Está en el piso, sudado, sin casco, con la lanza en la mano. Se escuchan vientos huracanados.

JUANCHO ¿Qué? Llama, fuegos, turbulencias, ¿en dónde está la salida?, ¿quién soy? ¿a dónde van los perdidos?... no tengo tiempo para respirar, ¿en dónde está mi casa?, ¿en dónde está la silla para moverme? Es septiembre, lo sé... mira las hojas cayendo. ¡Ay Dulcinea! Mi locura... ayyyyy, mi familia... ¿qué medicina cura esta confusión?, ¿qué pesadilla oscurece mi mente?, ¿cuál es el camino a seguir? Venga acá, señora, léame la mano... encauce mi destino... me apago... me fundo... me caigo en un abismo y desaparezco en el nombre. ¿Qué pasó? ¿Qué me dicen? Yo no entiendo. Ella se fue. No... la nena mía está en la escuela. No way... yo sé inglés, lo aprendí cargando con un diccionario debajo del sobaco.

No there is no way. I will not pretend that everything is fine. Las tres de la mañana y tengo que ir a trabajar. Salí corriendo y me escondí detrás del palo de guayabas, aquí en el Bronx... Sí, yo lo sé, a mí se me están olvidando las cosas. A mi Viejo le pasó lo mismo y nos mandó pa' Nueva York. Yo doy clases en Salinas... Esta oscuridad me está volviendo loco. Dile al padre que rece por mí en la misa... ya no sé ni pa' qué usar las manos... ¿de qué color es el cansancio? ¡Ay Señor! ¿Qué me pasa?

SANCHO (*Entra.*) ¿Qué transa, señor?

JUANCHO A mí no me vengan a buscar... yo no voy pa'l campo el café me guaya las manos y yo se lo dije a papá...

SANCHO Pinche vaina, se me funde mi señor, vamos, mi cuate, despierte...

JUANCHO No vengas, que no te voy a prestar el carro.

SANCHO ¿Qué carro? ¿De qué usted habla? Se chavó el apartamento.

JUANCHO Vámonos, tenemos que encontrar a Alfonza. (*Salen.*)

ESCENA 15

Están Sancho y Quijote en el centro del escenario. Se escucha la canción De colores, al estilo de la iglesia católica. Vemos cómo van pasando unas mujeres. Sancho y Juancho se quitan los sombreros mientras pasan. Se repetirán las actrices.

MUJER1 ¡Ay, Dios! Se fue, se fue...

MUJER2 Cuídamelo, Señor, Cuídamelo..

MUJER3 Yo lo sigo queriendo...

MUJER4 Él está con Dios...

JUANCHO Yo no entiendo, tanta vida para morir en un segundo.

SANCHO De eso se trata, ¿no?

JUANCHO De buscar lo no buscado y encontrar lo no hallado...

SANCHO ¿Qué quiere decir con eso?

JUANCHO Según recuerdo, si uno va detrás del sueño, es lo no buscado y lo no hallado, es simplemente el mismo sueño. Es cuestión de caminar por si acaso se encuentra.

SANCHO Señor... yo no entiendo, pero yo quisiera saber una cosa ... si usted me va a ayudar a conseguir el apartamento para mis 12 hijos.

JUANCHO ¿Ese es tu sueño?

SANCHO A eso vine...

JUANCHO Lo tendrás, confía, yo te hice una promesa y tú a mí.

SANCHO Sí, que lo lleve hasta el final hasta la puerta... todavía me pregunto, ¿qué quiere decir con eso?

JUANCHO Lo sabrás. (*Salen.*)

ESCENA 16

NARRADOR Cuentan los que cuentan, sobre María la tanguera, exiliada y embrujadora mujer que nació el día que murió Carlos Gardel. Decían las malas lenguas que ella había sido fruto de un concierto, allá en las Pampas, debajo de un mandolín italiano que sonaba como maraca cubana. La noche que se conocieron ella y el italiano, Gardel estaba en la esquina tangueando *El día que me quieras*. Sufrió por nueve meses desesperada hasta que nació debajo de un aguacero en Buenos Aires, exactamente a las doce de la medianoche. Fue entonces que su abuela, en ese tiempo madre de la madre, la embarcó en un viaje sin regreso a la urbe, por no sufrir vergüenzas públicas ni humillaciones. Decidió decirle al mundo que María estudiaba en un colegio católico, apostólico y romano, allá en la ciudad de los rascacielos.

Pero tristes fueron los encuentros cuando, sin destino y sin tiempo, se enamoró la tanguera de un merenguero dominicano, que había nacido producto de un asalto a mano armada entre Johnny Pacheco y la Patrulla 15. Locos los dos, mas sufriendo de desamor, se formó el concierto que todos titularon "el encuentro mayor". Claro está que, en tal disposición, Juancho de su amor se acordó; su deseada Dulcinea, su versión en Nueva York. Llena de flores y romances, escondida en una flor, comparaba esta corta y triste versión de lo mucho que se sufre por desdenes del amor... (*Entra María.*) *Se escucha un tango de fondo.*

MARÍA Che, qué dolor el que siento me parece que el corazón se empavila y lo único que puedo hacer es cantar. Cantar, como cantó Gardel, el día que se estrelló el avión y yo nací… (*Música.*) "Yo adivino el parpadeo de las luces que a lo lejos van marcando mi retorno. Son las mismas que alumbraron con su cálido recuerdo..."

¡Ay, qué dolor!... yo sin tierra y sin amor. Desvergonzado, lo esperé, me prometió fidelidad y ahora se quiere ir con otra. Dice él, la mujer de sus sueños... (*Entra merenguero.*)

MATATÁN Mujer, ¿todavía estás tangueando? Yo pensé que te habías ido a Argentina.

MARÍA Cortá la milonga, che, que vos bien sabés el dolor que vos me has creado...

MATATÁN Tú sabes que en el corazón no se manda...

MARÍA ¿Y más cuando hay plata, no?

MATATÁN ¿Qué culpa tengo yo de enamorarme como lo estoy?.. y... pues, los cuartos vienen de orilla...

MARÍA Esta, vos me la vas a pagar como que hay Dios en la tierra...

MATATÁN Chica, te pedí perdón, ¿qué más quieres?

MARÍA Que me des una oportunidad...

MATATÁN Pero mira, Matatana, cuando la cosa no funciona uno la echa al olvido...

MARÍA De eso se trata, del olvido y ¿qué pasó con las noches pasionales que pasamos juntos? y ¿qué pasó cuando te enseñé a beber mate? Porque lo único que vos sabías tomar en las mañanas era café amargo.

MATATÁN Oh, pero tampoco así, que yo a ti te enseñé a bailar merengue, porque tú de eso no sabías...

MARÍA Eso lo puede bailar cualquiera y ¿el tango que te enseñé? Es bien fácil mover las caderas de lado a lado; lo difícil es saber llevar las piernas, especialmente cuando se es zurdo...

MATATÁN (*Enamoradito.*) Eso no lo decías cuando llena de éxtasis me implorabas que te bailara un merenguito... ¿te acuerdas?

MARÍA Sí, me acuerdo... *La escena cambia de pelea a bellaquera y toda la escena se convierte en un baile tanto merengue como tango. La conversación es un debate un tanto lorquiano.*

MARÍA ¿Te acuerdas del "un, dos, tres, adentro"?

MATATÁN ¿Y tú? del "un, dos, un, dos en la loseta"...?

MARÍA ... "al pie de tu ventana hoy vuelvo a reclamarte" ...

MATATÁN ... "aquellas zapatillas color marrón café y el calzoncillo blanco" ...

MARÍA ... ¡era amarillo! ...

ESCENA 17

Convento. Dos años después. Se escucha un coro de niños. Vemos a una monja de espaldas. Es Dulcinea/Alfonza. Entra una monja española.

MONJA 1 Hermana Alfonza, Hermana Alfonza, perdóneme que la moleste pero ha ocurrido algo extraordinario.

ALFONZA ¿De qué hablas Hermana?

MONJA 1 La Madre Superiora me ha pedido que la llame. Resulta ser que unos niños que estaban pescando en el río se han encontrado una ...

ALFONZA Oh Dios, ¿qué se han encontrado Hermana Montiel?

MONJA 1 Una botella... y dentro de la botella un mensaje para usted.

ALFONZA ¿Qué quiere decir con un mensaje?

MONJA 1 Bueno, que alguien le escribió a usted un mensaje. Me parece que la buscan... Yo no lo he leído. Con todo respeto.

ALFONZA Vamos a verlo.

MONJA 1 Tengo la botella conmigo.

ALFONZA No lo quiero leer... ¿y si es un mensaje de mi vida pasada, antes de casarme con Dios, de cuando era una mujer mundana y perdida?...

MONJA 1 ... ¿y ganaba 100 la hora?

ALFONZA Nunca fui tan afortunada, además esa era una vida mala, llena de novelas y golpizas. Todo cambió cuando encontré a Dios. Deme la botella. Tengo que enfrentar tal acción. *Toma la botella y se emociona.*

ALFONZA ¡Santo Dios! Esta carta fue escrita hace dos años... Yo recuerdo a este hombre.

MONJA 1 ¡Hermana!

ALFONZA No, no pasó nada... fue un caballero conmigo, pero lo conocí 10 minutos y andaba con un hombre pequeño... Vamos Hermana, tenemos que hablar con la Madre Superiora. (*Salen.*)

NARRADOR Mas el tiempo pasó y la Dulcinea, digo, la Hermana Alfonza, reconocida por su peregrinaje allá en la 42, no podía descansar recordando tal episodio. En las noches veraniegas, con el sudor y el calor, recordaba a un hombre fornido y elegantón, con un caballo poderoso, con humo y olor y tan tentada se encontraba en el silencio de su cuarto que las otras oyeron el toque de acordeón.

Mas como el tiempo es testigo y nadie se escapa de lo mayor, un día de esos de abriles, en el convento apareció una guagua con enfermeras y un grupo de ancianos solos, todos silenciados por el tiempo y el dolor .

Preguntaron las enfermeras si podían pasar tan próspera tarde allá cerca de las aguas, todas aceptaron muy dispuestas a asistir a los viejitos, callados todos casi muertos, las hermanas prepararon un festín de gran amor.

Allá, la hermana Alfonza, en la distancia divisó a un viejo callado, con casco y lanzón. Preguntole a la enfermera las cuitas de este señor que parecía Quijote escapado en Nueva York. Contole la enfermera que este espigado señor se había quedado callado en las cuitas del amor. Qué grande fue su condena al quedar solo el señor. Sin mujer y sin familia. El silencio lo apagó. Creyéndose Quijote del hospital escapó y un gran amigo al nursing lo devolvió. Ya su final se aproxima, esta es la historia contó ...

Alfonza, encariñada, al señor se acercó. Con un libro en sus manos, enseguida comentó...

ALFONZA Gracias, por encontrarme después de tanto dolor...

NARRADOR Lo único y sin pesares, que Alfonza no reconoció, que el que guiaba la guagua era Sancho con honor, que cumplió con su promesa de llevarlo al corredor. Más importante es decirles que Juancho también cumplió, pues una casa su amigo en El Barrio recibió.

Aquí terminan, amigos, las cuitas del trovador del gran Quijote Don Juancho, en la isla, en Nueva York...

ALFONZA *Abre un libro y comienza a leer*. En un lugar de la Mancha de cuyo nombre no quiero acordarme...

Apagón

Lorca Federico Lorca[1]

Luis Caballero

En escena hay un gran árbol de olivo que cubre gran parte del escenario y el techo. La pieza se verá a través de las ramas del olivo para crear la sensación de espacio y trampa. La utilería que se usará será del mismo material del árbol. Un piano en escena como si fuera la luna. Dibujos de Lorca se verán proyectados en la pieza. Al inicio es limpio y nuevo, en la medida que Lorca crece y se desarrolla el tema franquista, los colores se tornarán más duros. Se escucha de fondo música lorquiana. Comienzan los actores con el inicio de Mariana Pineda.

ESCENA 1:
Poncia y Bernarda

BERNARDA Besado por los dioses a tierna edad; escogido por los que lloran y se visten de verde los días de los muertos; nacido Federico en sangre y lleno de tinta-poeta. Es el crío aquel que me rodea en pensamientos. Nací con él en luna llena. Hermano de conciencia. Nacido aventurero, juguetón en camisa, mi niño Federico. Canción de cuna. Viene abrazado en buenaventura. Soy madre de tan hermoso mozuelo. Llegas confundido con la noche, Federico. Escrita está tu historia. Déjame cantarte una canción de luna llena y arrabalitos. Niño mozuelo que cargas al andar una risa verde y otra de madrigal. Niño Moreno, niño mi sol, deja que la rosa se encargue de ti. Ven mi niño, ven a sentir. Escribe tu vida en versos de marfil. Cuánto hubiese deseado haber detenido el pecho que te alimentó. Nuestras bocas cercadas en leche materna.

---

[1] Los derechos sobre la obra *Lorca Federico Lorca* le pertenecen a su autor, Luis Caballero. Queda prohibida su reproducción en cualquier formato sin la debida autorización del autor. Favor, referirse a las reglas de derecho de autor que aparecen en esta antología.

PONCIA A los 5 tocaba el piano y a los diez se vestía de estrellas. La primera vez que lo vi fue en un sueño; cantaba canciones chicas, de colores. Corría en busca del viento y con pañuelitos rozaba pétalos. Delicado crío. Movía los árboles con sus dedos y mariconeaba sus rizos el agua. Un caballo negro lo pisaba y él sonreía como quien comete una falta por haber nacido perfecto y sin condición.

BERNARDA Le odié el olor y tuve miedo. Sentía que sería mi final tal pesadilla. Corrí al monte buscando una salida, una puerta que dejara abierta el destino, una carta que sentenciase la desaparición de los que nacen escogidos. En silencio perfilé mis manos en su garganta infantil, dispuesta a torcer aquel blanco cuello, sereno como una dalia. Sería la mejor manera de apaciguar los vientos. Intenté tocarlo y desapareció. Desapareció el niño, se deshilaba de mis dedos el sueño. Fue entonces que mi vientre se llenó de maldiciones. Era poeta y había nacido para condenarme. Ese niño que se acercaba que se convertía en hombre era mi destrucción. Con ecos empujé las paredes. Me vi encerrada y sin aliento. Me movieron lejos a la inconciencia. El tiempo se amarró en sus orejas. En sus manos quedó la tinta y supe el final. Ni la lluvia ni los rayos te besarán, Federico. Seremos charco estancado. El vestido de novia será tu fosa. Te acecho. Privilegio es el tiempo que bendice a los malnacidos. ¡Ve!, espera tu principio. Con fango y con dientes defenderé al que ha de posarte en lo invisible. ¡Muere, niño, muere!

PONCIA ¿Quién te lleva con tan mal ojo?

BERNARDA ¿De dónde sales tú gimiendo? No te acerques ni me mires. Hueles a bien y sangras paz.

PONCIA La misma que querrás derramar. Te conozco; me recuerdas el dolor.

BERNARDA No se puede decir lo mismo de ti. Estás debajo de los árboles cubierta en tranquilidad y yo sí sé quién eres. Son muchas las noches que he tenido que vencerte con tus intrigas, Poncia.

PONCIA ¿Cómo sabes mi nombre?

BERNARDA Anda y pregúntale al que le cantas una canción como si fuera tu salvador. Ve y repósate en su seno, pero ¿qué digo? Ve, sécate en sus manos ve y borra tu nombre... o te piensas eterna, ¿Quieres que juguemos a la verdad?

PONCIA La verdad no se juega las cosas son como son.

BERNARDA Pareces poema mal medido, sin una idea clara. ¿Qué se avecina mujer?

PONCIA No sé a qué te refieres.

BERNARDA Me marcho, quiero ser testigo de los demás, de lo que sienten en la carne.

PONCIA ¿A dónde vas? Quiero ir contigo.

BERNARDA Ven, camina detrás de mí; que no nos vean las gentes y nos piensen iguales. Si es que has de ir conmigo, será mejor que recojas mis huellas.

PONCIA Yo no vine aquí a servirte.

BERNARDA Se ve que no conoces tu historia. Ven, tenemos tiempo para hablar. *(Salen.)*

ESCENA 2:
El maleficio

Entra la musa vestida de mariposa y unas estrellas se prenden al fondo mientras la musa dice una línea del maleficio.

ESCENA 3:
Lorca y la musa

FEDERICO A mí me parece estupendo, unos cantos gitanos darían una puñalada sutil a los prolíferos y prejuiciados.

MUSA Federico, insistes en provocar.

FEDERICO ¿De qué me sirven los versos si no tengo a quién herir?

MUSA Bueno, si la entrada es gratuita para los que tienen, mejor herirlos con miradas y risas disfrazadas.

FEDERICO Eso es ser hipócrita. De frente se ven mejor las cosas.

MUSA Limpio como riachuelo y con arenas serenas.

FEDERICO No olvides una capa bermeja, para apaciguar las lenguas.

MUSA Federico, que la iglesia quema.

FEDERICO Así dice mi madre. ¿Y quién contradice a una madre?, yo no.

MUSA La mía me pega en la cara y luego con tres avemarías me encierra en el armario.

FEDERICO ¿Tú eres uno de esos?

MUSA Pretender no hablar.

Se ríen los dos. Sale la musa diciendo una frase de El maleficio de la mariposa. *Cambio de escena. Entra Concha, hermana de Lorca.*

ESCENA 4:
Bernarda, Federico y Poncia

Bernarda está sentada en una esquina y Federico se acerca con algo en la mano. Es la idea de la Cenicienta y la bruja.

BERNARDA Venid niño, qué llevas en la palma.

FEDERICO De harina y trigo, muerte llevo en la palma.

BERNARDA Dejadme ver entre los dedos. ¿Es un animal?

FEDERICO Es cosa angelical. Es verdoso y frágil.

BERNARDA ¡No me impacientes mis cuitas, niño! Abrid las manos

FEDERICO Es una lagartija moribunda. Parece que alguien la soltó en el río y se está muriendo de pena.

BERNARDA ¿De dónde sacas tales ideas, de tu manantial?

FEDERICO Del día y del sol.

BERNARDA ¿Por qué la llevas tan escondida y callada?

FEDERICO ¿A quién?

BERNARDA Curioso ejemplar… a la lagartija.

FEDERICO Es que si se apaga, la voy a sepultar entre vidrios y cerillas.

BERNARDA ¿La vas a quemar?

FEDERICO No, sería alma en pena sin lamentar.

BERNARDA ¿Qué tal si la sueltas en la vereda o le echas un cántico?

FEDERICO No, le quiero dar su libertad. La llevaré lejos a los olivos o a un pajal.

BERNARDA Cántale gitanillo, cántale.

FEDERICO Con sonidos y melodías la muerte es la libertad. Me intriga la herida

BERNARDA Cántale. Cántale gitanillo. (*Lorca canta una canción.*) ¿Cómo te llamas?

FEDERICO Federico.

BERNARDA ¿Cuántos años llevas ya?

FEDERICO Muchas primaveras.

BERNARDA ¿De qué vives, Federico?

FEDERICO De cantar.

BERNARDA ¿Quieres venir conmigo?

FEDERICO ¿A dónde me quieres postrar?

BERNARDA No seas remendón.

FEDERICO ¿Cómo le llaman las gentes?

BERNARDA Bernarda...

FEDERICO Me gusta el suspiro que se acerca al final.

BERNARDA Es viento tempestuoso. Venid, niño tranquilo. Empecemos a jugar. Yo te peino el cielo y tú te haces soñar.

FEDERICO Es tarde y me tengo que marchar.

BERNARDA No seas moribundo, niño, sé gitano de verdad. Te abrazo. Duerme tranquilo. No te dejaré escapar.

FEDERICO Es tarde. Hay que segar. (*Sale corriendo.*)

BERNARDA   Venid mi niño tranquilo
    solo quiero acariciar
    la ternura de tus labios,
    las flores de tu cantar.
    ¿Qué llevarás en la sangre
    allá en el fondo del mar?
    Federico, Federico
    niño de arena y coral
    ¿Quién en la noche te abraza?
    ¿Quién te pudiera abrazar
    cuando los gitanos lloran
    bajo la luna de sal?

PONCIA ¿A quién deseas eliminar?

BERNARDA No hay arrecifes que me detengan. ¿A quién buscas?

PONCIA Contestas sigilosa como quien no quiere la cosa. Pregunto, Bernarda, ¿a quién quieres eliminar?

BERNARDA Al poeta.

PONCIA Que es chico y no sabe de encuentros.

BERNARDA ¿A quién has venido a advertir? Tú, cunera, busca otra misión.

PONCIA Mi misión es la conciencia. Soy tu cercada y no tu silencio. A los niños hay que avisarles. Te empeñas en construir ilusiones en sus brazos para enterrarlo en los olivos. ¿O es que acaso crees que soy sorda?

BERNARDA Hablas como si fueras de cuna.

PONCIA Soy la realidad de dos pueblos. No me ciegan los caminos. Tú, en cambio, te arrimas en la oscuridad. Quieres cegar al pastorcillo. No seas lisonjera.

BERNARDA Reconoce tu lugar. Es él quien te definió. Vives para servirme.

PONCIA En su conciencia. En la nuestra somos vecinas, me miras y te miro. No es por miedo es por respeto al creador.

BERNARDA Hablas de él como si fuera un dios.

PONCIA Lo es y en su mano tendremos final.

BERNARDA Conformista. Te mueres de hambre. Limpias los pisos en donde yo camino. Vieja marrana.

PONCIA Bernarda, más respeto, si te asustas no

desafíes mi razón. Él es tan hijo tuyo como padre nuestro. Deja que el tiempo defina las cosas.

BERNARDA Yo no vine escrita para dejar que el tiempo me despose. La sangre del que te escribió será derramada. La tierra llorará sus días.

PONCIA ¡Eso se tendrá que ver!

BERNARDA Ve a advertirle. ¿O te piensas dueña de sus sueños?

PONCIA Es de tiempo que nos vestimos.

BERNARDA Vete y llora en la puerta. Se acerca el dictador.

PONCIA Esa eres tú disfrazada de costumbre. Confronta a tu dios.

BERNARDA Mejor que te vayas, mis hijas te esperan.

PONCIA No son tuyas son de él.

BERNARDA ¿Y vas a seguir metida en mis sienes?

PONCIA No tienes vergüenza…

BERNARDA ¡Márchate ya! (*Sale Poncia.*)

ESCENA 5:
Lorca y Concha

CONCHA Federico, dejad de espiar por las ventanas. Si madre te ve… (*Acercándose.*) ¿a quién ves?

FEDERICO A la vieja del bastón, parece que lleva la muerte en los pies. Se la pasa desandando.

CONCHA Deja de juzgar. Las verrugas se pegan de las malas costumbres. Se lo diré a mamá.

FEDERICO No pretendas enloquecerme o de mi boca saldrán las cosas que vigilas en las noches. ¿O crees que no me doy cuenta?

CONCHA Cerrad la puerta. Si de tu boca sale suspiro, te arrebato con limón los dientes.

FEDERICO Mirad, mirad, la vieja del bastón corre una gallina. Le da palos como si fuera un marido embrujado.

CONCHA Que es viuda y con hijas.

FEDERICO No en balde caminan en fila, como soldados en la noche, esperando que el batallón regrese. Y esa delgada como palo de escoba, mirad se dobla como si fuera sauce llorón.

CONCHA Te he dicho que dejes de fregar lo advertido.

FEDERICO ¿Qué harás esta noche?

CONCHA ¿Por qué preguntas?

FEDERICO Los gitanos andan en el bosque. Los quiero oír llorar dicen que en las noches cuando cantan, dos se covierten en lobos que buscan doncellas para bailar. Luego la reparten en pedazos.
(*Asustándola.*)

CONCHA ¡Federico!

FEDERICO Ven conmigo.

Se transforma la escena. Se oyen gitanos cantando. Lorca y Concha están de rodillas observando.

FEDERICO ¡Qué hermoso cantar! ¡Parece que les llueven las penas!

CONCHA Es sonido de viento…

FEDERICO …y de luna llena.

CONCHA Federico, ¿por qué cantan tan tristes?

FEDERICO Son penas. Nada más. En los inicios se decía que ellos andaban sin tierra. Sus embrujos los llevan al mar y en secreto con la arena se visten. Es como un juego que pinta, que alborota.

CONCHA Federico, me quiero ir.

FEDERICO Un canto más, Conchita.

CONCHA Esa gente es pecaminosa.

FEDERICO Esa gente es como tú y yo. Son de carne y hueso. La diferencia es que no tienen ataduras. Les gusta lo que hacen.

Se escuchan ruidos de hombres del régimen que van a matar a los gitanos y Lorca y su hermana lo ven. Se escuchan tiros, gritos. Concha se refugia en los brazos de Lorca.

CONCHA ¡Federico, Federico!

FEDERICO Callad, o nos verán también.

CONCHA ¿Qué vamos a hacer?

FEDERICO Cierra tus ojos. Cierra tus ojos.

Lorca le tapa los ojos a Concha y se queda mirando la situación. Mientras esto pasa la musa sale corriendo y recita con Lorca unos pedazos del Romancero gitano.

Antonio Torres Heredia,
hijo y nieto de Camborios,
con una vara de mimbre
va a Sevilla a ver los toros.
Moreno de verde luna
anda despacio y garboso.
Sus empavonados bucles
le brillan entre los ojos.
A la mitad del camino
cortó limones redondos,
y los fue tirando al agua
hasta que la puso de oro.
Y a la mitad del camino,
bajo las ramas de un olmo,
guardia civil caminera
lo llevó codo con codo.

Golpes de muerte sonaron
cerca del Guadarquivir.
Voces antiguas que cercan
voz de clavel varonil.
Les clavó sobre las botas
mordiscos de jabalí.
En la lucha daba saltos
jabonados de delfín.

Bañó con sangre enemiga
su corbata carmesí,
pero eran cuatro puñales
y tuvo que sucumbir.
Cuando las estrellas clavan
rejones al agua gris,
cuando los erales sueñan
verónicas de alhelí,
voces de muerte sonaron
cerca del Guadarquivir.

ESCENA 6:
Lorca y Dalí

Se escucha música francesa. Esta escena es en francés. Sale Salvador Dalí con un té en la mano y se lo da a Lorca. Hablarán intelectualidades, conceptos, arte, política, sexo y de un famoso bailarín.

SALVADOR ¿Qué deseas, Federico, un tilo o uno manzanilla?

FEDERICO Luego de calentar los nervios, que sea de tilo. Oye, Salvador, ¿cómo va lo del libreto?

SALVADOR Lo de Buñuel, muy bien… *Un Chien Andalou*, un poco de experimento, un poco de cubismo y sobre todo, para no olvidarnos del sexo, un poco de Freud .

FEDERICO ¿Qué tiene que ver Freud con eso?

SALVADOR Desconozco, pero se trata de ciencia, de cosas no explicadas. Alusión a una paranoia social.

FEDERICO No estás lejos de lo inmediato, de lo que se avecina.

SALVADOR Hablando de lo que se avecina, ¿qué pasó con el bailarín clásico?, ese que te mandaba recados con la florista de la compañía.

FEDERICO Creo que se enlistó en el ejército y su mujer, en casa, como todas las condenadas.

SALVADOR A mí me parece simpatiquísimo el que la gente se vaya a luchar por la patria. Siempre me llena de sorpresa saber que se da la vida por un pendejo que de cierta manera manda órdenes desde una torre de marfil.

FEDERICO Como los dioses.

SALVADOR Como los cobardes. Una eterna paranoia. La eterna reacción irracional. Federico, la necesidad de pertenecer. Esto es una gran ilusión, aunque a mí lo de ser dictador siempre me ha parecido atractivo. Mira a Alemania, en búsqueda. Hay voces anunciando a un mesías. Simpatiquísimo, además: Hitler.

FEDERICO A veces, me sorprendes con tales ironías.

SALVADOR Yo creo en el progreso, en el automatismo y en la extinción del miserable. Son cosas cotidianas las que no me ocupan.

FEDERICO Hablas como dama tuberculosa en los últimos suspiros. ¿Qué te puede importar el que lucha si lo ves todo desde el ojo de un canvas? Salvador, yo entiendo el progreso, pero no la destrucción del mero aire por complacer al que no sabe lo que hace. La gente sufre.

SALVADOR El sistema sufre, además, ¿quién te dijo que yo soy radical? Yo simplemente veo la vida desde otro punto de vista y no necesariamente de un canvas... bueno, al menos no lo veo con varitas y encajes. Yo ando en busca de un sistema revolucinario en donde el arte sea la mayoría, en donde todo aquel que no tenga la capacidad de engendrar nuevas ideas sea fusilado. Yo vivo en conciencia, Federico, me cansa el ignorante, el que no entiende. Si de algo sirve la guerra es para desaparecer al que no aporta.

FEDERICO Eso es idealismo y no prospera.

SALVADOR Esa es mi versión del anateísmo con detalles anarquistas.

FEDERICO Salvador, ¿de dónde sacas tan horroroso vestido? Yo siempre he creído en el pueblo. Yo salí de esa voz, mi padre y su padre salieron del olivo con sangre y tierra y eso se lo debemos nosotros a ellos. ¿Cómo es posible que pienses que se puede eliminar a un pueblo y dejar solo al que es escogido por un grupo de burgueses?

SALVADOR Federico, lo estás tomando muy personal. Yo soy burgués.

FEDERICO Ese es el primer paso después de haber sido pobre.

SALVADOR Federico, tómate el té, apacíguate.

FEDERICO No me subestimes la conciencia, Salvador. Te pones reaccionario cuando intentas provocarme, una vez me encolerizas, me ofreces té como quien quiere mover el tema por falta de público.

SALVADOR No pretendí ofenderte. Además, de eso se trata, Federico, de intercambiar las ideas. ¿Quieres que te lea unas líneas del guión para Buñuel?

FEDERICO (*Como si nada.*) En delicia, así te explico de qué se tratan mis versos.

SALVADOR ¿De qué hablas ahora, Federico? No te entiendo.

FEDERICO No seas vicioso. De mi próxima pieza. Me gustaría hacerla en castañuelas y lamentos.

SALVADOR Píntale la luna.

FEDERICO Hechizos... madeja, madeja…

SALVADOR Con cuchillos deformados.

FEDERICO Con látigos y dulces.

SALVADOR Paranoia crítica, paranoia crítica.

FEDERICO Ciertamente, en celo. Venid que se nos acaba la vida.

SALVADOR Será el tilo, que lo dejaste enfriar. Venid, que quiero naranjas.

FEDERICO La subida la pagas tú.

SALVADOR Sí, ya lo sé. A ti por lo de pequeño no se te animan las subidas.

FEDERICO Que dejes el veneno, Dalí, o también lo defines como paranoia.

SALVADOR Parad, que me cansé de estar cansado, vamos a ser normales. Me parece que veo una figura en la ventana.

FEDERICO Tú y tus pensamientos surrealistas.

SALVADOR ¿Qué quieres?, que me pinte de otoños deformados, que crezca con la nariz puntiaguda en cerezos. Yo no soy tú, poeta de versos libranos.

FEDERICO Para lo esotérico, que se te ven las costuras.

SALVADOR Venid, llévame de la mano que me ciega el calor.

FEDERICO De amigos, ¿no?

SALVADOR De hermanos.

ESCENA 7:
Lorca

FEDERICO

Quiero escribir poesía que cante mis versos en
/métrica,
que rime mi llanto en sílabas y que siembre mi
/lengua de metáforas.
¿Cómo decirle en simpleza que lloro en las noches?
¿Cómo escribir en su piel sangrada que me
/demoro en la prisa y me decalzo en la arena?
¿Cómo bajar la luna en caramelito y besar a la
/niña que llora debajo del arbolillo?

A quién si no a mí, dictar en mi espalda con
/tinta escurridiza
los pasos pernoctados de los hombres sigilosos
/en las palmas de mi mano.
A quién si no a usted le indico con tristeza
/el haber llegado tarde a mi desayuno madrileño.

La Guerra me aparta y los sonidos derrotados
/me señalan el horizonte.

Se erizan mis sienes si no he de amanciguar
/la tristeza
con canciones viejas, vestidas y alborotadas.

Me pierdo en la superficie,
en lo no encontrado.
Me llaman en las noches
me llaman a destiempo.
Los ecos me vigilan y lloro.
Lloro como niño en callada sombrilla abierta
/y sin reproches.

A quién si no a Ud. le digo que me aparto,
que me encojo en el rincón vacío sin zapatos.
Y me llevan despacio en fúnebre silueta
/de un Dios encarcelado.

ESCENA 8:
La Tarara

Entra la actriz. Federico está en escena y ella canta "La tarara".

ACTRIZ
La tarara sí, la tarara no.
La tarara niña que la he visto yo.
Tiene la tarara un vestido negro
que se pone blanco cuando baila tango.

La tarara sí, la tarara no.
La tarara niña que la he visto yo.

ESCENA 9:
Lorca y Poncia

PONCIA Federico, que te vigilan y las puertas dan al pasillo.

FEDERICO ¿A qué te refieres, Poncia? Habla, sabes que las incertidumbres me atormentan.

PONCIA No hablo para que me den limosna, hablo para prevenir las lenguas que se acercan y te quieren emboscar. ¿Qué vas a hacer Federico?

FEDERICO Les tiraré piedras.

PONCIA Se agarrarán de las paredes como largartijas en celo.

FEDERICO Las atropellaré con látigos.

PONCIA Son más fuertes que tú.

FEDERICO Ya sabré cómo dominarlas.

PONCIA Son astutas y en las noches se te meten por los sueños y te cobijan con miedos.

FEDERICO Lo que tengas que advertir, que se cubra de tu boca.

PONCIA No soy malagradecida. Los niños son más chicos y corren. ¿Crees que no te vigilan? Son más que tú. Son tus hijos y tus hermanos los que te llevarán a la cruz.

FEDERICO Entonces, ¿qué quieres? ¿que me resigne?

PONCIA La resignación es la ausencia del deseo. La muerte es el inicio a la inmortalidad. Tú eres quien eres y dentro de ti se embravecen los ríos. Los caballos corren despotricados, lo sé. Si les dejas te llevarán de frente.

FEDERICO Poncia, si tu deseo es dormirme en los caballines ya estoy avisado. Que lleguen los mortales, que bajen de las ruinas y me acuchillen. Nadie callará al poeta.

PONCIA El poeta tendrá que morir.

FEDERICO Podrán callar mi cuerpo, mas de lejos, debajo de los puentes, detrás de los que hacen el amor, en las lágrimas de la viuda, en los senos de los toreros que se visten de sangre... quedará mi voz. Te digo, Poncia, la muerte del poeta será el umbral de mi inmortalidad.

PONCIA Ya te digo, Federico,... cuidado con tus hijos... serán tu destrucción.

FEDERICO Te di vida y ahora me previenes de la muerte.

PONCIA Te digo lo que siento, lo que se me avisa.

FEDERICO A dormir ya, Poncia. ¡Fuera de mi cabeza!

ESCENA 10:
Lorca e Ignacio Sánchez Mejías

FEDERICO Ignacio, que se provocan los toros.

IGNACIO Sabes que ni a ti ni a mi mujer les cuesta sentarse y presenciar la corrida.

FEDERICO Pero es que ha pasado tiempo y todos supusimos que ya la retirada era permanente.

IGNACIO Es adicción a la arena. Se me sienta en la piel y como vieja gitana me abanica las piernas. Tú sabes que son cosas de hombre. Uno no se puede sentar y ver la vida pasar por delante.

FEDERICO De supuesto me verás aplaudiendo tu lucha.

IGNACIO Lo has hecho siempre... Federico. Escríbeme algo que defina mi corrida, que describa el silencio de la muerte inédita de un toro simpaticón.

FEDERICO Trataré, mas no me pidas que tome de la mano la oreja del toro, esas cosas me acongojan.

IGNACIO Para de sentimentalismos, es solo una vuelta al principio. A mi casa, pues.

FEDERICO Y luego a la taberna.

IGNACIO Para que hablen.

FEDERICO Que hablen, a mí nunca me ha preocupado el efecto que causa el vino de la cintura para arriba. Lo que ha de preocuparme es cómo afecta de la cintura para abajo.

IGNACIO De goloso, ¿ah?

FEDERICO De conciencia, querido. Te veo a las 5 de la tarde.

Comienza escena de corrida con Ignacio. Se escuchan campanadas, gritos, una mezcla de sonidos y voces que recitan el poema **A las cinco en punto de la tarde**. *Lorca dirá unos versos pero la recitacón es colectiva. Los actores cantarán una canción de muerte de Lorca, mientras él observa cómo se llevan a Ignacio.*

ESCENA 11:
Lorca y mujer

FEDERICO Yo le dije que no se acercara, que los toros arrebatan de golpe, que los cuernos penetran hondo y los filos se queman en la piel.

MUJER Federico, que se agotan los días.

FEDERICO Que se agotan mis ganas, que me quiebro en el silencio. Los amigos se van a otras tierras y yo no sé cómo alcanzarlos.

MUJER Ellos están contigo.

FEDERICO No me hables de fe. No me digas que me esperan detrás de la puerta. Se acabó la vida. Las cosas se terminan, se abrazan en los cojincillos, se apagan en la oscuridad. Dios decidió la partida. El día que me pregunten cómo se evaporan los amigos, diré que se los lleva la muerte, que se peinan con la lluvia y que dejan dolor.

Dolor que me eriza los huesos. Ignacio se fue, no me digas que los días se agotan. El día que me lleven dejaré mis huellas. No habrá respuestas. Me iré escondido, lleno de tierra y fango, debajo de un árbol de olivo.

SCENA 12:
Bernarda y Poncia

BERNARDA ¡Qué caminos llevan mis pies! Estoy agotada. Todos se mudan a las islas y yo sin saber quién derrite mis dedos.

PONCIA Reposa, Bernarda, te sales de los pies en prisa. Todos se agotan, los niños, los viejos, las mujeres en sus costas. Hay que descansar para luego proseguir. ¿Bernarda por qué lo persigues? ¿Por qué lo acorralas?

BERNARDA Le tengo miedo. Me asustan sus ideas. A dónde va y a quién le escribe. Yo no pedí encerrona. Yo quería casa nueva y marido nuevo. Me encerró sin opciones. En mí nace lo malo, lo prohibido, ni a mis hijas puedo mirar a los ojos, lo veo en los reflejos.

PONCIA ¿Por qué no decides descansar?; es batalla sin conciencia.

BERNARDA El día que quiera tu consejo te lo advertiré; ahora sopla el silencio, Poncia. Además, ¿quién mueve las ventanas cuando en sus noches me apacigua? Federico es hijo de los dioses y yo ando en búsqueda. Si me arrimo a la esperanza me verán de mártir y olvidada.

PONCIA En ti vive el perdón .

BERNARDA ¿De qué hablas mujer? Te escribe a deshoras, sin lienzo y te acostumbras a lo esperado, a lo predecible.

PONCIA Yo sé mi lugar y lo agradezco.

BERNARDA Perdidos como todos los nacidos en puntos y pausas dispuestos a morir.

PONCIA Tú no te mueres, Bernarda, él te hizo eterna.

BERNARDA Con una soga en el cuello de mi hija y otra en mis manos para segar la boca amortajada. Vamos, Poncia, embiste mi bastón, los días se acercan y hay que proseguir.
PONCIA ¡Bernarda, reposa!

BERNARDA De frente y con la boca abierta para terminar los días. Ven, que se agotan los hombres. (*Sale.*)

PONCIA De frente, como roca, cabeza fuerte y sin sentido. (*Sale.*)

ESCENA 13:
La musa y Bernarda

Sale Bernarda parada en una esquina.

BERNARDA Ni con filo de cuchilla se agarran los silencios. Malditos los versos que me encerraron en una casa con cinco hijas y un mundo ciego. La traición de la pluma lo llevó a condernarme sola. Ni hombres ni flores habitan en mi casa. En las noches de desvelo su pluma lo emancipa pero a mí me causa un dolor apretado en el vientre. Te segaré mensajero divino. No hay salida. Te buscan y se acercan con la luna llena y te ves hermoso en la muerte, Federico.

Sale la musa.

MUSA ¡Calla hereje! ¿Pretendes eliminar a quien te dio vida? ¡Mala hija!

BERNARDA ¿Qué impulsos te llevan enredadora lengua?

MUSA La misma que te maldecirá el día que desaparezcas. ¿O presumes que su muerte te dará la libertad? Naciste escrita en la noche y lo único que quedará de ti será un mal sabor, traidora.

BERNARDA ¿A quién acusas tú? Sombra, te motiva el miedo y te alimenta la desesperación.

MUSA Impulsé tu morada, le di tu llamado y ahora te quieres hacer más grande que él.

BERNARDA ¡A la calle o la cama en donde te cobijes mejor! Nadie podrá evitar la caída del poeta.

MUSA Quedarás sola.

BERNARDA Que vengan y me acuchillen los negros.

MUSA Tu nombre no merece recompensa.

BERNARDA La traerá el Dictador.

MUSA Ve y vende tu libertad.

BERNARDA Vete, que ya caminan los relojes y es mejor callar.

MUSA Bernarda, hija traidora

BERNARDA Silencio. Las palabras son como las piedras, sin intensidad duelen menos.

ESCENA 14:
El beso de la musa

Se escuchan de fondo voces de una canción de Lorca. Federico está sentado en una silla, la musa entra.

MUSA ¿De qué padeces, Federico?

FEDERICO De cansancio y pereza.

MUSA ¿A dónde cruza tu mirada?

FEDERICO Al pasado, a lo escondido. Me siento cansado de caminar. Son flores secas las que adornan mi poesía.

MUSA No exageres, sabes que pronto vendrán los segadores.

FEDERICO ¿Y la luna estará llena?

MUSA La luna sangrienta te vestirá de rosas.

FEDERICO Rosas marchitas.

MUSA No, rosas de almíbar dulce como tus labios. No te canses. No hay tiempo para el reposo.

FEDERICO Pareces gitana misionera. Siempre detrás de la tragedia.

MUSA Venid, Federico, déjame vestirte desnudo.

FEDERICO (*Ríe.*) Desnudos en la playa.

MUSA En el río, como mozuela.

FEDERICO Para eso tendrás que nacer de nuevo. Eres espejo quebrado.

MUSA Soy tu mirada. Necesitas escribir luciérnagas.

FEDERICO Necesito callar. A lo mejor así me dejen en paz los pensamientos.

MUSA Necesitas hacer el amor.

FEDERICO ¿Contigo? Eres mi sombra.

MUSA Tu inspiración. No disfraces mi linaje. Con la tarde estás callado.

FEDERICO ¿Deseas besarme?

MUSA ¡Cuántas veces he llorado por amamantar mi boca con tu vientre!

FEDERICO No te confundas. Si besar es la paga, cobra tu servicio. (*La musa lo besa.*)

FEDERICO Te besas a ti mismo.

MUSA Te veo de cerca.

FEDERICO Me ves de frente y en silencio. ¿Qué harás si me apago?

MUSA Me fundiré contigo.

FEDERICO Pues, qué hacer. Prepara la maleta. (*Sale.*)

ESCENA 15:
Lorca y el mesero

Se escucha música blues y tap dancing. Hay una mujer cantando una canción blues. Lorca está en Nueva York. Está borracho, con papeles, escribiendo poesía.

FEDERICO Me gustan los negros que como yo luchan por saber qué pasará mañana.
MESERO ¿Más vino?

FEDERICO No, que me enrojezco. Me da calor. Calor de piernas extraviadas; y, si no me preguntan, me pierdo en la noche con machetes y algodones de los que tejía mi abuela.

MESERO De algodón nacimos nosotros y en una noche teñida nos pintamos sin estrellas. Por eso se confunden los hombres en este barrio.

FEDERICO Yo no confundo. Yo permanezco.

MESERO ¿Qué hay en esos papeles arrugados?

FEDERICO Mi segunda vida. Mi voz y, si tengo suerte, mi próximo poemario.

MESERO ¿A quién le escribes?

FEDERICO A los tuyos y a los míos. La grandeza es necesaria en la historia. Podría fácilmente cruzar por aquí sin enterarme, pero decidí mirar de frente la lucha y no hay más esclavos. El único esclavo es el miedo que nos entorpece. Por eso decidí escribirte.

MESERO Ni tan siquiera sabes quién soy.

FEDERICO Eres la lágrima, el pie descalzo en la montaña, el grito ahogado que se quiebra cuando en el frío solo la sombra te cobija. Eres el látigo blanco de un hombre esculpido por los dioses ennegrecidos. Ay, no me hagas caso, estoy borracho. El vino provoca llanto.

MESERO ¿El tinto o el blanco?

FEDERICO No confundas mi piel con mis versos. Soy tan pequeño como tú.

MESERO Bueno.

FEDERICO Anda a traerme el tinto, así me sofoco menos ... ¿en dónde por aquí se enciende la sangre?

MESERO ¿Qué buscas?

FEDERICO Hervir mi sangre.

MESERO Si me lees algo, te llevaré.

FEDERICO ¿Por qué confiar en ti?

MESERO Porque no me conoces. Será más fácil confiar en mí que confiar en los que te vigilan.

FEDERICO (*Se levanta y bailando lee un poco de poesía.*)

Los negros lloraban confundidos
Entre paraguas y soles de oro
Los mulatos estiraban gomas,
ansiosos de llegar al torso blanco.
Y el viento empañaba espejos
Y quebraba las venas de los bailarines
¡negros! ¡negros! ¡negros! ¡negros!
La sangre no tiene puertas en vuestra noche boca
/arriba.
No hay rubor. Sangre furiosa por dedajo de las
/pieles,
Viva de la espina del puñal y en el eco de los
/paisajes,
Bajo las pinzas y las retamas de la celeste luna de
/cáncer.
Ven, llévame ahora.

ESCENA 16:
Musa, Poncia, Bernarda y Lorca

PONCIA Te conozco.

MUSA Me confundes.

PONCIA Te pareces a tu dueño, llevas su aire.

MUSA No lo llevo, lo perfumo con mi piel rosada. ¿A dónde vas o a quién le huyes?

PONCIA A un bastón carcaño lleno de veneno. Pero hay tiempo para reposar, me sentaré contigo. ¿Qué bebes?

MUSA Agua de flores

PONCIA ¿Me das?

MUSA Pues a servirte. (*Poncia se arrodilla y toma agua en pantomima.*)

PONCIA ¡Uh! después de tanto caminar, era necesario perderme y mojarme la boca.

MUSA Estás cansada, Poncia.

PONCIA Otro que reconoce mi nombre. Me siento fregada en las bocas de todos. Ni quiero preguntar.

MUSA Es hora de que te levantes y prosigas tu camino. Yo sé a dónde te conduces y con quién batallas. Ella es fuerte. Se crece en el miedo, tendrás que enfrentarla.

PONCIA Necesito desviarla. Tengo que encontrar al poeta, ¿le hablarás?

MUSA Le hablo solo en sueños y en los días de otoño. Él me ve en las noches, cuando lo abrazo.

PONCIA ¿Me dejarás entrar? Necesito verlo.

MUSA Poncia, ya estás dentro. Tú eres su idea. Te concebimos fuerte. Ahora vete, se oyen caballos (*Poncia mira, Bernarda se aproxima.*)

BERNARDA (*Voz.*) ¡Poncia!

MUSA Mejor que te muevas ... no le des de beber. Te arrastrará y ahogará en los ríos.

PONCIA ¿Y él?

MUSA   Ya lo sabrá.

BERNARDA ¡Poncia, Poncia! ¿Dónde están mis hijas? Las siento risadas y mozuelas. Gallinas corridas. ¿Dónde están, Poncia?

PONCIA En sus cuartos, Bernarda, ya es de noche y duermen.

BERNARDA No me creas loca. Yo las vi asomando las narices por las vetanas. Me llevan en odio. Maldito creador. Marica el poeta, hasta mis hijas me odian.

PONCIA Bernarda, hablas sin sentido. Tus hijas te aman y respetan.

BERNARDA ¡Miedo me tienen! ¿O te crees que no veo los desfiles? Hablan lo que pueden y todas se cosen la lengua con espinas. Esperan deseosas mi muerte y eso no.
Entra Federico con papeles en la mano. Esta escena es en dimensión. Ellas lo ven, él no las ve a ellas.

BERNARDA ¡Federico! ... poeta, te acercas.

PONCIA ¿Bernarda, qué intentas?

BERNARDA Arañarlo, pero mis manos no lo tocan. Morderlo y mis dientes no lo alcanzan. (*Se acerca y lo abraza.*) Ven, niño, vamos al río.

PONCIA ¡Bernarda, aparta!

BERNARDA ¡Calla! Mira sus papeles llevan mi nombre y el tuyo. (*Le habla al oído.*) Vamos, poeta, escríbeme en poesía. Dame nuevo marido. Desaparece a mis hijas. ¡Mata a Poncia! ¡Mata a Poncia!

PONCIA ¡Te pareces a tu madre!

BERNARDA ¡La tuya fue arrabalera! Mata a Poncia. ¿O es que temes que te derrote?

PONCIA La sangre no llegará al río.

BERNARDA Llegará a donde yo quiera. (*A Lorca.*) Vamos, mi niño, monta el potrico. Acércate a la ventana. Mira despacio el rocío. Te duelen las manos, Federico. Te duelen las manos. *Lorca comienza a caminar lejos de las dos. Cierra el libro y los personajes desaparecen.*

Apagón.

ESCENA 17:
Lorca y Bernarda

FEDERICO Madre, madre. (*Entra Bernarda.*)

BERNARDA ¡Quietas, quietas! Qué pobreza la mía no poder tener un rayo entre los dedos.

FEDERICO Estaba con él. Mira esas enaguas llenas de paja de trigo.

BERNARDA ¡Esa es la cama de las mal nacidas!

FEDERICO ¡Aquí se acabaron las voces de presidio! Esto hago con la vara de la dominadora. No dé usted un paso más. En mí no manda nadie más que Pepe.

Cambio de escena. Bernarda se le acerca a Lorca.

BERNARDA Así que has terminado con mi condena. Una hija muerta y miles de maldiciones para mí y los míos. ¿Qué has pensado, Federico? ¿Que sentaría la distancia en tus manos? Este no es el fin. Es el comienzo.

FEDERICO ¿De qué hablas tú, mal sueño?

BERNARDA De lo que te espera. De lo que se acerca. Te morderán la espalda y de frente besarás la tierra que te dio vida. Te irás sin nombre y cansado.

FEDERICO ¿A quién provocas tú? Eres creación de un espejo y te podría borrar con la tinta de mi bolígrafo. No tienes carne, eres verbo que se repite. Eres un sistema castrado, sin visión.

BERNARDA Cállate, pesadilla liberal. Tu poder terminó en la palabra. Vendrán por ti como vendrán por mí los que vigilan, los que comen carroña. Son mis hijos, yo los crié. Les di vida y propósito. Te secarán como un caño estancado. Ve y defiéndete. Haz más fácil tu extinción.

FEDERICO ¡Tú no exites!

BERNARDA Vivo en tu cabeza, en tus suspiros y en tu última lágrima antes de morir.

FEDERICO ¡Fuera!

BERNARDA No me marcho, estoy dentro...

FEDERICO ¡Fuera he dicho!

Apagón.

ESCENA 18:
El soldado

HOMBRE Federico, te vigilan. Te has estado tomando fotos con los liberales. Yo entiendo tu enojo. No eres el único que sufre, Granada sufre también.

FEDERICO Y seguiremos sufriendo si no hacemos algo, voy a las reuniones comunistas y comparto con ellos y si veo a un extremista conozco su saludo. Pero, cuando estoy entre amigos, estrecho mi mano sin posiciones políticas. Yo soy responsable de lo que ocurre en mi tierra y tengo derecho a comentar.

HOMBRE Esa gente idolatra a Musolini y a Hitler. A la falange no le gusta el ruido. Tú sabes muy bien que están encerrando a los homosexuales en los hospitales. Les hacen lobotomía, les queman el cerebro.

FEDERICO Pues que arrojen piedras, que me encierren en un manicomio. Si mi locura es mi libertad dejadlos que me enciendan la cabeza. Tendría, al menos, el honor de ser quemado con otros que han sufrido como yo.

HOMBRE Franco sabe que estás relacionado con el partido de una forma u otra. Eso puede perjudicarte. La iglesia lo apoya.

FEDERICO Tú sabes cuántas personas han muerto acribilladas, cuántas mujeres y niños desaparecidos porque no simpatizan con la derecha. Yo soy un humanista. No he hecho nada. Escribo, por eso no me pueden asesinar.

HOMBRE Tus compañeros escritores también temen. Están desapareciendo. Ya acabaron con los toreros y los maestros. Ahora se acercan a ustedes.

FEDERICO Aquí no hay quien detenga la corriente. Las cosas llegarán a su final.

Lorca queda en silencio. Entra Margarita Xirgú.

ESCENA 19:
Margarita Xirgú y Lorca

MARGARITA Prométeme que irás conmigo a Cuba y a México. Yerma ha sido un éxito. Además, como están las cosas aquí, unos meses fuera te vendrían de maravilla.

FEDERICO Iré; las cosas están ordenadas. Además, me encanta Cuba. El Caribe tiene olor a tierra mojada. Siempre llueve y no se camina en silencio. Aquí hay que andar con ojos de verdugo por si acaso te sorprende la muerte en la esquina.

MARGARITA Basta, Federico. Hablas como si te acechara la muerte. A veces, pareces uno de tus personajes.

FEDERICO No, ellos tienen más vida que yo. Imagino que serán eternos. Margarita, he estado teniendo pesadillas. ¿Recuerdas la historia que te conté de mi última obra?

MARGARITA Sí, *La casa de Bernarda Alba*.

FEDERICO Llevo días hablando con ella.

MARGARITA ¿Con el personaje? ¿No hablan todos los escritores con sus personajes?

FEDERICO Sí, a veces, cuando se secan las ideas y los caminos se cierran.

MARGARITA Bueno, pues, ¿no será el vino que te motiva?

FEDERICO Deben ser los miedos. Ella me habla de cosas que yo entiendo.

MARGARITA ¿Y las escribes?

FEDERICO Eso es lo curioso. Siempre termino escribiendo lo que no me dijo. Es como si quisiera apoderarse de mis pensamientos. Está de luto y lleva 5 hijas malditas por las circuntancias.

MARGARITA ¿Esa no era tu vieja vecina que solías ver por tu ventana con Concha?

FEDERICO Sí, la que me erizaba los pelos. Era como ver una vieja aparición.

MARGARITA Bueno, le vas a decir a Bernarda que se porte bien o no la actúo, si te hace sufrir. Federico… Federico, Doña Rosita, la parte que ella dice: "me he acostumbrado", dímela, ¿cómo es que va?

Los dos hacen el monólogo. La musa entra y le coloca a Lorca una mantilla negra. La luz cambia. Lorca es doña Rosita.

ROSITA/FEDERICO Me he acostumbrado a vivir muchos años fuera de mí, pensando en cosas que estaban muy lejos; y ahora que estas cosas ya no existen sigo dando vueltas y más vueltas por un sitio frío; buscando una salida que no he de encontrar nunca. Yo lo sabía todo. Sabía que se había casado; ya se encargó un alma caritativa de decírmelo y he estado recibiendo sus cartas con una ilusión llena de sollozos que aun a mí misma me asombraba. Si la gente no hubiera hablado; si vosotras no lo hubierais sabido; si no lo hubiera sabido nadie más que yo. Sus cartas y sus mentiras hubieran alimentado mi ilusión como el primer año de su ausencia. Pero lo sabían todos y yo me encontraba señalada por un dedo que hacía ridícula mi modestia de prometida y daba un aire grotesco a mi abanico de soltera. Y sin embargo, la esperanza me persigue, me muerde; como un lobo moribundo que apretase los dientes por última vez.

ESCENA 20:
Dos jóvenes en el campo

JOVEN 1 ¿A dónde me llevas con los ojos cerrados?

JOVEN 2 Al cielo. a ver en la cima del valle la plaza nueva.

JOVEN 1 De verdugo, si no tengo los ojos para contemplar.

JOVEN 2 Yo te guío. ¿Ves allá a lo lejos?

JOVEN 1 Te he dicho que mis ojos perdieron la luz hace mucho.

JOVEN 2 Hay dos catedrales y un árbol inmenso… Está quemado por las infamias del tiempo.

JOVEN 1 ¿Quemado?

JOVEN 2 Sí. Lo quemaron por hermoso, ahora solo quedan hojas esculpidas por las cenizas.

JOVEN 1 De pena serán. Háblame del pasado cuando era nuevo y florecía. ¿Qué flores colgaban en sus ramas?

JOVEN 2 Amarillas como el sol alumbrado, combinado con un verde olivo y un marrón como el gemir de tus ojos .

JOVEN 1 ¿Mis ojos gimen?

JOVEN 2 Cuando no me escuchas o cuando no te veo.

JOVEN 1 ¿Qué alaba tu boca si ni tan siquiera acostumbras a lavarme los oídos?

JOVEN 2 (*Se acerca y le besa el oído.*) De miedo.

JOVEN 1 El miedo se acostumbra en estas tierras. ¿Tendrás miedo si te pido que me lleves lejos?

JOVEN 2 ¿A dónde deseas ir?

JOVEN 1 A donde no tenga que huir o esconder tu mirada. Lejos en lo profundo del mar azul. En casas con muebles nuevos. Quiero descansar en tus brazos. Llévame a la orilla .

JOVEN 2 ¡Es peligroso!

JOVEN 1 No, no lo es. Llevas de la mano a un ciego. Somos sangre, caras nuevas. Ven, vayamos al río. Si es tu hora de partir, al lado mío.

Salen los dos.

ESCENA 21:

Discurso de Franco

Se oyen llantos, tiros, gritos. Todo tiene una tonalidad sepia. Hay colores rojizos de fondo. Está Franco dando uno de sus dircursos. La musa está en la esquina frente derecha y Bernarda de fondo.

FRANCO *Discurso del 17 de julio de 1939 un mes antes del asesinato de Lorca.*

¡Españoles! La nación clama por su defensa. Vosotros que escucháis el santo nombre de España, vosotros en las filas del ejército y las fuerzas navales, vosotros que habéis hecho vuestro servicio a la patria una profesión de fe; vosotros que jurasteis defenderla hasta la muerte de sus enemigos. La situación en España se torna más crítica cada vez. La anarquía reina en la mayoría de los pueblos y provincias. Las autoridades de gobierno promueven revueltas cuando no las dirigen ellos mismos. Los criminales usan pistolas y ametralladoras para resolver sus disputas. Huelgas revolucionarias de todo tipo han paralizado la nación y han destruido sus recursos y creado hambre en todas partes. Esto ha llevado al hombre trabajador al punto de la desesperación. Los ataques más salvajes han sido perpetrados contra los monumentos nacionales y nuestros tesoros artísticos por fantoches revolucionarios que siguen las órdenes de gobiernos extranjeros con la complicidad y negligencia de autoridades locales. Los crímenes más serios han sido cometidos en pueblos y ciudades, mientras las fuerzas a cargo de defender el orden público han permanecido en sus barracas obedientes a autoridades de gobierno que solo intentan deshonrarlos. El ejército, las fuerzas navales y otras fuerzas armadas han sido objeto de los ataques más obscenos y reprensibles por parte de las mismas personas que se supone que protejan su prestigio.

Mientras tanto se impone la ley marcial para callar a la nación, para esconder lo que está pasando y para encarcelar a presuntos oponentes políticos.

Cuando Franco termina, un soldado se le acerca y le habla al oído y solo se escucha una línea.

FRANCO Que maten al marica.

ESCENA 22:
Canción de la mariquita

La musa entra a escena se escucha el piano y canta o recita "La cancion del mariquita". La musa lleva una pamela.

MUSA El mariquita se peina
en su peinador de seda.

Los vecinos se sonríen
en sus ventanas postreras.

El mariquita organiza
los bucles de su cabeza.

Por los patios gritan loros,
surtidores y planetas.

El mariquita se adorna
con un jazmín sin vergüenza.

La tarde se pone extraña
de peines y enredaderas.

El escándalo temblaba
rayado como una cebra.

¡Los mariquitas del sur
cantan en las azoteas!

ESCENA 23:
Encrucijada de Lorca

MUSA Federico ha sido apresado. Lo emboscaron camino a Granada.

PONCIA Sortilegios de lunas su mala suerte.

MUSA Los franquistas lo llevaron a un calabozo fundido de reaccionarios.

PONCIA Sonido de muerte. Fusiles en la boca del inocente. ¿Quién reveló la estancia?

MUSA Nadie. Ellos andan como hormigas bravas, cercando todos los caminos. Se aferran al temeroso, al que huye.

PONCIA Federico lo buscó.

MUSA ¿Qué dices? Federico no calló. No vendió a su patria como otros. Si España se ahoga en los arrecifes es por culpa de los callados. Los que lo acusaron para salvarse. ¡Han muerto miles!

PONCIA Y seguirán muriendo. ¿O tú piensas que la muerte de Federico acabará con la dictadura?

MUSA El poeta morirá

PONCIA Por derecho de conciencia morirán todos los poetas.

MUSA Franco los quiere callados.

PONCIA Tendrán que volver a nacer.

Inicio del final de la vida de Lorca cuando lo arrestan y lo llevan preso. Margaita Xirgú en Cuba. Escena dual. Yerma con Lorca, la escena "vienes del campo" pero antes se escucharán las voces de la escena en que han atrapado a Lorca y lo vemos corriendo de lado a lado. De pronto se detiene en la última línea de las voces. Está mirando frente a frente al público y baja sus ojos. Apagón.

ESCENA 24:
El sótano

Hay dos soldados. Lorca está de rodillas en el piso. Obviamente lo han torturado.

SOLDADO 1 Este es el mariquita que escribe poesía.

SOLDADO 2 ¿Dónde lo apresaron?

SOLDADO 1 Yendo a Granada. Iba conduciendo un coche y lo emboscamos. Salió corriendo del coche y lo apresamos.

SOLDADO 2 ¿Lo torturaste?

SOLDADO 1 Parecía pan recién salido del horno. Se me quebraba en las manos.

SOLDADO 2 Llévalo con los otros.

SOLDADO 1 Déjame darle otra vuelta por el carrusel.

Soldado coge a Lorca, que está moribundo, por el brazo y lo conduce detrás del árbol de olivo. Se ven los brazos de Lorca y el soldado golpeándolo, Cambia la escena y se escuchan los gemidos de Lorca. Sale Margarita Xirgú en Cuba, con libreto en mano y dice unas líneas de Yerma. En cada pausa se oye un golpe que le dan a Lorca, hasta quedar los dos: Maragita diciendo las líneas de Yerma y Lorca dando su despedida. Se ve a Bernarda Alba al fondo.

ESCENA 25:
Poncia con Federico

PONCIA ¡Federico! ¿Me oyes? Federico.

FEDERICO Voy, qué voces del infinito son estas. Concha, ¿eres tú?

PONCIA ¡Despierta, Gitano!

FEDERICO ¡Francisco, hermano!

PONCIA Despierta, Gitano, se aproximan los marineros. Llevan sal en las manos.

FEDERICO ¿Quién anuncia los montes? Ando descalzo y no veo con claridad.

PONCIA Gitanillo, gitanillo, los lobos están fuera de su redil, andan devorando.

FEDERICO Son tumbas, Poncia. Ya las canciones no son nuevas. Se amarillentan los pasos.

PONCIA ¡Camina, Federico!

FEDERICO Me cansan los pasos de arena pesada, es mi espalda y mis dedos se quiebran en mi voz.

PONCIA ¿A dónde te llevan?

FEDERICO A la cruz con la cabeza atada a un pañuelo y los ojos salpicados en un ataúd. Quiero agua, Poncia. Tengo sed.

PONCIA Bebe de mis manos (*Le da agua de sus manos.*) Come de mi cuerpo. (*Pone la cabeza de Lorca en su seno para que Lorca tome leche.*)

FEDERICO Llévame al mar.

PONCIA No puedo. Te esperan los tiranos, te llevarán con látigos azules. Hiel será tu misericordia.

FEDERICO No encuentro los hilos. No puedo tejer un lugar. Preciso reposo.

PONCIA Sal en la boca del poeta. ¡Levántate!

FEDERICO ¿En dónde estamos?

PONCIA En la nada. Tengo sangre en mis manos.

FEDERICO ¡Poncia! Arranca mi piel, corta mis dedos. No me dejes escribir.

PONCIA Mi niño, todos estamos a tu lado. Han venido desde lejos. Nosotros te ayudaremos... no morirás solo.

FEDERICO ¿Quién habla de morir? Llévame con ellos. Son mis hijos. Pon en mí las alas de la mariposa.

PONCIA ¡Vuela, Federico, vuela!

FEDERICO ¿Dónde están mis hijos? Mis hermanos me han traicionado.

PONCIA ¡Levántate, Federico! (*Lorca intenta levantarse y cae.*) No te esfuerces yo cuidaré tu reposo. No habrá derrotas. Serás orgullo en mi vientre cuando en las mañanas llores de hambre. Vendré como todas tus madres a darte alimento de mi seno, niño pequeño, gitanillo de pétalos dulces y labios de almíbar.

FEDERICO (*Moribundo.*) Poncia.

PONCIA Cuando venga el día de resucitarte en la memoria, lo sabrán los hijos de los hijos, los árboles y la lluvia llevarán tu nombre. Lorca Federico Lorca, los ríos cargarán tu cuerpo, la primavera y el verano cantarán himnos. Reposa gitanillo, reposa aquí en mi vientre.

BERNARDA Reza por misericordia el poeta, sin saber que la cruz se organiza en sus sienes. En doce campanadas lo llevarán a la fosa con los muertos que se pudren. Lo abrazarán los gusanos y su nombre será olvidado por 7 años, con 7 candados. Sin ojos quedará su boca silenciada. Venciste, Federico, ¿no? Ya sabes cómo terminan las historias. Ni pintas, ni ríes. Eres creación de lo opuesto. Se apaga tu música y con ella quedo yo. Ahora nos vemos de frente, tragedia sigilosa, patética morada son tus lágrimas.

FEDERICO ¡Maldita seas!

BERNARDA ¡Maldita tu existencia!

Las luces se apagan. Se escucha música. Luz de otro día entra por la mañana.

ESCENA 26:
Maestro y un torero

MAESTRO ¿Qué ha pasado, señor?

FEDERICO Federico, ese es mi nombre. ¿Por qué está aquí?

MAESTRO Me sacaron de mi casa. Mis dos hijos huyeron, yo no me preocupé por mí, ya sabía que me andaban buscando, una de las monjas me advirtió. Les dije a mis hijos que se fueran, pero ellos insistieron en quedarse conmigo y su madre. Eran las 4 de la madrugada. Dormíamos como se duerme en estos días, con los ojos mirando al cielo. Unos rujidos atropellaron las puertas y ventanas. No hubo tiempo. Les grité a mis dos hijos que se fueran, que tomaran a su madre y huyeran. Les dije que yo me entregaría.

FEDERICO Señor...

MAESTRO Solo tres tiros escuché. Me advirtieron que no mirara o el cuarto tiro sería en mi cabeza. Yo no miré, no tuve que hacerlo. De frente tenía el espejo que le había regalado de aniversario a mi esposa. Los vi caer. Les dispararon de espaldas.

FEDERICO ¿Qué hace usted?

MAESTRO Soy maestro de historia.

FEDERICO ¿Por qué está aquí, señor?

MAESTRO Porque enseño, ¿y usted?

FEDERICO No sé. No he hecho nada. Soy escritor.

MAESTRO Por eso también se paga.

FEDERICO ¿Por escribir?

TORERO Y por pensar. Mi padre vino conmigo. Hace dos días que no lo veo.

FEDERICO Yo le escribí unas notas al mío. Estarán aquí pronto.

TORERO Ellos no dan recados, te dan esperanzas, te dejan sufrir. Todas las noches a las tres de la mañana tocan a la puerta, nos asustan, no nos dejan dormir y la noche que no tocan simplemente se llevan dos y cuatro hombres.

FEDERICO ¿Por qué?

TORERO Porque van a traer más hombres y necesitan espacio. Es más fácil morir en la oscuridad.

MAESTRO Están matando inocentes.

TORERO Para ellos no hay inocentes. Somos enemigos

VOZ DE SOLDADO ¡A callar, maricas!

ESCENA 27:
Lorca y la musa

Luz cambia. Todos duermen. Aparece la musa. Abraza a Lorca.

MUSA ¡Federico! Despierta.

FEDERICO ¿Qué haces aquí? Si te ven te fusilan.

MUSA No pueden, estoy en ti. Y ya tú estás cerca.

FEDERICO Tengo miedo. No sé de mi familia y mis amigos. ¿Dónde están?

MUSA Federico, deliras, silencio. Te llevarán y no quiero morirme.

FEDERICO Ayúdame, dime cómo salir de aquí.

MUSA La salida está en tu mente. Trágico final para la tragedia.

FEDERICO ¿De qué hablas? Mi vida ha sido creación de la naturaleza.

MUSA Sí, Federico, de una tormenta, de un sueño, de un enorme rayo que besó tu mejilla, de la lluvia y la sal.

FEDERICO Llévame al mar y ahógame. No quiero morir así, con los ojos vendados y las manos atadas a las rodillas.

MUSA Abrázame, Federico. Duerme… duerme.

ESCENA 28: Lorca y hombre

Escena con el tipo que le dice que lo van a matar. Hay un gran silencio. Se enciende un cigarrillo, es Lorca fumando. Un hombre se acerca y le pide un cigarrillo.

HOMBRE ¿Me das de fumar?

FEDERICO Sí, cómo no.

HOMBRE Gracias. ¿Estás tranquilo?

FEDERICO ¿Cómo se puede estar tranquilo? Ya no duermo y las pesadillas me atormentan. Me levanto pensando que alguien me ha jugado una mala broma.

HOMBRE Eso lo piensan todos pero, no se preocupe, las cosas terminan a tiempo.

FEDERICO Las cosas nunca terminan a tiempo, son cánceres que se llevan en la sangre. (*Silencio.*) ¿Qué día es hoy?

HOMBRE Es jueves.

FEDERICO Es verde.

HOMBRE ¿Qué quiere decir?

FEDERICO Para mí los jueves son verdes, llevan muerte.

HOMBRE Una metáfora, ¿no? Yo recuerdo esas cosas. Me las enseñaron en la escuela. Y los viernes, ¿qué color llevan?

FEDERICO Los viernes son amarillos. Son la conexión con el mundo. Son los inicios. Para mí los viernes son como el principio de una historia, la primera página de un libro.

HOMBRE ¡Asombroso, eh!

FEDERICO ¿Qué quiere decir?

HOMBRE Los seres humanos tenemos la capacidad de saber cómo las cosas se mueven y a dónde nos van a llevar.

FEDERICO ¿Por qué se ensucian tanto las casas?

HOMBRE No sé. Se acumulan las cosas

FEDERICO Suena a poeta.

HOMBRE A mensajero, tal vez. Una especie de dios con buenas y malas…

FEDERICO ¿Cuáles son las buenas?

HOMBRE Que estamos fumando.

FEDERICO ¿Y las malas?

HOMBRE Que hoy el mensaje es para ti.

FEDERICO ¿Lo va a leer?

HOMBRE No, lo llevo en la memoria.

FEDERICO ¿Y lo podría borrar?

HOMBRE Sería mi vida, entonces.

FEDERICO ¿Y la mía, pues?

HOMBRE Hoy terminan tus penas.

FEDERICO ¿De qué habla?

HOMBRE El mensaje es que hoy en la noche vendrán a buscarte.

FEDERICO Pero ¿por qué? Yo no he hecho nada.

HOMBRE No se trata de eso.

FEDERICO ¿Y de qué, entonces?

HOMBRE No lo sé. Solo doy el mensaje… ¿quieres rezar?

FEDERICO Soy inocente, ¿a quién he dañado yo?

HOMBRE Padre nuestro…

FEDERICO Por favor, pare.

HOMBRE …que estás en los cielos

FEDERICO Pare de rezar, por piedad.

HOMBRE …santificado sea tu nombre.

FEDERICO Mi madre, hay que llamar a mi madre.

HOMBRE …venga a nosotros tu reino…

FEDERICO No sé rezar, no sé rezar. Yo no puedo morir, tengo muchas cosas que hacer

HOMBRE …hágase señor tu voluntad

FEDERICO No recuerdo, no recuerdo cómo rezar.

Mi madre me enseñó cuando era niño, pero no recuerdo...
(*Lorca queda en silencio y luego prosigue con la oración.*) ...así
en la tierra como en el cielo (*Los dos juntos.*) ... danos el pan
nuestro de cada día, perdona nuestras ofensas así como
también nosotros perdonamos a los que nos ofenden, no
nos dejes caer en la tentación, mas líbranos del mal. Amén.

*Se escucha música de Lorca. Canción triste. Se escucha
ruido de motor. Puede ser una canción gitana de lamento. De
repente se detiene todo, vemos en la esquina a la musa en sombras,
a Bernarda a lo lejos y a Lorca caminando de derecha frente hacia
el árbol de olivo. Durante esa caminata le darán el primer tiro.
Lorca casi cae, va en vaivén hacia centro, centro. Se comienza
a arrastrar por el piso y le dan otro tiro. El se queja, en el tiro
número 6 muere. Lo mataron de espaldas, se oye la musa llorar
suavemente. Bernarda camina lentamente y grita.*

BERNARDA ¡Silencio! ¡Silencio! ¡He dicho silencio!

*Será la primera vez que la obra toma un giro de silencio
total. Todo desaparece, excepto el cuerpo de Lorca que está de
espaldas bajo una luz especial. En el apagón se escuha música.*

Lágrimas negras: tribulaciones de una negrita acomplejá'[1]

Eva Cristina Vásquez

Dedico esta pieza a mis sobrinos: Lilianie, Evanie, Carlitos y Sebastián Vásquez. También a mi ahijada Paola Gómez Costa (EPD).

INTRODUCCIÓN

INTERTÍTULO[2]:
HALLOWEEN/ DE NOCHE TO'S LOS GATOS SON NEGROS

Hay una butaca en el medio del escenario. El público sólo puede ver el espaldar de la butaca. Por los lados de la butaca se ven las piernas y los brazos de una niña negra que está viendo la televisión. Se ve una escena de la película Angelitos Negros.

PELÍCULA: *Angelitos Negros: Ana Luisa habla con la Nana Mercé:*
(*Desde:*) ¿Por qué Dios no me dio una hija blanca y rubia como la de Malú? ¡La hubiera yo querido tanto!... (*Hasta:*) ¿Qué hemos hecho los negros pa' que nos desprecien?

VOZ DE LA NANA (VO) Belén, Belén, pregunta tu mamá si ya estás lista para irte "trick or treat". ¡Belén! ¿Te

---

1 Los derechos sobre la obra *Lágrimas negras: Tribulaciones de una negrita acomplejá* le pertenecen a su autora, Eva C. Vásquez. Queda prohibida su reproducción en cualquier formato sin la debida autorización de la autora. Favor de referirse a las reglas de derecho de autor que aparecen en esta antología.

2 Esta pieza multimedia lleva intertítulos que aparecerán proyectados en el telón de fondo y sirven para marcar cambios en los cuadros/escenas que preceden. La obra también es un diálogo con fragmentos de la película *Angelitos negros* (1948, dir. Joselito Rodríguez), que serán proyectados, al igual que videos y foto-montajes originales creados para la pieza. La radionovela es una narración en vivo interpretada por la actriz.

pusiste tu careta princesita? ¡Apaga el televisor de una vez, Belén! ¡Beléeeeeeeeeeeeeen!

BELÉN ¡Ya voy Nana!

Belén apaga la imagen y gira la butaca para dejarse ver con su careta de princesita rubia.

BELÉN ¿Verdad que me veo linda mamá? ¿Verdad que me parezco a ti? *(Se escucha el grito de horror de la madre.)*

FOTOS: *Cuerpo animado, con mi cara. Canción Belén, Belén y progresión de fotos de Belén desde ese momento de la película hasta sus quince años en el imaginario de la obra.*

RADIONOVELA En el radio-episodio de ayer... ¡Tan, tan, tan, tan! Belén no es una negrita cualquiera. Es la hija del conocido cantante José Carlos Ruiz y la maestra de escuela Ana Luisa de Ruiz. Sus padres son blancos, ricos y famosos. Desde su nacimiento, todos se preguntaban: «¿a quién salió esta niñita tan negrita?» Por cinco años, todos se estuvieron echando mutuamente la culpa, hasta que se supo que Ana Luisa era la hija natural de Mercé, su nana negra. La culpa de la negrura de Belén es de su abuela, la pobre nana Mercé, quien fue la víctima de su amor con el dueño de la casa. Una vez resuelto el misterio de Belén, el dolor de aceptar esta negra realidad, fue insoportable para Ana Luisa, quien se volvió loca y optó por enviar a su hija a vivir entre gente de su color a Puerto Rico, donde "el que no tiene dinga, tiene mandinga". Desde su éxodo a "mejor vida", Belén visita a su madre una vez al año para participar de un importante ritual de regresión que tiene como objetivo ayudar a Ana Luisa a aceptar la verdad de su negro corazón. Han pasado diez años desde la partida de Belén a Puerto Rico. No se retire, que su radio-capítulo de hoy está por comenzar, cortesía del *Súper Acondicionador Potente*, amansando cabelleras para una vida mejor...

INTERTÍTULO:
ELLA ES NEGRITA, PERO BONITA/ Y TU ABUELA A'ONDE ESTÁ

Aparece Belén en su llegada al aeropuerto de visita a la casa de sus padres. Lleva un pedazo de bizcocho en una mano, una maleta en la otra, un cassette de video debajo del brazo y una peluca rubiona en la cabeza.

BELÉN Estas son las mañanitas que cantaba el rey David como es mi quinceañero hoy me las canto YO a mí...
Desde que aparece, comienzan a tomarle fotos y ella contesta las preguntas de la prensa

BELÉN Gracias por esta bienvenida.
-Sí, ahora vivo en Puerto Rico, en un colegio de monjas.
-No, no. Mi mamá está muy bien. Es que ella no sale mucho de la casa, me está preparando la bienvenida.
-No, esos son rumores que siempre han corrido por ahí, pero mi mamá está muy bien.
-Ya le expliqué que mi mamá no está mal de la mente. (*Ofreciéndole bizcocho.*) ¿Quiere? Perdonen.
-¿Cómo que quién es mi verdadera madre? ¿Qué clase de pregunta es esa? Es Ana Luisa, por supuesto.
-La negrita Mercé, como usted le dice, es... era la nana de mi madre, en paz descanse.
-Eso no es problema suyo.
-¿Mi papá? Mi papá está en una gira por Centroamérica. Esta mañana me habló y les manda un cariñoso saludo.
-Oiga, ¿por qué no le pregunta eso a mi papá?
-Eso es un asunto familiar, señor. Por favor, respete nuestra privacidad.
-Perdonen, pero ya no voy a contestar más preguntas.

(*Está por irse, cuando alguien le hace una pregunta que sí le interesa.*)

-Gracias, a mí también me encanta mi nuevo look. Me parezco más a mi mamá.

-A Ana Luisa. ¿A quién va a ser? Cuántas veces le tengo que decir que mi mamá es Ana Luisa.

-¡No! No voy a contestar más preguntas, por favor, perdónenme. Y ahora, con su permiso, me voy a ver a mi mamá. ¡Que pasen buen día!... ¡Ah!, gracias por la bienvenida.

BELÉN (*A Nacho, su chofer.*) ¡Hola Nacho! ¿Cómo está? ¡Gracias por buscarme! (*Se monta en el carro.*) Pues yo, aquí, como siempre, con el pastel y la película de mi vida, como todos los años... ¡Qué linda se ve la ciudad! ¡Qué recuerdos! ¡Ay, Nacho! Esta ciudad me recuerda a mi papá...

FLASH BACK 1- PELÍCULA: *Angelitos Negros: Escena entre Belén y José Carlos Ruiz/ "Este pastel es para mi mamá."*

VIDEO/ANIMACIÓN: *Transición del aeropuerto a la casa. Mapa de la Ciudad de México, marcando la ruta.*

BELÉN (*Tocándose y estirándose el pelo nerviosamente.*) Nacho, ¿cree que este año pueda llevarme al cementerio? Quiero visitar a mi abuela Mercé. Sí, quiero llevarle rosas blancas a mi abuela negra. (*Sigue tocándose el pelo nerviosamente, se mira en un espejito y se lo estira.*) ¿Qué? ¿De veras le gusta? Me veo bien, ¿verdad?... en verdad no he cambiado nada, sigo igual... es solamente un peinado diferente. (*Nerviosa, se toca el pelo compulsivamente.*) Nacho, por favor, ¿puede prender la radio?

SONIDO DE LA RADIO ...Yyyyyyyyyyy hoy, en nuestra sección de chismes faranduleros, les contamos que Belén, la hija del reconocido cantante José Carlos Ruiz y Ana Luisa de Ruiz, llegó una vez más a nuestra ciudad en visita desde Puerto Rico, donde alegó que se halla estudiando en un colegio de monjas. Belén llegó lista, pastel en mano, para celebrar sus quince años junto a su familia que, dicho sea de paso, brilló por su ausencia en el aeropuerto. Y eso no es todo, la niña llegó luciendo una rubia cabellera, como para convencernos de una vez y por todas que de hecho sí es la hija de Ana Luisa de Ruiz.

BELÉN ¡Cámbialo Nacho, por favor!

CAMBIO DE ESTACIÓN ... la simpática y recién pintada güerita nos contó que su papá se encuentra en una gira por Centroamérica, pero somos de la opinión de que es posible que no quiera darnos la cara desde que explotó el escándalo sobre la paternidad o maternidad, quién sabe, de Belén...

BELÉN ¿De qué escándalo están hablando, Nacho? (*Cambio de estación.*) ...que se decía que posiblemente era hija de la nana Mercé? También llegaron a decir que... (*Cambio de estación.*) ... pero la niña anda muy defensiva, cosa que sucede con muchos hijos de los famosos... (*Llegan a la casa, Belén está devastada.*)

BELÉN ¡Nacho, gracias por buscarme al aeropuerto! (*Belén entra a la casa perturbada.*) ¡Mamá Dolores llegué! (*Cambia de actitud.*) ¡Llegó la quinceañera! Traje lo de todos los años. El viaje estuvo bien, gracias. Más tarde te doy un regalito que te traje. ¡Qué calor hace en esa isla! ¡Dios mío! (*Respira profundo.*) ¿Cómo está...? (*Se toca el pelo nerviosamente.*) En el aeropuerto no hicieron otra cosa que preguntarme por ella. ¿Puedes creer que los idiotas de la prensa no creen que soy hija de Ana Luisa... (*La ve.*) ¡Ay, pobrecita! ¡Cómo se ve! ¡Lo que hacen el remordimiento y la culpa!

FLASH BACK 2- PELÍCULA *Angelitos Negros (En fast forward.) Escena de Ana Luisa empujando a su "Nana" escaleras abajo.*

BELÉN Es que cualquiera que tira a su madre escaleras abajo y le provoca la muerte, tiene derecho a volverse loca, ¿verdad? Y ni hablar de la pesadilla de aceptar que... ¿Te acuerdas de esa película, Mamá Dolores? ¿Cómo era que le cantábamos para molestarla? ¡Ah, sí, sí, así era!
(*Canta.*) ¿Por qué el color de la piel importa tanto?
¡Ja, ja, ja, ja, ja, ja, ja! ¿Te acuerdas, verdad? (*Vuelve a mirar a su mamá.*) ¿Será verdad que no es mi mamá? ¿Por qué será que le cojo pena a Ana Luisa? No, no es pena. Es que todo esto me pone muy nerviosa, mira. Todo esto me parece brujería, santería, espiritismo, ¡qué sé yo! Ella sí es mi mamá, yo lo recuerdo todo como una película... ¿Por qué no le pagan a una muchacha pobre para que se pinte de negrita y haga estas malditas regresiones? ¿Por qué tengo que ser yo? ¿Será verdad que se va a curar? Mamá Dolores, ¿es verdad que Ana Luisa no es...? Está bien, ya sé que esos son inventos de la prensa. Pero es que... Ya sé, ya sé que vine al ritual, pero ésta va a ser la última vez, yo ya no puedo más con los periodistas ... Además, este año mamá me va a tener que complacer... ya me cansé de este enredo. (*Tocándose la cabeza, pero sin vender su idea.*) Esto es lo que hace que piensen que no soy hija de Ana Luisa (*Se comienza a preparar y a transformar en la niñita, primero se quita la peluca, prepara el bizcocho y reacciona.*) ¡Ay, qué pasurín! Ya tú sabes la película de mi vida, ruédala Mamá Dolores.

PELÍCULA *Angelitos Negros: escena del pastel de Angelitos Negros/ "Mamá, ¿estás enferma?" Belén la va diciendo a la vez o hace la mímica con los labios, cuando está a punto de besarle el culo...*

BELÉN Párala Mamá Dolores, párala, párala, que quiero decirle algo. Mamá, ¿mamá, verdad?... perdóname la falta de sensibilidad. Yo sé que esto lo hacemos por tu bien, pero hasta aquí llegué. Te crees que el tiempo no ha pasado, que no he crecido, que me voy a quedar siempre igual. ¡Pero no! Me mandaste a Puerto Rico porque decidiste que allí iba a ser más fácil ser yo. ¡Ja! ¡Ja! ¡Ja!, no es más fácil na'. Lo que te voy a pedir mamá, te lo he pedido antes y siempre me has ignorado... haciéndote la loca... y esta vez no me digas que no, porque ya me harté de ser tu muñequita de vudú y me importa muy poco que te quedes loca para siempre si me dices que no. Desde que me fui hace diez años, nunca me has hecho un regalo de cumpleaños. Nunca te he pedido otra cosa. Compláceme este año, Mamacita, porque si no, no me vas a ver más nunca. Y yo soy capaz hasta de decirle a la prensa que ¡tu madre es negra!... Entiende mamá que en Puerto Rico esto es indispensable... Este año, si quieres que termine el ritual, si quieres que te bese el culo, deja de hacerte la loca y ¡fírmame este permiso pa' que las monjas me alisen el pelo!

INTERTÍTULO:
EL CAMBIO DESEADO/LA MONA, AUNQUE SE VISTA DE SEDA...

Luego de la exigencia de la niña de que le alisen el pelo, hay una música de transición tipo clímax de telenovela. En esta escena hay dos pantallas de televisión (ojalá), una a cada lado del escenario, además de la pantalla de fondo. Todos los personajes van a ser interpretados por la misma actriz.

VIDEO: *Se ve a la actriz interpretando a Ana Luisa, en vivo, y en una pantalla se ve a la actriz interpretando a la Madrina. Suena el teléfono.*

MADRINA ¿Aló?

ANA LUISA ¿Aló? Madrina.

MADRINA ¿Ana Luisa? ¿Qué pasó chica?

ANA LUISA No sé qué hacer. La niña está rebelde. Me pide que la atienda, pide cosas y hasta me habló fuerte.

MADRINA ¿Qué le pasa a la niña? ¡Tan dócil que era!

ANA LUISA No lo sé, será la edad, cumple quince años.

MADRINA ¡Quince años!

ANA LUISA ¿Qué quiere que le diga? Yo sólo la veo una vez al año.

MADRINA ¿Quince años? Edad difícil. Tenías que verlo venir. ¿Qué cosas te dice?

ANA LUISA Me amenazó, dice que le va a contar todo a la prensa, les va a contar quién es mi madre, está como poseída...

MADRINA ¿Qué dices tú? ¡Poseída!

ANA LUISA ... y exigió... exigió un alisado.

MADRINA ¡Ay, no! No permitas que le toquen la cabeza, no a su edad.

ANA LUISA Pero ¿qué hago Madrina?

MADRINA La verdad es que si no se lo das en la

casa, va a buscar a alguien que la complazca... Y yo conozco a esa niña, está resentida, es capaz de hablar. ¿No habrá alguien de confianza que le haga el alisado?

ANA LUISA Déjeme pensarlo. La llamo luego. Cuídese.

MADRINA Nos vemos. (*Mirando el tabaco.*) ¡Qué bueno está esto, caballero!
Apagón.

VIDEO: *Anuncio de alisado. Sugiere la idea de que se es más feliz con el pelo lacio.*
Alisol: Imagen de la niña con una nube sobre la cabeza.
Mis días eran grises. Yo vivía triste, ansiosa, con los nervios encrispados, como si me siguiera una nube. Necesitaba urgentemente un cambio para aliviar la angustia que me marcó por más de la mitad de mi vida... Hasta que descubrí Alisol.

Imagen de la niña con el pelo lacio y un sol sobre la cabeza.

Nunca me lo había planteado, pero el cambio deseado ya existía en esta cajita.

La niña mueve la cabeza de lado a lado, dejando ver la alegría que le causa tener el pelo lacio. Va caminando por la calle y los hombres se vuelven a mirarla.
¡No lo olvides, el sol sale para todos con Alisol!
Se ven fotos del proceso de alisado: los halones de pelo, la quemazón del cuero cabelludo, los rolos, la secadora, el blower. De pronto se ve a la niña bajo un "spot light", con su pelo lacio, música de romance.
Apagón.

Belén va montando en bicicleta el viento sopla levantándole el pelo, va feliz, como si fuera la primera Miss Universo puertorriqueña negra...

BELÉN ¡Yoohoo! ¡¡¡¿Conque esto es lo que se siente?!!! Vecinos de esta calle... véanme, véanme feliz. ¡Soy otra! ¡Sopla viento! ¡Que te sienta! ¡Como te he sentido en todos mis sueños! ¡Como te han sentido todas esas niñas! ¡Como te he querido sentir siempre! ¡Feliz cumpleaños Belén! ¡Año nuevo, vida nueva! ¡Soooooooooooopla viento, soooooooooooplaaaaaaaaa!

Canción:
Mi mamita me verá linda hoy.
Mi mamita me verá linda hoy.
Yo la abrazaré y la besaré
cuando llegue a casa hoy...

VIDEO: *Belén montando bicicleta.*

SPOT LIGHT La niña aparece con el pelo para'o y enreda'o, la maranta que le dejó el viento, cansancio como de orgasmo, producto de la pedaleada.

BELÉN ¡Mira qué linda me veo mamá! ¡Ya no soy negra! ¡Soy india! *(Se oye el grito de horror de la madre.)*

Apagón.

INTERTÍTULO:
EL QUINCEAÑERO/ES UNA NEGRITA DE SALÓN

VIDEO: *Ana Luisa en video, mientras la niña se arregla en persona.*

ANA LUISA Recuerda que tu madrina dice que no te pueden tocar la cabeza. Cualquier cosa, cualquier cosa, dijo, menos que te toquen la cabeza. Ya te va a estar viendo Mamá Dolores, para asegurarse.

BELÉN ¡Qué!, ¿no vienes a la fiesta?

ANA LUISA ¿Qué quieres de mí? ¿No te complací? ¿No tienes tu pelo lacio?

BELÉN Es que yo creía...

ANA LUISA ¿Qué creías?

BELÉN Yo pensé que ahora que soy más parecida a ti...

ANA LUISA (*Se ríe burlona como en la escena del talco de la película.*)

BELÉN Eso, eso, ríete, ríete todo lo que quieras. Te tiene que causar mucha risa ver a tu hija tratar de parecerse a su mamá. Está bien, no vengas a mi fiesta. Creo que era de esperarse, pero ¿sabes qué? Esta vez ni me importa... (*Ana Luisa se queda seria y avergonzada de su risa.*)

Comienza la música y Belén *va celebrando su quinceañero con diferentes personas.*

BELÉN Omi, omi, omi yeye, omi yeye o sarawao... ¿Qué

te parece? Yo me siento nueva... Mírame, ahora me parezco a Wilnelia. ¿Cómo que quién es Wilnelia? La que ganó Miss Mundo, ¿no te acuerdas? Ahora soy prietita, pero pelilacia... "Negrita, pero bonita".

Belén va bailando, con los pasos de Ochún, adaptados a Hip-Hop, dando pelo en movimientos dignos de la diosa que se ha desatado en ella, con toda la coquetería de ese personaje, hasta que deja de circular por la pista y se queda bailando con un solo chico.

BELÉN José Juan, ¡qué chévere que viniste! ¿Qué te parece mi fiesta? Linda ¿verdad? ¿Bailamos? ¡Ah, no!, no te acerques tanto. No, no quiero que te vayas, ¿sabes qué pasa? (*Con vergüenza.*) ¿Cómo? ¿Que qué huele mal? No sé. (*Consigo misma.*) ¡Se dio cuenta! El pelo me apesta. Si yo lo hubiese sabido, me habría hecho el alisado la semana pasada. Con el trabajo que me costó convencer a mami... (*Saca un abanico para espantar el mal olor. A José Juan.*) Bueno, pero ¿a dónde vas? Quédate aquí, gracias por venir a mi fiesta. ¡Ay, no me toques el pelo! No, no puedo salir, es que Mamá Dolores me está velando. ¡Que no me toques el pelo, chico!

Belén se comienza a rascar la cabeza, la abundancia de pelo no la deja ser, trata de bailar, pero el pelo se convierte en el centro de su existencia, se le mete en la cara, se le para, se le engrifa. Se despega del grupo y se va a una esquina, saca un espejito, como si fuera un secreto.

BELÉN ¡Ahhhhhhhhgh! ¡Qué sereeetaaa! ¡Me lo imaginé!.. Debí haberlo sabido, no se puede tener todo en la vida, o tengo el pelo lacio y no gozo, o gozo y tengo un pasurín, pero las dos cosas no se pueden tener. ¿Y ahora qué hago? ¿Quién me va a estirar las pasas a esta hora? ¡Cómo no se me ocurrió! Yo me voy a tener que ...

Se trata de ir, pero se encuentra de frente a José Juan.

BELÉN ¡Ay, José Juan! ¡Qué susto! Noooo, si yo no me iba, yo... (*Se toca el pelo.*) yo... (*Se trata de estirar el pelo.*) yo... ¿Qué? ¡Claro que me puedes coger las manos! ¡Claro que me puedes aguantar por la cintura! ¿Un beso? ¡Claro que sí! ¡Eh! Hasta ahí llegamos. ¡No me toques el pelo! Te estoy hablando en serio. Tú no sabes todo lo que me costó... Pero espérate, no te vayas... Nadie dijo que no podemos hacer otras cosas... besarnos otra vez, tocarnos, no te vayas... (*Se pone un súper-pañuelo en la cabeza.*) Vamos a hacer un trato, haz lo que quieras, pero no me toques el pelo.

INTERTÍTULO:
JOSE JUAN HIZO LO QUE QUISO/ NEGRITA, PERO (DES)HONRADA.

BELÉN (*Por teléfono.*) ¿Qué querías que hiciera? Tú misma me dijiste, Madrina, que hiciera cualquier cosa, menos dejar que me tocaran el pelo.

VIDEO: *Madrina en video, Belén en vivo.*

MADRINA ¡Caramba, niña, qué bruta! Cualquiera diría que el alisado te quemó las células del cerebro! ¿Cómo es que te dejaste deshonrar de ese niño bien? Y encima me echas la culpa. ¡No faltaba más!

BELÉN Pero si él me dijo que me quiere, que su mayor deseo es casarse conmigo y ayudarme a mejorar la raza...

MADRINA Tú lo has dicho, "a mejorar la raza". ¿Y tú te crees que los papás lo van a dejar casarse contigo? Además, mira el escándalo que se ha formado sólo con el rumor.

BELÉN Pues sí, pa' que veas que sí, lo voy a llamar

ahora mismito para que él te llame y lo oigas de sus propios labios. Te llamo después. (*Marca el teléfono y habla.*) Hola, buenas tardes, habla Belén, la hija de Ana Luisa y José Carlos Ruiz... Sí, Belén ¿Puedo hablar con José Juan? Sí, yo soy la negrita... ¿Cómo que se fue a estudiar al extranjero? ¿Ah, sí? Bueno, pues cuando llame, dígale que es cierto lo que se rumora, que la "Negrita" le va a dar un «negritito».

INTERTÍTULO:
HAY QUE MEJORAR LA RAZA/LA MULATA ES EL MEJOR INVENTO DE LOS ESPAÑOLES

RADIONOVELA: En nuestro radioepisodio de ayer, la joven Belén intentó comunicarse con José Juan, quien se aprovechó de su inocencia para pedirle una prueba de amor, cuyo resultado final fue un inesperado embarazo. "Pero él me dijo que se moría por estar con una morenita". Como única respuesta a su reclamo de, "¿Dónde está ese falso de José Juan?", Belén supo que los padres de su noviecito, al no poder soportar la vergüenza de saber que su hijo consentido se había prestado para la creación de un mulatito, lo enviaron a estudiar al extranjero, abandonando a Belén a su propia suerte. Ana Luisa, la madre de Belén, al no poder encarar la vergüenza de tener que aceptar a otro negrito en la casa, la envió de vuelta a Puerto Rico. No se retiren, que su radioepisodio de hoy continuará, cortesía del champú *Ultra Seda Plus*, domando pelos rebeldes desde el 1920.

INTERTÍTULO:
¿DE VUELTA AL TRÓPICO?/VA A TENER EL PELO COMO PEPITA 'E JOBO O COMO MAPO 'E PRESIDIO

Belén llega a Puerto Rico, el pelo se le ha encrispado con la humedad. Mira a su alrededor, no ve a nadie, está derrotada. Pide un taxi, mira hacia atrás, suspira y dice:

BELÉN Al menos aquí nadie me conoce. (*Se monta y le habla al taxista.*) Al Colegio San Martín de Porres en Carolina, por favor.

VIDEO: *Puerto Rico; ruta del aeropuerto o a donde sea que vayan, o sea, del aeropuerto a Carolina y de vuelta a Santurce.*

BELÉN Señor, ¿qué mira? ¿Cómo que qué me pasó? ¿Cómo que por qué no me paso el blower? Por favor, déjese de comentarios desagradables y prenda la radio.

RADIO: (*Se oye la información de la radio.*) ... en los medios de comunicación mejicanos se estaba rumorando que la hija del cantante José Carlos Ruiz está preñá' y fue enviada de vuelta a vivir entre boricuas. ¡Qué bochinche! ¿Y quién es esa muchachita, que aquí como que no sabemos muy bien quién es?...

BELÉN ¡Cámbielo, señor!

RADIO ...¡Que va!, si la mamá niega que su hija se haya implicado con ningún come m, o niño fresa, como les dicen allá. Nosotros sólo hemos logrado descubrir que el papá anda cantando por Suramérica y la muchacha supuestamente vive aquí en un colegio...

BELÉN ¡Ponga música señor!

RADIO ... Está el colegio de la muchachita llenito de periodistas esperando su llega...

Belén se lanza a apagar la radio. Le empieza a faltar el aire. Se empieza a recoger el pelo, se pone unas gafas, un pañuelo y dice:
BELÉN Señor, no me lleve a ningún colegio. Dé vuelta en U y déjeme en Santurce.

Continúan la ruta.

BELÉN ¡Pare! ¡Pare aquí! La prensa no me puede ver así. Déjeme aquí, en el beauty parlor de Altagracia, la dominicana.

Encuentro con Isabel, la bailarina negra amiga de José Carlos Ruiz en la película.

BELÉN ¡Buenas tardes! ¿Está Altagracia? ¿Nooo? Necesito ayuda, mucha ayuda, ¿quién puede bregar con este pelo? Necesito a una experta, no puede ser cualquiera, tiene que ser alguien que sepa... Yo acabo de llegar al aeropuerto y mire lo que me pasó. El pelo se me volvió un nido y tengo que enfrentarme a un grupo de gente que lo que quiere es verme destruida. (*Le falta el aire, va de una estilista a otra.*) ¿Me puede ayudar? ¿Está segura que usted sabe? Mire que esto no es fácil, esto es pa' mí una cruz... Yo lo único que quiero es que acepten que soy hija de mi madre... No quiero que me lo vuelvan a preguntar... Yo lo único que quiero es que... ¿Isabel? ¿Isabel? ¡ISABEL!

PELÍCULA: *Angelitos Negros: Escena de Isabel y José Carlos en el restaurante/ "Mi príncipe azul".*

INTERTÍTULO:
NEGRO ES UN BELLO COLOR/DEUS EX MACHINA PA'L EGO

RADIONOVELA: Y ahí estaba Isabel, a quien Belén no había visto en los últimos 10 años. Isabel, la que la cuidó en su niñez cuando estuvo enferma, la que amó a su padre José Carlos Ruiz guardando la distancia que exigían el recato y su color. La negra más bella que José Carlos había visto en su vida y a quien nunca se atrevió a amar porque, ¿a quién vamos a engañar?, una güera como Ana Luisa era el manjar más hermoso y exótico que le podía haber tocado a José Carlos Ruiz. ¿Cuántas veces se arrepintió José Carlos? ¿Cuántas veces le pidió que al menos fuera su amante?
–Mi morenita, no seas necia, ¿quién lo va a saber?
-No, José Carlos. No soy lo que tú piensas. Eres un hombre casado y yo, yo soy una pobre mujer enamorada".
Isabel, la enamorada fiel, la pobre inocente a quien Ana Luisa, en su desesperación acusó de ser la verdadera madre de Belén. Isabel, la que aprovechó una gira de José Carlos Ruiz por el Caribe para quedarse en Puerto Rico de vedette y de beautician. Isabel... No se retire, que nuestro radio-episodio de hoy continuará, cortesía de la *Pomada Seda Oriental*, con las proteínas que la dejarán como venida de la china...

VIDEO: *Diálogo entre* Isabel *y* Belén. *Isabel en video y Belén en vivo. Isabel está peinando a una mujer. La mujer reacciona a todo lo que ocurre en la conversación. Isabel sigue teniendo actitud de rumbera aunque ahora es estilista.*

BELÉN (*Un poco aliviada de su crisis.*) ¿Qué ha sido de tu vida? ¡Tanto tiempo desde...! ¡Qué linda estás! ¡Pero si estás igualita! ¡Ni parece que ha pasado tanto tiempo! ¡Estás preciosa! ¿Te acuerdas de mí? ¡Isabel! Yo soy Belén.

ISABEL ¿Quién? Belén. La hija de José Carlos... ¿Belén? ¿Aquí? ¿Qué tú haces aquí?

BELÉN Necesito....

ISABEL (*Sospechando que tal vez le ha sucedido algo a José Carlos.*) ¿Cómo está tu papá? (*Se le va la mano en spray y la clienta comienza a preocuparse.*)

MUJER Isabel, Isabel, cógelo con calma, se te está yendo la mano, nena.

ISABEL Perdona m'ija. (*A Belén.*) ¿Qué te pasó niñita?

BELÉN Bueno, yo llegué al aeropuerto y la humedad me paró el pelo.

ISABEL No, que ¿qué te pasó? ¿Qué haces aquí en Puerto Rico?

BELÉN ¡Ah! Bueno, tú recuerdas a mi mamá, ¿verdad?

ISABEL (*Dramática.*) ¡Ana Luisa! ¿Cómo olvidarla?

BELÉN Mamá tiene problemas.

ISABEL ¡Necedad! ¡Engreimiento! Una mujer que lo tiene todo: a tu padre, una madre que la quería, a ti... (*La mira y cambia el tema.*) ¿Y tú? ¿Qué problema tienes tú?

BELÉN Mi mamá no me quiere...

ISABEL No, que "qué problema tienes en el pelo". ¿No buscabas a alguien que te pudiera arreglar el pelo?

BELÉN Sí, Isabel. Tú que fuiste como una madre para mí, ayúdame. No permitas que lleguen a mí los de la prensa. Es demasiado: mi madre loca, mi padre que no se ocupa, el pelo hecho una escoba, el bebé... ¿cómo voy a sobrevivir esta crisis?

ISABEL ¿Qué bebé?

BELÉN ¿Cómo que qué bebé? Isabel, yo estoy encinta...

ISABEL ¡Ay no, m'ijita! Ya yo no hago alisados. Además, en tu estado no se te puede hacer nada en el pelo.

BELÉN ¿Cómo que no me pueden hacer nada en el pelo? (*Cara de horror.*)

Apagón

Belén se encuentra en la misma butaca del comienzo de la obra viendo la televisión.

VIDEO: (*Noticiero.*) Yyyyyyyyy desde Puerto Rico, nos cuentan de la visita de José Carlos Ruiz a la Isla del Encanto, en busca de su hija Belén, de quien se dice que lo convirtió en abuelo. También se dice que desde su regreso de México, Belén ha estado residiendo con Isabel, la morena rumbera ex-bailarina de la revista musical de José Carlos Ruiz. De Isabel se dijo muchas veces que sostenía un apasionado, pero secreto romance con dicho cantante. También se decía que Isabel era la verdadera madre de Belén...

Apaga el sonido, gira la butaca y la vemos con un bebé en brazos, el pelo hecho un escándalo.

PELÍCULA: *Angelitos Negros/ momento en que Ana Luisa vio a Belén por primera vez.*

BELÉN Ojalá, ojalá Isabel hubiera sido mi madre. ¡Isabel!, cuando llame papá, dile que ya no lo voy a ver hasta que ajuste cuentas contigo. No voy a volver a la casa de Ana Luisa ¡jamás! Que se las arregle sola. Que salga de una vez de su locura, porque no me va a ver más. Y dile que he decidido que de ahora en adelante tú eres la abuela de mi niña.

BELÉN le canta una nana a su bebé. Suena el teléfono.

BELÉN ¿Hola? Sí, ¿quién es? ¡¿José Juan?! ¡Qué sorpresa, José Juan!

INTERTÍTULO:
OJOS NEGROS, PIEL CANELA (PELO CRESPO) QUE ME LLEGAN A DESESPERAR

BELÉN (*A su bebé.*) Belencita, tu papá... Tu papá apareció. Lo vas a conocer. (*Levanta un espejo y se ve en él.*) ¡Ay, no! no, no puedo. No lo voy a ver... Mejor te mando con Isabel. Sí, sí lo voy a ver. ¡No, no puedo! ¿Qué hago? ¿Por qué no te voy a llevar a verlo si tú no eres un "salto atrás", tú hasta pasas por blanca. (*Agarra el pañuelo que se puso al momento de concebir a Belencita y se lo pone en la cabeza.*) Creo que ya estoy lista, o..., ¿qué tal si...? (*Agarra el teléfono.*) Altagracia, ¿cómo estás?, te habla Belén. Oye, tengo una emergencia. No de las de siempre. Esta vez es diferente. ¿Crees que me puedas hacer un alisado hoy?

INTERTÍTULO:
DOS HORAS DESPUÉS Y MUCHOS DOLARES MENOS/ EL PELO MÁS MALO QUE NUNCA

VIDEO: *Pelea entre Belén y Altagracia.* ¿Qué es esto Altagracia? ¡Se me está cayendo el pelo a cantos! ¡Dios mío! ¿Qué está pasando? ¡Altagracia ¿qué hiciste?! Me dejaste el pelo hecho paja. ¿Por qué se me está cayendo el pelo? (*Se levanta y persigue a Altagracia.*) Ven acá desgraciada, me las vas a pagar (*Agarra a Altagracia por el pelo, forcejean.*) ¿Cómo te atreves a dejarme sin pelo el día que voy a reencontrarme con José Juan? (*La abofetea, la empuja, Altagracia cae escaleras abajo con un grito desgarrador.*)

INTERTÍTULO:
TIENE UNA PASION QUE METE MIEDO/EL NEGRO, CUANDO NO LA HACE A LA ENTRADA, LA HACE A LA SALIDA.

Titulares de periódicos y voice over (VO) ocurriendo simultáneamente.

VO: ...Parece que Belén Ruiz es una negrita acomplejá', mira y que matar a su peluquera porque le hizo un mal alisado...

...pues yo opino que la deben perdonar, porque ella es una muchacha de buena familia que estaba en el lugar equivocado, en el momento equivocado...

Belén Ruiz, hija del afamado cantante José Carlos Ruiz, fue arrestada en la tarde de ayer, como principal sospechosa de la muerte de la estilista Altagracia Frías...

...La señorita Ruiz alegó que todo fue un...

TITULARES:
"Mal alisado le causa la muerte"; "Todo por culpa del pelo malo"; "Belén Ruiz, el "angelito negro" de José Carlos Ruiz, acusada de asesinato"; "Belén Ruiz cumplirá 20 años de cárcel por asesinato involuntario".

INTERTÍTULO FINAL:
CONFERENCIA DE PRENSA, 15 AÑOS MÁS TARDE

BELÉN (*Con un afro en la cabeza o, tal vez, dreadlocks.*)
-Sí, han pasado 15 años desde la muerte de Altagracia Frías.
-Bueno, obviamente estoy contenta de haber salido en libertad condicional por buena conducta.
-No, todavía no tengo planes. Lo primero que quiero hacer es reunirme con mi hija y con su abuela Isabel.
-Hace tiempo que no sé nada de mi madre. Mi papá anda de gira por Miami, donde le están haciendo un homenaje por su trayectoria artística.
-No sé, quiero irme a algún lugar donde pueda empezar de nuevo. Ojalá que encuentre trabajo; en la cárcel me entrenaron para ser beautician. Sí, oyó bien, dije beautician.
-¡Muchas gracias, a mí también me encanta mi nuevo look! No, no, yo sí soy hija de Ana Luisa, pero mi abuela es Mercé.

VIDEO: CODA *La pieza va a terminar con un video que intercala frases racistas en la película con comentarios racistas de la gente. Los fragmentos en los que aparecen estas frases deben ser editados al estilo del final de Cinema Paradiso:*

"Eres una negra metiche".
"No comprendo cómo un artista como usted se rebaja bailando con una mulata".
"¿También es necesario que se pinte usted de negro?"
"¿Por qué no me haces un rinconcito en ese corazón de negra rezongona y...?"
"¿Con qué derecho puede quererme como a una hija una criada negra y ridícula como tú?"
"¡Véngase, mi negra santa! Usted es de las negritas finas. De esas que están hechas del carbón del que hacen los diamantes.

" -No hagas que una sombra opaque nuestra felicidad.
-Estando tú ahí, que eres un sol, ¿Quién se va a fijar en una gotita de tinta?"
"Tú ponías tus manitas en mi cara negra y fea..."
"Ahí está la nana de Ana Luisa. Es una negrita muy simpática..".
"¿A mí no me dices nada? ¡Negra fea!"
"¿Pero qué broma es ésta? ¡Es una negrita!"
" -Papá, le gustaron mucho los juguetes a la negrita, ven para que veas.
-Caramba, ¡qué metida de pata dio tu hijita!"
"¡Qué simpática negrita!, ¿quién es?"
"Quiero ser blanca pa' que mi mamá me quiera".
"Reniego de ti y de quien te dio esa sangre. Esa sangre es la culpable de que mi hija sea una negra".
"–Daría mi vida... -Pues yo me la quitaría si fuera hija de una negra".
"Le dejo mi lugar . A ella le corresponde más que a mí por derecho de sangre; ¡ella también es negra!"
"¡Quítame las manos de encima, maldita negra!"

Al fondo aparece la siguiente cita:

TODAVÍA AQUÍ, EN ESTA ANTILLA MULATONA DONDE OCURREN NUESTRAS VIDAS, ALGUNOS RACISTAS HABLAN DE PELO MALO Y PELO BUENO. TODAVÍA AQUÍ, EN ESTE PAÍS A VECES RELIGIOSILLO Y A VECES RELIGIOSÓN, SE UTILIZA UN EUFEMISMO MALICIOSO PARA ALUDIR AL PELO EN QUE REMATA LA CABELLERA DE MEDIA POBLACIÓN -NO TIENE EL PELO MUY CATÓLICO QUE DIGAMOS. TODAVÍA AQUÍ SE LE CIERRA EL PASO A MUCHOS CIUDADANOS DE RESPETABLE FORMACIÓN PROFESIONAL Y CONSTATADA HONESTIDAD PORQUE TIENEN LA TEZ PRIETA Y EL PELO DIZQUE MALO". Luis Rafael Sánchez

RADIONOVELA Nunca más se supo de Belén. La gente contaba que se había ido a vivir tranquila a Europa con José Juan, quien la esperó y amó apasionadamente durante todo el tiempo que permaneció en la cárcel... ¿Cuál será la verdad? ¿Será cierto que se quedó en la Isla? No se retire, que dentro de poco volveremos con la conclusión de la radionovela y mañana, no se pierda el primer episodio de la nueva radionovela LAS RUBIAS TAMBIÉN LLORAN.

CARMEN LOISAIDA (LOWER EAST SIDE)[1]
Eva Cristina Vásquez

Les dedico Carmen Loisaida a mis cómplices, José Cheo Oliveras, Beatriz Córdoba, Alejandro Aragón, Pablo García Gámez y Diana Cheri, así como a mi adorado Lower East Side.

Bregar admite tanto la razón como la pasión, los intereses y los deseos, el cálculo y el fluir de las emociones, las luchas del cuerpo y las del alma. [***] Bregar se refiere también, pues, a los trabajos de amor no perdidos. Es la búsqueda del placer en un combate donde posiblemente no haya vencedores ni vencidos. Cada sujeto retiene su relativa autonomía. (Arcadio Díaz Quiñones, "De cómo y cuándo bregar")

Inspirada en las siguientes fuentes:
La novella *Carmen* de Prosper Mérimée (Francia, 1845)
La ópera *Carmen* de Georges Bizet (Francia, 1875)
Las películas (en orden cronológico):
Carmen Jones, dir Otto Preminger (EEUU, 1954);
Carmen, dir. Carlos Saura (España, 1983);
Carmen, dir. Francesco Rosi (Francia, 1984);
Carmen Gei, dir. Joseph Gäi Ramaka (Senegal, 2001);
U-Carmen e-Khayelitsha, dir. Mark Domford-May (África del Sur, 2005).

Cito las fuentes de las películas para enfatizar una estética que contrasta versiones europeas con versiones africanas o afroamericanas de este mito. Prefiero la estética cruda de las versiones africanas, aunque adoro la versión de Saura y mi Carmen favorita es la cantada por Julia Migenes-Johnson.

Nota sobre escenografía: *Las localidades de la pieza son muy específicas del Lower East Side. Por lo conocido de esa zona, la escenografía debe estar compuesta de paneles donde se proyecten fotos del área que contrasten lo viejo y lo nuevo, lo icónico y lo nuevo-chic, lo específicamente latino de lo conscientemente multiétnico. Posiblemente, el pre-show pueda ser proyecciones de imágenes de la zona. De ser posible, se deben usar niveles para dividir los apartamentos.*

Notas sobre vestuario: *Aunque enfatice lo mejor de cada actor (e.d. les debe quedar muy bien a todos), el vestuario tiene que ser, a excepción de los uniformes, barato y urbano. Lo que los personajes puedan pagar o lo que hayan comprado de segunda mano, pero no de mal gusto.*

Personajes: *Todos los personajes son personas maduras 35 años en adelante. Tienen el peso y las responsabilidades de esas edades. Han dejado una vida en sus países de la que no se pueden desprender con facilidad y han echado una raíz medio trunca en el presente.*

Sólo dos personajes en la obra son puertorriqueños, Carmen y José. Raúl podría ser puertorriqueño, pero no es indispensable. De acuerdo con la nacionalidad de los actores disponibles se pueden alterar usos semánticos y, de ser necesario, la sintaxis de algunas frases, respetando ambas, las ideas del texto y la diversidad lingüística del español que se habla en Nueva York. Si surgen dudas, pregúntenle a la autora. Nadie debe imitar un acento que no sea el propio, a excepción del Bartender que, de ser posible me gustaría que suene un poco niuyorican, si es que el actor lo puede hacer sin que parezca una burla del acento.

La radio y el celular como medios de comunicación también son personajes importantes dentro de la obra. Por eso, todas las voces y locuciones deben ser interpretadas en vivo, de ser posible, en micrófonos.

Personajes

Carmen
José
Raúl
Meche
Paquita
Miguelina
El Súper
Dante
El Bartender

Todos los Voice Overs y los personajes de la radio deben ser leídos en vivo por los actores que interpretan los personajes de Miguelina y el Bartender.

OVERTURA

Amanece. En un edificio del Lower East Side suceden simultáneamente diferentes acciones relacionadas con el momento del día. Unos regresan de sus trabajos, otros se levantan y se preparan para trabajar, otros pintan, otros están con sus parejas, otros fuman o beben. Estas acciones sirven a modo de overtura. No se ve a todos a la vez, sino que las luces nos permiten entrar en los diferentes espacios de un mundo complejo. En cada espacio se introduce una de las melodías de la ópera Carmen en diferentes maneras. Unos tararean; otros escuchan alguno de los motivos como parte de propagandas televisivas o radiales; alguien está escuchando la ópera en un ipod; etc. Se escucha un voice over que viene de la radio.

VO Muy buenos días amigos radio oyentes. Gracias por despertar con nosotros y permitirnos acompañarlos temprano en la mañana. Son exactamente las 8:30. No cambien de estación, que cuando regresemos nos acompaña la Licenciada Ramírez Soto, como todos los lunes, contestando sus preguntas de inmigración en nuestro segmento Inmigración al Día. Si tienen alguna pregunta, llámennos ahora mismo al 212-258-8757, las líneas están abiertas...

Mientras se escucha el VO, se va iluminando poco a poco el apartamento de Carmen quien está a medio vestir y tomándose un café. De pronto se escucha un celular que tiene como "ringtone" la melodía del Toreador. Carmen baja el volumen de la radio y lo contesta.

ESCENA I

CARMEN Aló. Sí, ya me estoy preparando. No te preocupes, me estudié muy bien todo. Yo soy buena esposa. Oye, ¿cuándo me dan mi... Está bien, tienes razón, pero si no me llega pronto, despídete. Yo necesito con qué mantenerme. ¿Sabes? Habla con tus apoderados. ¡Ah!, por si me preguntan, ¿qué hacías tú dizque trabajando a esa hora de la noche? Ah, sí, es verdad. Se me había olvidado. ¿Te tratan bien? No sé. Desde que te llevaron yo no la he visto. No, no la pienso buscar. Vamos a dejar ese tema, ¿OK? ¿Necesitas que te lleve ropa? ¿De veras que los hacen usar un uniforme? Ni que fueran criminales. ¿Yo? ¿Para qué quieres saber? (*Se ríe.*) Yo me puse un panty rojo y un brassiere negro como te gusta. (*Se ríe.*) Confía en mí, ¿Cuándo he quedado mal? Te fue a visitar el abogado, ¿verdad? Sí. Estás entrenando, ¿verdad? No te dejes poner fuera de forma. (*Con pena.*) ¡Ahhhhhhh! Sí, sí, ya lo oí. ¡Qué rápido! Bueno. Te veo más tarde, un beso.

Saca una flor que tiene en un florero y se la pone en el pelo. Cuelga el teléfono. Se termina de tomar el café y mira la borra como para leer su suerte. Busca más luz para ver mejor.

CARMEN ¡Hmmm! Esto no hay quien lo entienda.

Prende una vela que pone en un altar. Termina de vestirse y se va.

ESCENA II

Dante habla por teléfono, Paquita lo acompaña, y en un estudio radial se ven las siluetas del locutor y la Lic. Ramírez que contesta sus preguntas.

LOCUTOR Sí, buenos días y bienvenido al segmento Inmigración al Día. Aquí está la Licenciada Ramírez para contestar sus preguntas.

DANTE Buenos días, saludos, lo felicito por su programa...

LOCUTOR ¡Gracias! ¿Cuál es su pregunta? Me acompaña la Lic. Ramírez...

DANTE Buenos días, licenciada. Mire, es que yo quiero saber qué se hace cuando la Oficina de Inmigración y Naturalización se tarda más de lo necesario en procesar un caso.

LIC. RAMIREZ ¿Qué tiempo hace desde que se presentaron los documentos?

DANTE (*Preguntándole a Paquita.*) ¿Qué tiempo hace?

PAQUITA (*Por lo bajo.*) Cinco años.

DANTE Cinco años, licenciada.

LIC. RAMIREZ En casos como ése, hay un recurso que le permite ponerle presión a la Oficina de Inmigración. Permítame hacerle unas preguntas sobre su...

ESCENA III

Tren J hacia Queens. Suena el teléfono de Raúl, Ringtone de los niños soldados. Carmen va en el mismo tren. En el vagón del tren se ven anuncios de cursos de inglés, abogados de inmigración, anuncios de información sobre leyes antidiscriminatorias (ej. vivienda), etc.

RAÚL Hello? Hola, Chula. ¡Qué alegría oírte! Cansado. No, qué va... Anoche estuvimos haciendo redadas. Estoy cansado. A lo mejor mañana o pasado me toca devolver a unos cuantos a su país.

Carmen se interesa por la conversación y se pone a escuchar.

RAÚL No, no es un viaje gratis, ¡qué va! ¿No te acuerdas del que me lastimó el brazo el mes pasado? No, no, el que tenía esposado a mí mientras llenaba los papeles. Sí, cuando lo entregué en su país. ¿Cómo están todos por allá?

Carmen se cambia a un espacio más cerca de Raúl para escuchar mejor. Entra un músico al tren y toca el motivo de la Habanera, pero con melodía triste.

RAÚL Oye, te tengo que dejar. Se metió un tipo a tocar en el tren y no te oigo. Cuando salga del trabajo te voy a mandar dinero para lo de la escuela de la nena. Hablamos después. Un beso a los nenes. Te llamo a la noche. Yo también te quiero.

CARMEN (*Haciéndose la que busca una dirección en el mapa choca con Raúl.*) Sorry.

RAÚL That's OK.

CARMEN Sad music, hmm?

RAÚL The whole city is sad.

CARMEN You're damn right!, pero "al mal tiempo buena cara". Usted no es de aquí, ¿verdad?

RAÚL Uhum. (*Saca el periódico y se hace el que está leyendo para ignorarla. El titular del periódico es una noticia sobre las leyes de inmigración.*)

CARMEN Perdóneme, (*Mostrándole un papel.*) ¿usted sabe cómo se llega a este sitio?

RAÚL (*Mira el papel, la estudia.*) No, no sé. No soy de por aquí. Ahí está el mapa.

CARMEN Sí, ya lo estaba mirando, gracias. (*Carmen se acerca otra vez al mapa por encima de Raúl. Raúl se le queda mirando con descaro.*)

RAÚL ¿A dónde va usted? (*Raúl le coge el papel de las manos.*)

CARMEN (*Le quita el papel.*) No se preocupe, perdóneme.

RAÚL (*Al acecho.*) Su acento es de... ¿De qué parte? Caramba, no sea así, déjeme ayudarla...¿Qué hace una mujer como usted yendo a ese sitio?

CARMEN ¿Como yo?

RAÚL Sí, tan bonita y tan solita.

CARMEN Déjese de cuentos. No sea baboso que ya yo estoy grandecita pa' que me hablen así, ¿sabe?

RAÚL No me diga que usted…Ahí va mucha mujer de su país casada con ilegales.

CARMEN ¿De Puerto Rico? ¿Ilegales? ¿De qué habla usted?

RAÚL Tú sabes que cuando las cogen fuera de base les dan tremendas multas…

CARMEN ¿Por qué usted me dice eso?

RAÚL Tú, por ejemplo te olvidaste de ponerte el anillo.

CARMEN No. Me lo robaron.

RAÚL Ven acá…¿tú vas de "verdad" o le estás haciendo un favor a alguien?
(*Hace el gesto de dinero.*)

CARMEN Usted tiene que estar relajando, yo sólo le pregunté una dirección.

RAÚL No te hagas la que no sabes de qué te estoy hablando. Yo las conozco. Yo trabajo ahí.

CARMEN Señor, ya está bueno.

RAÚL- No seas así, ¿no te quieres tomar una cervecita conmigo a eso de las seis? Llégate a este bar (*Le apunta un nombre en un papel.*), o dime dónde.

El tren llega a su destino.

CARMEN (*Mira el papel, lo hace una bolita, se lo tira en la cara.*) Váyase a la mierda.

Se bajan. Raúl persigue a Carmen. Carmen se pierde entre la gente que oye a unos músicos de subway tocar el motivo de La Habanera, esta vez con ritmo salsa. Carmen se mete al centro a bailar. José llega en otro tren y se encuentra a Raúl. De pronto repara en Carmen que para fastidiar a Raúl, coquetea conJosé. (También puede sacarlo a bailar.)José está confundido. Al final Carmen se quita una flor que lleva en el pelo y se la tira en el pecho a José. Todos se ríen.José, avergonzado la recoge y la guarda en su bolsillo.

ESCENA IV

Centro de detención de inmigrantes. Raúl y José conversan.

RAÚL Día de visita. ¡Prepárate, rookie! Día de súplicas, maldiciones y llantenes.

JOSÉ Ya me lo advirtieron. Que no me descuide, que desconfíe de todo el mundo, que no le crea nada a nadie. Oye, yo soy un "transfer". Soy nuevo aquí, pero ya llevaba 5 años haciendo esto en Puerto Rico.

RAÚL Aquí es distinto. Hay más gente y de todas partes. Desconfía de las mujeres, brother. Hacen lo que sea. Les da trabajo entender que esto es como una cárcel. Quieren favores. Esa que viste bailando hace un rato en la estación... (*Ve a Carmen acercarse.*) Mira...Hablando de la reina de Roma...Mira quién viene por ahí, de sólo verla en el tren me olí que era nuestra clienta. Linda, ¿verdad?

JOSÉ Deja, yo no tengo tiempo para esos cuentos.

RAÚL No te preocupes, que esto aquí es un desfile. Esa es casada, dice, y no es una muchachita, pero todavía aguanta. Gallina vieja da buen caldo. Cambié de opinión, si ésa te pide un favor...yo que tú no se lo niego. (*Se ríe burlándose.*)

CARMEN Good morning...

RAÚL Buenos días señora, tanto tiempo.

CARMEN ¿Verdad que sí?

RAÚL Espere un momento. Aquí el oficial la va a ayudar. (*En secreto.*) ¿Estás segura que no te quieres dar una cervecita a la tarde?

CARMEN (*Ignorando a Raúl, poniendo toda su atención en José.*) Do you speak Spanish?

JOSÉ Sí, señora. ¿En qué la puedo ayudar?

CARMEN Vine a visitar a...

JOSÉ ¿Cómo se llama?

CARMEN ¿Mi esposo?

JOSÉ No, señora, usted.

CARMEN Carmen, aquí tiene mi identificación. (*Además, abre la cartera para que mire adentro.*)

JOSÉ (*Enseñándole el i.d. a Raúl y riéndose.*) ¿No tiene otra?

CARMEN ¿Algún problema?

JOSÉ No, no se preocupe. Es que como es una identificación de Puerto Rico…

CARMEN Es válida, ¿no?

JOSÉ Sí. ¿Dijo que viene a visitar a su esposo?

CARMEN Usted es de…me suena que tenemos el mismo acento.

JOSÉ Sí, ya lo vi en su identificación.

CARMEN Yo soy de Guayama, el…

JOSÉ …el pueblo de las brujas.

CARMEN ¡Exactamente!

JOSÉ Ya me di cuenta. (*Le enseña la identificación y se la devuelve.*)

CARMEN No se ponga tan serio, estaba bromeando. Yo no sé nada de brujería.

JOSÉ Me imagino que no. Firme aquí.
Cuando se inclina a firmar ve la flor que le lanzó a José en la estación y que él ha colocado sobre la mesa.

CARMEN ¡Uy! Cuidado con esa flor…

JOSÉ Pase buen día.

CARMEN Nos vemos compatriota. (*Se va, pero se gira a hablarle.*) Oiga, una sonrisita, ¿no?

ESCENA V

Meche y el Súper en el edificio. El Súper está haciendo algún oficio y Meche llega con una carta en la mano. De fondo se oye la radio.

MECHE Súpermán, ¿cómo está?

SÚPER ¡Mechita! Aquí, en la lucha, como siempre. Haciendo un trabajito por el lado.

MECHE Así es. ¿No ha visto a Carmencita? Me llegó esta carta y no entiendo un pepino. Venga, vamos a la luz.

SÚPER Déjeme ver, a lo mejor yo entiendo. (*Meche le pasa la carta.*) Ah, no, pero es que esta carta está en inglés, Mechita.

MECHE ¿Y qué creía; que yo tampoco sabía leer español?

SÚPER Uno nunca sabe. Caramba, y parece importante. Tiene letras grandes. Dice "Congratulations" (*Lo pronuncia en español.*) Yo creo que es bueno.

MECHE ¿Verdad que sí? ¿No sabe cuándo llega Carmen?

SÚPER Ella iba hoy al centro, a ver al Carioca.

MECHE ¿La llamamos?

SÚPER Ahí no se puede usar el teléfono.

MECHE O sea, que la perdimos. Además, esa

muchacha siempre viene mal del centro. ¡Dios mío! Yo creo que esta carta es una cita. Me va a tocar hacer arreglos en el trabajo. Hoy es el día que preparan el schedule. No puedo fallar.

SÚPER ¿Por qué no vas al restaurante de la avenida C entre la tres y la cuatro? Allí algunas de las muchachas hablan inglés.

MECHE ¿Y lo leen?

SÚPER Hay una que sí. Se llama Rosa, es una boricua de confianza. Vamos, yo te acompaño. (*Le echa el brazo.*)

MECHE Está bien, pero no se ponga pesado.

SÚPER ¿Yo? Chica, te estoy ayudando, algún día me debes dar una oportunidad.

ESCENA VI

Un bar criollo, tipo barra fea de colmado, en el Lower East Side. Hay gente compartiendo después de la salida del trabajo (Esto se puede hacer con sombras). Carmen entra, estudia el terreno, ve a José y se sienta en la barra, cerca de él. Él ni se entera.

CARMEN (*A José que ni la mira.*) Conque somos vecinos. (*Al Bartender.*) Papito dame un vaso de agua, por favor.

BARTENDER ¿Todo bien?

CARMEN Sí. Bueno, no. Regular. ¿Tú has visto a los apoderados?

BARTENDER Hoy no. ¿Cómo siguen las cosas?

CARMEN Todo igual, chico.

BARTENDER Ten paciencia.

CARMEN ¡Paciencia! Tú sabes lo que va a pasar si se lo llevan, ¿verdad? (*Sacando un cigarrillo, a José.*) Perdone, ¿tiene fósforos?

JOSÉ No, no fumo. (*Viendo que es Carmen.*) ¿Usted? No me sorprende. Las mujeres son como los gatos…

BARTENDER …vienen cuando no las llaman.

CARMEN (*Para sí misma.*) Y los hombres como tú perros falderos.

JOSÉ ¿Qué?

CARMEN ¿Por qué tanto desdén? ¿Qué es lo que no te gusta?

JOSÉ ¿Qué es lo que tú quieres?

CARMEN ¿Yo…? Yo quiero…un Cuba Libre.

JOSÉ OK, pero para que me dejes tranquilo. Ponle un Cuba Libre a la dama.

CARMEN ¡Qué difícil eres, chico!

BARTENDER Carmencita, de parte del señor.

CARMEN Gracias. (*Le da la bebida a un hombre que está pasando.*) Toma, mi amor. Brinda por mí.

HOMBRE Gracias, linda.

CARMEN Dame otro. (*Le da dinero al bartender.*) Si no es molestia, en veinte minutos mándame otro a aquella mesa, por favor. Con lo que sobra, sírvele otro al señor. De mi parte.

Carmen se va hacia una mesa con su trago y otro hombre la saca a bailar. Canción de los gitanos/bachata. Ella le hace a José un gesto de brindar y baila. Corte a otro momento.
Carmen baila con otro hombre. Canción de los gitanos salsa. Corte a otro momento.
Carmen baila sola, cerca de José/Canción de los gitanos/ bossa nova. Corte a otro momento. Carmen se acerca a José.

CARMEN Me has estado mirando toda la noche y no me sacas a bailar.

JOSÉ ¿Qué es lo que quieres, mujer?

CARMEN Que dejes de hacerte el idiota. Los dos estamos solos, ¿verdad? No me niegues que te gusté. ¿Tú no crees en el destino?

JOSÉ No.

CARMEN Mejor. ¿Bailamos?

José se levanta y baila con Carmen. Motivo de la Habanera/ bolero. Corte a otro momento. Bailan otra melodía y todo el mundo los mira. Motivo de Carmen/Aria/solo de Carmen dentro del trío de las cartas/guaguancó. Corte a otro momento. Bailan otra melodía y los demás bailan en parejas. Motivo del Destino/ Bachata. Corte a otro momento. Bailan Carmen y José, sólo queda el Bartender. Pastoral en tiempo de salsa.

BARTENDER Última llamada.

JOSÉ ¿Quieres el último?

CARMEN No. ¿Qué quieres hacer?

JOSÉ Lo que tú quieras.

CARMEN (*Le señala la puerta.*) ¡Dale!

José la besa en el cuello, la encamina hacia la puerta y se van.

ESCENA VII

De mañana. Suena el despertador. Carmen se levanta. Prende la radio (pastoral en tiempo de balada o lo que más se acerque a la ópera), va al baño, sale a preparar café. Despierta a José, él se va a poner su uniforme, se prepara para irse.

CARMEN Buenos días. Te saqué dos cubos de agua por si quieres bañarte.

JOSÉ ¿No tienes agua en la ducha? ¿Están haciendo arreglos?

CARMEN No. Es así.

JOSÉ ¿Cómo que es así?

CARMEN Así. No hay agua en el baño. Hay que traerla del pasillo.

JOSÉ ¿Ya hablaste con tu «landlord»?

CARMEN (*Riéndose.*) ¿Con mi «landlord»? Nosotros arreglamos todo, si podemos. No hay «landlord».

JOSÉ ¿En qué clase de mundo vives tú, mujer?

CARMEN En éste. No preguntes más de mí. ¿Dónde vives tú?

JOSÉ Carmen…

CARMEN ¿Qué haces en Nueva York? A ti se te nota que acabas de bajar del bote.

JOSÉ *(Asiente.)* Las cosas en la Isla están tan malas. No hay trabajo pa' nadie, mucho crimen…

CARMEN *(Burlona.)* ¿Y te viniste p'acá?

JOSÉ Eso es lo bueno de mi trabajo. Puedo irme a cualquier lugar en los Estados Unidos.

CARMEN ¿Y tu familia?

JOSÉ Todo se quedó atrás. Perdóname, no me gusta hablar de eso.

Carmen nota que se siente triste y lo abraza. Él la abraza por la cintura. Ella le besa la cabeza. Estos gestos se van a repetir a lo largo de la obra.

CARMEN ¿No te quieres bañar?

JOSÉ Así estoy bien. Yo vivo cerca.

CARMEN ¿En los proyectos?

JOSÉ No, qué va.

Lo ayuda a terminar de prepararse. Al final le pone la mano en la barbilla y lo mira a los ojos.

CARMEN Desde que te vi la primera vez sabía que arrastrabas una tristeza como el protagonista de la novela de las 10:00 que todos dicen que arrastra una tristeza. *(Se echan a reír.)*

JOSÉ *(Le toma la mano que ella tiene en su barbilla y se la besa.)* ¿Y ahora?

CARMEN Ahora ¿qué?

JOSÉ ¿Cuándo te vuelvo a ver?

CARMEN No sé. Cuando me toque el próximo día de visitas. *(Le sube el volumen a la música.)* ¿Bailamos?

ESCENA VIII

Una junta de inquilinos muy informal. Dante la dirige. Todos hacen ruido.

DANTE Habitantes del Infierno, ciudadanos todos de cualquier país, menos de éste...

SÚPER Deja la muela y explica de una vez, ¡coño!.

DANTE Tenemos que reunir dinero si queremos quedarnos con el edificio. El arreglo que nos ofrecen es que lo sigamos ocupando a cambio de arreglarlo.

PAQUITA Pero si nosotros estamos haciendo lo que podemos.

DANTE Sí, pero eso no es lo que quieren. Quieren darnos "deadlines" y si no logramos la meta, nos sacan.

PAQUITA ¿Y de dónde vamos a sacar el dinero? Yo tengo niños que mantener.

DANTE Que levante la mano el que no tenga hijos. ¿Ven? Casi todos estamos en el mismo bote. Nos quieren sacar para hacer un hotel.

PAQUITA ¿Otro? Pero si acaban de abrir uno en Houston y Eldridge.

MECHE ¿No hicieron otro en Allen?

SÚPER ¿Dónde?

PAQUITA Entre Houston y Stanton y otro en Houston y Eldridge.

DANTE Sí, y hay uno en Ludlow entre Rivington y Stanton que casi se toca con el que está en Rivington entre Essex y Ludlow. (*Todos se miran.*)

SÚPER ¿Y van a abrir un hotel en el lado pobre del barrio?

DANTE ¡Eso qué importa! Todos esos hoteles están en lo que antes era el lado pobre del barrio.

MECHE ¿Cuándo?

DANTE Hace quince años.

SÚPER ¿Y quieren más?

DANTE También hay turistas pobres. Menos pobres que nosotros, pero pobres y dispuestos a pagar por estar en Manhattan aunque nos tengan que oler.

CARMEN Y si no es un hotel, será otra cosa. Fíjate en todos los edificios de apartamentos nuevos que hay. Loisaida está de moda.

PAQUITA Donde quiera que había una bodega, hay un club. Donde había restaurantes de arroz y habichuelas hay, ¿cómo se llama? Un cibercafé o una barra chic.

SÚPER ¿Dónde están las panaderías? ¿Los restaurantes? Poco a poco van a quedar los piragüeros y los vendedores de helados ambulantes.

DANTE Lo dicho, hay que juntar el dinero y ponerse al día.

MECHE Yo estoy con el lío de los papeles. Todos los días me piden 100 dólares aquí, trescientos allá y mi abogado me dijo que si quiero acelerar las cosas, le tengo que dar mil dólares más.

DANTE Señores, recuerden que éste es sólo un círculo de los muchos que hay en este infierno. Supermán, ¿cuánto nos puede costar arreglar la tubería.

SÚPER Esos son unos cuantos miles. Muchos cuartos, demasiadas fulas, plata, chavos de verdad.

DANTE Me da la impresión de que vamos a tener que salir otra vez en las noticias. Carmen, necesitamos una portavoz, además de mí. Alguien del edificio que hable un poco de inglés.

CARMEN Yo estoy de líos hasta el cuello. Todos aquí lo saben.

MECHE Claro, como tú eres gringa, que se fastidien los demás.

CARMEN ¡Aprende inglés! Eso es lo que tienes que hacer. Yo no lo puedo estar haciendo todo por ustedes.

DANTE Cójanlo con calma. No nos sirve de nada pelear.

ESCENA IX

Centro de detención.

RAÚL Día de visitas José. ¿Te embadurnaste de paciencia?

JOSÉ Ya no me queda.

RAÚL ¿Viste quién está ahí? Tu bruja, la de la flor.

CARMEN Buenos días.

RAÚL Good morning, chula. My partner here will take care of you. Unless you want me to.

CARMEN (*Le hace una seña vulgar.*) Thank you. (*A José.*) Buenos días.

JOSÉ Un mes, Carmen.

CARMEN Sí, a mí también me da gusto verte.

JOSÉ No estoy para juegos, Carmen. (*La agarra.*)

CARMEN Suéltame, que la que no está para juegos soy yo. Las cámaras están grabando, ¿sabes?…

JOSÉ Carmen, ¿dónde estabas metida? Me tienes loco, carajo. Llevo un mes esperándote.

CARMEN ¿Pero tú no sabes dónde yo vivo?

JOSÉ Tú me dijiste…No juegues conmigo, mujer.

CARMEN Bueno, ¿qué quieres? Yo no lo puedo venir a ver todos los días. Otra gente también lo viene a visitar.

JOSÉ No seas lista. Ése no es el tema. ¿Cuándo te vuelvo a ver?

CARMEN Oye, cógelo suave que tú sabes que yo aquí soy una esposa y tú no te puedes envolver con los clientes del sistema…

JOSÉ Carmen, no jodas conmigo.

CARMEN No jodas tú. Me vas a ver esta noche…pero sin exigencias.

ESCENA X

En la barra.

BARTENDER ¡Dichosos los ojos que te ven!

CARMEN ¿Has sabido algo?

BARTENDER El apoderado te dejó esto por ayudar al brasileño. (*Le pasa un sobre, ella lo mete en la cartera.*)

CARMEN Gracias. No es "el brasileño", es el Carioca. Ése es su nombre profesional. ¿Qué oíste?

BARTENDER A mí no me contaron nada. Sólo me dieron ese sobre para ti.

CARMEN Ya lleva un mes adentro.

BARTENDER Tú sabes lo que pasa si no genera dinero.

CARMEN ¡Maldita sea, coño! (*Se pone triste, con la cabeza entre las manos.*)

BARTENDER Pero ¿qué te pasa, chica?... (*Ve a José entrar.*) Mira, ahí viene tu amiguito de la otra vez. Se la pasa aquí metido preguntando por ti.

CARMEN Se llama José. Sí, es mi amigo. No te equivoques. Cuidado con lo que inventes.

BARTENDER ¡Calma! Mama, no es pa' tanto.

CARMEN Dame dos de los de siempre que me voy p'aquella mesa. (Le da dinero) Toma, mi amor, gracias por el sobre. (*Le da más dinero y se va a la mesa y le dice a José luego de un beso frío en la mejilla.*) ¿Todo bien?

JOSÉ (*José la abraza y la trata de besar.*) ¿Qué te pasa? ¿No estás contenta?

CARMEN (*Cambiando de actitud.*) Por supuesto que sí. Es que ¡tengo un dolor de cabeza! (*Llegan los tragos.*) ¡Salud! (*Se lo toma de una.*) ¿Bailamos?

JOSÉ ¿Por qué mejor no nos vamos a tu casa?

CARMEN No. Todavía no. Yo quiero bailar un rato.

Salen a bailar, José se pone zalamero, pero a Carmen no le interesa. Cada vez que se le acerca para besarla, o trata de cogerle la mano, ella se retira o lo rechaza.

JOSÉ ¿Se puede saber qué es lo que te pasa?

CARMEN Nada. Vámonos.

ESCENA XI

En el edificio. Una voz la llama cuando está por entrar a su apartamento.

VOZ ¡Carmencita! ¡Carmencita! ¿Qué haces? Vente pa' la casa de Lila que hoy tenemos una fiesta.

CARMEN ¿Qué se celebra?

VOZ ¡A Mercedes le salieron los papeles!

CARMEN ¡Bendito sea Dios! Voy por ahí. (*A José.*) Vamos.

JOSÉ ¿A dónde?

CARMEN A la casa de Lila. ¿No oíste? Ahí se dan las mejores fiestas. Ya verás. Hay ron, tequila, cachasa, hay de todo lo fuerte y de todos los países. Y tiene el mejor pitorro que yo he probado. Te va a encantar. Vamos. Ven para que conozcas a mis vecinos.

Entran a la casa de Lila. El motivo de Lillas Pastia/merengue ameniza la fiesta. Carmen se integra a la celebración. Baila con unos y con otros, José se resiste. Carmen lo anima.

JOSÉ ¿Quién es toda esta gente, Carmen?

CARMEN Mis vecinos. Gente buena. Dale, ven que te los voy a presentar. (*Lo empuja y lo hala de una persona a otra.*) Ésta es Meche, la homenajeada.

En esta escena, cada personaje se presenta con José de forma cordial y con el público con una corta Bio. La música y todo el movimiento se congelan para las bios.

MECHE (*A José.*) Mucho gusto. ¡Bienvenido! Meche, para servirle. (*Al público.*) Acá Meche, técnica de uñas en un salón muy fino en Midtown de día y limpio oficinas de noche. Allá, Mercedita Vega, secretaria. Un ex-marido que se vino antes que yo y nunca más supimos de él. Una deuda inmensa que nos dejó y que estoy pagando con la parte baja de la espalda y dos niños de 10 y 12 años que no veo hace cuatro años y que viven con mis papás, allá. Los papeles me costaron un ojo, por fin los tengo, pero todavía quedo debiendo el divorcio… Sabe Dios cuántos baños más voy a tener que limpiar antes de poder solicitar a mis niños… y a mis padres que me los han cuidado hasta ahora… Como va la cosa, voy a tener que pintar uñas y fregar pisos hasta que tenga nietos.

JOSÉ Felicitaciones. El gusto es mío.

SÚPER ¡Carmencita! Ya te estaba extrañando, niña.

CARMEN Este es el "Súper", porque arregla cuanto problema tenemos en este edificio.

SÚPER (*A José.*) ¿Qué pasa brother? Date unos traguitos por ahí. (*Al público.*) Aquí soy el Súper, Supermán, porque, como dice la canción: "si naciste pa' martillo, del cielo te caen los clavos." De noche soy lavaplatos de un restaurante y de día me las busco haciendo chivitos por ahí, ¿tú sabes? Todo es igual. Allá… allá me llamo Ramón me las buscaba de albañil y de pintor. Lo mismo raspaba que pintaba, como dice Carmen, pero no, no, no, no jodas, no como el dicho, sino que hacía lo que apareciera, pero hace rato que no aparecía nada. Soy padre, hijo, marido, pero acá no soy nada más que una fábrica de dinero para mi mujer. Ni me hablen de esa mujer. Es una pedigüeña. ¿Quién la mandó a tener cuatro muchachos? ¡Cuatro muchachos que casi no me conocen! ¿Y ella? Ella no hace más que preguntar que cuándo los mando a buscar. ¿Ustedes ven esta fiesta? Pura gente sola...puros buenos para nada que no sea mandar platica...puros "losers", como les dicen acá. Pero ahí la llevamos. Miren cómo está esto lleno de viejas y no me llamo Ramón el Supermán si no acabo esta noche con una de ellas.

JOSÉ ¿Cómo está?

CARMEN ¡Mira quién está ahí! El Dante, es todo un bohemio. Le decimos así porque ese es su escritor favorito. Le dice a este edificio *La Divina Comedia* y a la ciudad *El Infierno*. Yo no entiendo mucho de eso, te lo vendo como me lo vendieron. ¡Dante! Ven, que te quiero presentar a un amigo.

DANTE (*A José.*) Saludos, hermano. Bienvenido, conque amigo de Carmen. ¿Ya sabe que va a entrar al purgatorio? ¡Qué bacana esa vieja, ¿o no? (*Al público.*) Aquí Dante, pintor, escritor y organizador comunitario. Allá, Dante también, ¡qué carajos!, pero allá a todo esto le dicen ser vago, mientras que aquí soy bohemio. Me entrevistan, me sacan fotos, me buscan en conferencias de inmigración. Me usan como niño símbolo de la causa de los liberales. La poética del indocumentado le digo yo. Pura culpa, porque a la hora de la verdad, ninguno de ellos me quiere en su casa, comiendo en la misma mesa que sus hijos, o sus mujeres. ¡Uy! A las mujeres es a las que más protegen. Pero fíjense que siempre que me salgo de la raya, no les toma ni 10 segundos cambiar mi estatus de indocumentado a ilegal, en la mismísima conversación. Aunque ya tenga papeles, me toca ser más legal que los legales. ¿Quién les dio a estos huevones las llaves del infierno?

JOSÉ Hola, Dante. (*A Carmen.*) ¿Cómo que el purgatorio?

CARMEN Ay, no le hagas caso. ¿No ves que está borracho? Ven, tómate algo tú también. ¿Qué quiere tomar, mi amor?

JOSÉ No sé, lo que sea.

CARMEN De eso no hay. Hay…

PAQUITA ¡Carmen! ¡Carmencita! ¿Qué cuentas?

CARMEN ¡Paquita! Mira, José, ésta es Paquita. Como una hermana.

PAQUITA Lo mismo digo, Carmencita. Y este machazo, ¿de dónde lo sacaste? (*A José.*) Qué placer. ¿quieres tomar algo?

JOSÉ No, estoy bien así.

PAQUITA Pero qué tímido. (*A José.*) Aunque sea una cocacolita,… ¿qué? ¿Ya la generala te leyó la cartilla?

JOSÉ ¿Qué cartilla?

PAQUITA.- ¡Esa mujer es el diablo! No te dejes llevar… (*Se ríen.*)

(*Al público.*) Francisca Sánchez. Acá y allá costurera. La

diferencia es que acá me gano en una hora la misma miseria que me ganaba allá en un día. ¿Ustedes saben lo que es ver la misma ropa que yo me quemaba las pestañas haciendo por diez centavos vendiéndose en las tiendas de la 34 por cien dólares? Todas con el sello de mi país. ¿Pa' qué? Si mis tres niños no se podían comer a cambio ni un chicle de acá.

JOSÉ ¿Qué es esto, Carmen?

CARMEN Mi mundo. ¿No querías saber en qué mundo vivía? ¡Bienvenido! ¿Bailamos?

José y Carmen bailan la seguidilla/merengue. Corte a otro momento.

JOSÉ ¿Por qué esto me huele a problemas?

CARMEN ¿No puedes dejar de trabajar por un rato?

JOSÉ No. No puedo. Tú sabes que no puedo meterme en líos de ilegales.

CARMEN Líos pa' quién, ¿pa' ti?

JOSÉ ¿Quién es toda esta gente?

CARMEN Es gente. Salió de donde mismo saliste tú, pero sin papeles. ¿Qué te crees? ¿Que si uno no tiene papeles no existe? ¿Te crees que toda la gente que te pasa por el frente es "legal"? Y, además, qué es ser legal.

JOSÉ Carmen, yo soy nuevo en mi trabajo. Tengo que evitar los problemas.

CARMEN Yo, por ejemplo, soy una mujer legalmente

casada y con eso no tienes problemas; o según tú tirarse a la mujer ajena ¿es más legal que comer? ¡Qué ingenuo eres, carajo!

JOSÉ No seas cafre.

CARMEN ¿Por qué no? Yo creía que así te gustaba, cafre. *(Cambiando de tono.)* Relájate, pásala bien. Y no se te ocurra meterte con mis amigos. Cálmate…¿bailamos?
Corte a otro momento. Seguidilla/bossa nova. Corte a otro momento. Seguidilla/bolero
En medio de la fiesta llega Miguelina. José está dormido en una butaca, Carmen y sus amigas están en una esquina fumando, bebiendo y haciendo chistes.

PAQUITA Mira, Carmen, quien llegó, Miguelina.

CARMEN Tú sí que eres fresca…¿qué haces aquí?

MIGUELINA Vine a reclamar. El Carioca hace un mes que no boxea. Yo tengo un bebé. Tú lo sabes.

CARMEN ¿Qué me importa a mí? No esperarás que te coja pena.

MIGUELINA Es tu responsabilidad. Para eso te pagan ¿no?

CARMEN ¿Quién me paga, tú?

MIGUELINA Eso qué importa.

CARMEN Mucho.

MIGUELINA Ayúdame, coño.

CARMEN Arréglatelas con los apoderados. Ellos me casaron con él, pero yo no tengo la culpa de ser tan mala negociante.

MIGUELINA Carmen me están amenazando.

CARMEN ¿Qué tú quieres que yo haga? Quítateme del medio, que estoy pagando la que me debes y no voy a pensar dos veces para cobrármela.

MIGUELINA ¡Puta de mierda! Te casaron por papeles, no para que te lo quedaras.

CARMEN Yo hice lo que le toca hacer a una esposa. Me casé con él y me lo traje para mi casa como dice la ley.

MIGUELINA ¡Ah!, ¿sí? ¿Y dónde te crees tú que estaba él la noche que lo arrestaron?

CARMEN Ésa es la que me debes, ¡infeliz! Si tenía que estar conmigo, para qué te lo llevaste a tu casa. Me dejaste sin el dinero y con un dolor de cabeza…

MIGUELINA … por los cuernos.

CARMEN ¿Te parece poco?

MIGUELINA Igual y te lo mereces.

CARMEN No hay nada peor que una burra celosa.

MIGUELINA ¿Y si tanto tú le gustas a qué volvió conmigo?

CARMEN A que le laves los calzoncillos, ¡pendeja!

MIGUELINA Sácalo de esa cárcel de una vez, si no quieres que te denuncie.

CARMEN ¿Me vas a denunciar tú a mí? ¡Quítateme del medio, si no quieres que te deporte y me quede con tu marido y con tu niño!

Miguelina y Carmen pelean. Se forma un gallinero. Los hombres que se han quedado dormidos se despiertan y tratan de intervenir. Carmen termina hiriendo a Miguelina.

CARMEN (*A José.*) ¡No te metas! (*A todos.*) ¿Qué miran? Llévensela, antes que llame a los apoderados pa' que la encuentren de una vez. (*Se la llevan.*) (*A José.*) Vámonos.

DANTE ¡Uy! ¡Hoy alguien se va a dar un banquete en este edificio!

ESCENA XII

En la cama de Carmen. Carmen se levanta de la cama, se viste y va a prender una vela en su altar. José la mira. Cuando le habla, Carmen se asusta y se vuelve a mirarlo.

JOSÉ Carmen ¿qué fue eso de anoche?

CARMEN Una pelea, ¿no viste? Pero no tiene que ver contigo.

JOSÉ Ah, ¿no? Tiene que ver con papeles.

CARMEN ¡Caramba, José! ¿Vas a seguir?

JOSÉ ¿En qué andas? ¿Para qué es esa vela? De verdad eres el diablo.

CARMEN ¿Tú crees todo lo que oyes?

JOSÉ No me has contestado

CARMEN (*Se queda en silencio unos segundos.*) Es para mi hijo.

JOSÉ ¿Tienes un hijo?

CARMEN Murió.

JOSÉ Caramba, lo siento.

CARMEN Nació enfermo. Se murió hace diez años. Tratamos de todo. Todavía debo hasta el alma.

JOSÉ Te entiendo.

CARMEN ¡Qué vas a entender!

JOSÉ Más de lo que tú crees. (*Carmen lo mira; no le cree.*) Mi hijo también murió. Allá, en la Isla.

CARMEN (*Camina hacia José y lo abraza. Él la abraza por la cintura.*) ¿Por eso estás aquí?

JOSÉ En parte. Carmen, ¿el Carioca es el papá de tu niño?

CARMEN (*Se separa del abrazo.*) Eso no es problema tuyo, José.

JOSÉ Perdóname. No te quería hacer sentir mal.

CARMEN No, no es y si no me quieres hacer sentir mal, entonces, pa' qué preguntas.

JOSÉ No creí que era para tanto. Hay cosas que uno tiene que saber.

CARMEN ¿Cómo qué? Uno no pregunta lo que sabe… Estábamos hablando de nuestros hijos…tú sabes que el Carioca es muy joven.

JOSÉ Está bien. (*Ahora es él quien acude a calmarla.*) Ya. Se acabó. Dime algo que no sepa.

CARMEN (*Cambiando el tema deliberadamente.*) Que te necesito.

JOSÉ ¿Cómo?

CARMEN Que te necesito, José. Toda esa gente que conociste ayer es un rompecabezas donde la única pieza que hace falta ahora mismo eres tú.

JOSÉ Chica no te entiendo.

CARMEN Ayúdame con el Carioca.

JOSÉ ¿No estábamos hablando de los hijos? ¿Qué es lo que tú me estás pidiendo?

CARMEN Ayúdame con el Carioca.

JOSÉ No digas estupideces. ¿Te crees que soy idiota? "Ayúdame…"

CARMEN Ayúdame a sacar al Carioca de adentro.

JOSÉ ¿De allá adentro? ¡Serás idiota!

CARMEN Sácalo de esa cárcel, José.

JOSÉ ¿A cuenta de qué? Yo no soy ningún pendejo. (*Se va.*)

ESCENA XIII

Dante y el Súper están en la lavandería.

SÚPER Así me gusta. Vamos a matar dos pájaros de un tiro. Si lavamos las tandas poco a poco, nos da tiempo a ver el juego entero. Dile tú.

DANTE ¡Chino! Can you put the TV on? Yankees playing today. Playing now!

SÚPER Eso de no tener antena es un coñazo. (*Se escucha el juego de fondo.*)

DANTE Un problema a la vez. Tener televisión en el edificio y no tener agua es poco práctico.

SÚPER ¿Una cervecita?

DANTE Man, tengo el dinero justo para lavar la ropa. Estoy buscando trabajo otra vez.

SÚPER Si quieres vente conmigo el lunes. Ahí al cruzar el puente de Williamsburg recogen gente pa' trabajar. Lo mejor es cruzar a pie. Así te ahorras como cinco dólares al día en transportación. ¿Tú sabes de construcción?

DANTE Muchacho, yo hago lo que sea y lo que no sepa lo aprendo.

ESCENA XIV

Un spot sobre un escenario vacío y un voice over de un mensaje telefónico voz de Carmen.

VOICE OVER First message from: Carmen

VOZ de CARMEN José. Soy yo. Vamos a hablar, por favor. Llámame.

VOICE OVER Next message from: Carmen

VOZ DE CARMEN José, soy Carmen. Mi amor, tú no me estás entendiendo. Déjame que te explique. Te extraño.

VOICE OVER Next message from: Carmen

VOZ DE CARMEN José. Soy yo. Chico, contéstame. Dame el break de explicarte la situación. Óyeme y después, si quieres, no te llamo más, pero óyeme. Llámame, por favor. Please…

VOICE OVER Next message from: Carmen

ESCENA XV

Centro de detención.

RAÚL ¿Qué es lo que te pasa, José? (*Sarcástico.*) Alégrate, es día de visitas.

JOSÉ No me fastidies.

RAÚL ¡Qué humor! Cualquiera diría que nada de… (*Hace gesto de que es falta de sexo.*)

JOSÉ Cállate.

RAÚL ¿Quién es?, ¿la bruja?

JOSÉ ¿Qué bruja?

RAÚL La de la flor, la boricua.

JOSÉ Ni me la recuerdes.

RAÚL Te lo dije, que tuvieras cuidado.

JOSÉ No, no es Carmen.

RAÚL ¿Quién es Carmen?

JOSÉ No me jodas ahora, no estoy de humor.

RAÚL A la que sea búscala, que ni tú mismo te aguantas.

Entran varias mujeres a visitar. José busca entre ellas a Carmen. No la ve.

JOSÉ Can I have your name, ma'am?

ESCENA XVI

(*En la barra. José se está tomando un trago.*)

JOSÉ ¿Has visto a Carmen?

BARTENDER Mira que no es lo mismo llamar al diablo que verlo venir… (*Se ríen.*)

JOSÉ Dime.

BARTENDER Tiene tiempo sin venir por aquí. Algo le estará pasando.

JOSÉ ¿Sí? ¿Algo como qué?

BARTENDER (*Cambiando el tema.*) Pero no seas bobo, hay más mujeres, más jóvenes, más buenotas…Si yo fuera tú…

JOSÉ (*Zafándose de la situación.*) Ya sé, ya sé. Pero la que me gusta es ella.

BARTENDER ¿Y qué tiene ella que no tengan las demás?

JOSÉ No sé, pero lo tiene.

BARTENDER Tranquilo, chico. ¡Qué suerte tienen algunas!

José se levanta y saca a una mujer a bailar. Todos los arreglos de esta sección serán reciclados al gusto de la producción. Corte a otro momento. José está bailando con una mujer. Mira su teléfono a ver si tiene mensaje. Corte a otro momento. José está bailando con otra. Corte a otro momento. José está bailando con una tercera mujer. Vuelve a mirar su teléfono.

BARTENDER Última llamada.

MUJER 3 ¿Qué quieres hacer?

JOSÉ Perdóname, me voy a mi casa. Trabajo mañana.

ESCENA XVII

Súper habla por teléfono con su mujer.

SÚPER Eugenia, no tengo más dinero. Mandé los mismos 700 dólares de siempre. Ponme al muchachito. *(Transición, a lo largo de la conversación se va sintiendo más y más la frustración de Súper.)* ¿Qué es lo que está pasando, coño? No tiene uno pa' malos ratos. Usted tiene que hacer lo que diga su mamá y se acabó. ¿Cómo que quién yo me creo que soy? Yo soy tu papá y me estoy partiendo el lomo para que ustedes tengan lo que necesitan. ¿Qué es esto? Los pájaros tirándole a las escopetas. Ponme a tu mamá. Eugenia, esos muchachos… tienes que ponerle orden a esos muchachos. ¿Qué puedo hacer yo desde aquí? Nada, no puedo hacer nada. Es que esos muchachos ni saben quién soy yo…

ESCENA XVIII

Las mujeres están bailando una especie de "Electric Slide" en tiempo de bachata o guaguancó/trío de las cartas. Se supone que todas se saben el baile y entran y salen mientras hablan. (Homenaje a la película Fish Tank.)

MECHE Conseguí trabajo en el hotel nuevo de Allen.

PAQUITA ¿Cuál? ¿El que está entre Houston y Stanton?

CARMEN Ese hotel se ve fino, ¡finísimo!

MECHE Será todo lo finísimo que tú quieras, pero yo voy a estar limpiando cuartos y recogiendo la mierda en los baños.

CARMEN ¿Qué pasó con las uñas?

MECHE Me toca dejarlo. Los químicos me están haciendo daño. ¿Quién supiera inglés?

PAQUITA ¿Quién tuviera papeles?

CARMEN ¿Quién tuviera a sus hijos vivos y saludables?

PAQUITA Coño, Carmen.

MECHE La verdad es que no me puedo quejar. Bueno, sí, me hace falta un macho.

PAQUITA y CARMEN (*Reacción a propósito de esa frase, por favor, no dicha a la vez.*) ¿A quién no?

MECHE ¿Qué pasó con José?

CARMEN "Si te he visto, ni me acuerdo".

MECHE Pero… ¿a ti te gustaba o no?

CARMEN Sí, me gustaba. Era buena gente.

PAQUITA ¿Por buena gente?

MECHE Ven acá, Carmen, ¿qué es lo que te gustaba? ¿no era bueno en la cama?

CARMEN Sí, es muy bueno en la cama, pero lo que más me gustaba era levantarme con él.

PAQUITA ¿Verdad? Después de que una ha corrido la Meca y la Seca, lo que quiere es con quién levantarse.

MECHE Yo hace rato ni me acuesto ni me levanto con alguien cariñoso. Cuando quiero sentir caricias me aprovecho de las manos de la gente a la que le arreglo las uñas.

CARMEN ¿Y por qué no le das un break al Súper?

PAQUITA Así por lo menos se acompañan.

MECHE Pa' estar con uno que esté más jodido que yo…

CARMEN ¿Ustedes no se sienten solas?...

MECHE. ¡Uf! Yo, tan pronto me salieron los papeles, ¡hasta el marido de embuste perdí!

PAQUITA Y yo ni miro para allá. Yo creo que debo tener hasta telarañas…
Se ríen. Se va desvaneciendo la música y con ésta el baile.)

ESCENA XIX

Se escucha el final de una música desvanecerse y se ve la silueta del locutor de la radio en el estudio. Habla con el Súper,(que está borracho. José está escuchando la radio en otro espacio, que puede ser su casa. Carmen, que está con Meche doblando una ropa, también escucha.

LOCUTOR Saludos y bienvenidos de vuelta a Conexión Nocturna. Dígame qué está buscando. Recuerde no decir su nombre ni su teléfono en el aire.

SÚPER ¿Me tocó?

LOCUTOR Sí, buenas noches. Por favor, bájele el volumen a su radio. ¿Qué está buscando?

SÚPER Yo soy un hombre muy honesto. Mido 5'7". Trabajo en un restaurante. Tengo treinta y pico años. Busco una mujer que sea buena gente. No importa la edad.

LOCUTOR ¿No importa la edad? No diga eso, la edad siempre importa.

SÚPER Me siento solo. (*Se le oye la voz llorosa.*) Quiero compañía. Yo no hago más que trabajar…

LOCUTOR Tranquilícese amigo. Tenga fe. Todo en la vida tiene solución. Por favor, no se vaya de línea. Voy a hablar con usted fuera del aire. Nos tenemos que ir a comerciales, pero antes tenemos un mensaje para José, el boricua, de Carmen de Loisaida, (*Carmen se voltea de frente al público.*) que dice que te quiere y que le contestes sus llamadas.

(*José se echa a reír. Carmen celebra que salió el mensaje y también se ríe.*)

VO ¿Le ha pasado alguna vez que le hablan y sigue moviendo la cabeza diciendo que sí, pero no tiene idea de lo que le dicen? ¡Aprenda inglés! Con nuestro fácil y rápido… (*Voice over continúa.*)

MECHE Ahí está. Ése, ése es el número de teléfono que quiero apuntar…

ESCENA XX

José llega al apartamento de Carmen. La llama. Carmen está con Dante en su cama. Suena el teléfono, ringtone motivo de José. Mientras habla con José, Carmen le va dando la ropa a Dante para que se vista.

JOSÉ Carmen, soy yo. José. Ábreme.

CARMEN José. Vete. Es tarde y mañana tengo trabajo.

JOSÉ Ábreme, Carmen.

CARMEN ¿Qué quieres? ¿A qué volviste ahora?

JOSÉ A ayudarte.

CARMEN Sube. *(A Dante.)* Vete, por favor.

Ambos hombres se cruzan en el pasillo del edificio, Carmen se echa agua y le saca las sábanas a la cama, José llega al apartamento, toca.

CARMEN Está abierto, entra. *(José entra.)* Bienvenido.

ESCENA XXI

La mañana siguiente, Carmen entra a medio vestir y con dos tazas.

CARMEN Buenos días. ¿Quieres café? ¿Viste que el Súper y Dante nos arreglaron la tubería?

JOSÉ Ya iba siendo hora. *(Toman en silencio.)*

CARMEN Si quieres te puedes bañar. *(Silencio incómodo.)* ¿Qué te pasa?

JOSÉ ¿Qué estaba haciendo Dante saliendo de tu casa esta mañana?

CARMEN ¿Qué?

JOSÉ Tú no estabas sola cuando llegué anoche, ¿verdad?

CARMEN Esto sí que está bueno. Te tardas meses en contestar mis llamadas y llegas a hablarme de algo que ni entiendo.

JOSÉ Llevo meses pensando y no sé cómo olvidarme de ti.

CARMEN Todavía no te entiendo.

JOSÉ Todos los días voy al trabajo esperando que vayas a visitarlo.

CARMEN No puedo.

JOSÉ Con ganas de que me asignen ese caso, para buscar dónde es que va a acabar de meter las patas y sacarlo yo mismo del país.

CARMEN ¿Celos a estas alturas?

JOSÉ Yo sé, yo sé.

CARMEN Tú no sabes nada.

JOSÉ Me jode aceptarlo, pero tengo celos. Tú no sabes lo que son los celos ¿verdad?

CARMEN Me imagino…

JOSÉ Yo trato de vivir mi vida, pero no hago más que pensar en ti.

CARMEN ¿Y por eso tardaste tanto en llamarme?

JOSÉ En las cosas que estás haciendo y no me dices. Porque yo sé que en todo esto hay algo más allá que ese matrimonio de pacotilla.

CARMEN José, mejor vete.

JOSÉ Cuando voy a la barra, conozco a otras mujeres, bailo, y salgo...

CARMEN Vete, chico, vete.

JOSÉ Sigo pensando en ti y ni sé por qué.

CARMEN Yo tengo una idea... *(Trata de besarlo.)*

JOSÉ *(La empuja.)* ¿Qué es lo que tengo que hacer para que te separes de estos buenos para nada y te vengas conmigo.

CARMEN ¿Buenos para nada? José, son mis amigos.

JOSÉ ¡Son unos muertos de hambre! ¡Ilegales! ¡Que se jodan!

CARMEN "Que se jodan". Tú no tienes una idea en lo que yo estoy metida, ¿verdad?

JOSÉ Yo sólo quiero estar contigo, Carmen. Estoy hasta el cuello contigo. Dime qué es lo que tú quieres. Lo que sea. Te lo doy.

CARMEN José, yo también estoy hasta el cuello. Si te vas a quedar no puedes ser una carga.

JOSÉ Carmen, yo quiero lo mejor para ti; ¿eso es ser una carga?

CARMEN Sacarme de aquí a las malas, es ser una carga.

JOSÉ ¿Qué mujer no quiere que la saquen de este basurero?

CARMEN Ven acá, ¿por qué me sigues buscando?

JOSÉ Porque me gustas. ¿Por qué es tan difícil de entender?

CARMEN Este es mi mundo, José. Y tienes razón; aquí hay gente sin papeles, sin sus familias, con trabajos de mierda, pero estamos aquí.

JOSÉ ¿"Estamos"? Eso es lo que tú quieres. Quedarte con gente como ellos para sentirte necesitada.

CARMEN ¿Sentirme qué?

JOSÉ Superior. Que eres más. Que tienes más.

CARMEN (*Riéndose.*) Tú te volviste loco.

JOSÉ ¿Por qué no te vas de aquí? Te vas conmigo. Vives mejor.

CARMEN Salirme no es tan fácil. Y, además, no quiero.

JOSÉ ¿Qué es lo que no me estás diciendo?

CARMEN Si no busco cómo sacar al Carioca de ahí adentro, no voy a poder vivir tranquila.

JOSÉ Porque son amantes, ¿verdad? Lo sabía…

CARMEN ¿Tú no te has enterado allá adentro de lo que él hace?

JOSÉ Seguro vendía drogas.

CARMEN ¿Qué?

JOSÉ Eso fue lo que mató a mi hijo...

CARMEN ¡Coño! Fíjate, el Carioca es boxeador "underground".

JOSÉ ¿Ves? Sigue siendo mafia.

CARMEN El dinero que se gana le sirve de mucho en su país.

JOSÉ ¿Qué tiene eso que ver contigo?

CARMEN Sus apoderados lo quisieron legalizar para ver si lograba llegar lejos, qué sé yo, al Madison Square Garden ¿ves? Por eso lo casaron conmigo.

JOSÉ Lo sabía que era un negocio. Tanta jodía mujer en esta ciudad y tenía que fijarme en ti.

CARMEN Vete y trata de explicarles a los carniceros que lo trajeron que no van a recuperar su inversión.

JOSÉ Yo sabía que había algo...

CARMEN ¡No jodas más con eso, José! Por el amor de Dios. ¡Vete de una vez!

JOSÉ ¿Qué pasa si te vas conmigo?

CARMEN ¿Qué tú crees?

JOSÉ ¿Te van a matar?

CARMEN ¿A mí? A mí con no pagarme y dejarme un recuerdito físico de mi estupidez, tienen...

JOSÉ Vente conmigo. Nos vamos de aquí.

CARMEN (*Sarcástica.*) ¡Dale! No sé cómo no se me había ocurrido antes.

JOSÉ ¿Qué vas a hacer?

CARMEN No sé. A Miguelina y al bebé los tienen de garantía.

JOSÉ ¿Ahora te preocupa la otra?

CARMEN Ella no. Pero tú y yo hemos tenido hijos... yo no quiero ni pensar en lo que le va a pasar al bebé.

JOSÉ ¿Por qué te metiste en esto?

CARMEN ¿Tú crees que eso importa ahora?

JOSÉ Para mí sí. Me estás pidiendo que me ponga en la línea de fuego.

CARMEN No, yo te pedí que te quites del medio y tú pediste quedarte, pero cambiar las cosas no es tan fácil como decir "borrón y cuenta nueva". ¿Ves?

JOSÉ ¿Serás estúpida? ¿Qué culpa tienes tú?

CARMEN Yo lo denuncié, José. Yo denuncié al Carioca.

JOSÉ ¿Cómo?

CARMEN ¿Ves que sí sé lo que son los celos?

ESCENA XXII

Ocurren dos escenas separadas intercaladas como en un circo de dos pistas. En una se encuentran José y un apoderado del Carioca. (El apoderado aparece de espaldas al público.) En la otra se encuentran Carmen, Meche y Paquita leyendo la baraja y tomando café.

JOSÉ Si lo deportan quizás le toque a Raúl devolverlo. Lo único que yo puedo hacer es tratar de resolverlo con Raúl.

APODERADO ¿Cómo se resuelve eso?

JOSÉ ¡Qué sé yo! Yo no sé nada de eso.

APODERADO ¿Por qué nos vas a colaborar?

JOSÉ Dejen tranquila a la mujer del Carioca y al bebé.

APODERADO ¡Qué romántico! ¿A cuenta de qué?

Se ríe el apoderado de una escena y las mujeres de la otra para ayudar a fluir la transición.

MECHE Les juro que tenía que parecer otra vida, pero es igual de jodida. Antes trabajaba para los papeles y ahora para traer a los niños. Y cuando por fin estaba tranquila, adivinen: apareció el papá de mis niños y se los llevó. Dice que los abandoné. Mis padres no pudieron hacer nada.

PAQUITA Eso se resuelve, míralo aquí. Ni te preocupes por eso. Aquí veo a tus niños a tu lado.

MECHE ¿De veras? Mira que si yo me tengo que gastar el dinero haciéndome una limpia pa' sacármelo de encima, yo lo gasto. Yo tengo fe en las limpias. Así fue como yo salí de mi país.

PAQUITA ¡Ay, muchacha! Con lo que cuesta y con todo lo que se puede mandar para allá, cómo te vas a gastar el dinero así.

Se ríen los personajes de ambas escenas, menos José. Transición.

APODERADO ¿Cómo se devuelve un favorcito así?

JOSÉ Yo no quiero nada. Sólo tengo un contacto adentro. Ustedes se las arreglan con él.

APODERADO ¿Qué te pasa? Todos tenemos necesidades. ¿Estás seguro que no te hace falta nada?

JOSÉ Estoy seguro.

APODERADO Me estás haciendo desconfiar de tus intenciones. ¿No te gustaría, aunque sea un agradecimiento. Yo te lo puedo agenciar…

Transición.

MECHE Mira, aquí me terminé el café. ¿Qué dice?

PAQUITA Lo mismo. tienes el camino abierto.

MECHE ¡Gracias a Dios! Tíratela tú, a ver qué dice.

PAQUITA En esas estoy. Mira. Un hombre joven, con dinero. Me va a sacar de aquí. Mira el mar. Me voy a otro país. Seguramente me voy a Canadá, porque míralo, es alto, rubio, de ojos azules, ¿ves?, Carmen. Carmen, ¿en qué piensas?

CARMEN Perdona, estoy despistada. ¿Canadá dijiste?

PAQUITA Sí, Canadá.

CARMEN Paquita, yo no sé mucho de estas cosas, pero yo estoy segura que entre este país y Canadá no hay un mar.

PAQUITA Entonces me voy pa' Europa. Se me dio. Me voy a juntar con mis primas que cuidan niños en España. "¡Vamo'a lava' culo español!"

CARMEN Déjate de cuentos, chica. (*Se ríen.*)

Transición.

APODERADO Piénsalo bien. ¿Estás seguro que quieres entrar y no ganarte nada?

JOSÉ ¿Y lo de la mujer?

APODERADO No te preocupes por eso. Esa gente no vale nada, pero el Carioca sí. ¿Por qué no te llevas un porciento de lo que vamos a ganar? Te lo adelanto, es la única manera de confiar en ti.

JOSÉ No me interesa.

Transición.

PAQUITA Pártela tú, Carmen, a ver qué te dice.
Carmen parte la baraja, Paquita la lee, pero se queda callada. Recoge la baraja.

CARMEN ¿Qué pasó, Paquita? Dime. Dime, no te preocupes, si yo no le hago demasiado caso a esto.

MECHE Son boberías, Carmen. Dale Paquita, tírala otra vez.

CARMEN ¿Qué dice, Paquita?

PAQUITA Está mal. No te preocupes, está mal. Cálmate chica, que me tienes confundida. ¿Cómo es que se leen las cartas invertidas? ¿Es si están de cabeza hacia mí o de cabeza hacia ti?

MECHE ¿Tú me quieres decir que tú no sabes lo que estás haciendo?

CARMEN ¿Qué importa? ¿Qué es lo que dice, Paquita?

Transición.

JOSÉ Me preocupa más lo que vaya a pasar después.

APODERADO Eso es muy fácil, tú me entregas al Carioca y borrón y cuenta nueva. Tú no interfieres conmigo y yo no interfiero contigo.

Transición.

PAQUITA Bueno, si la cosa es como yo creo, o sea, de cabeza hacia mí está invertida, es como un borrón y cuenta nueva. Mira, se te van a acabar todos los problemas para siempre.

CARMEN ¡Coño, chica, qué susto!

ESCENA XXIII

Cada cual en su casa, prendiendo una vela y rezándole al santo/a de su devoción. Las plegarias se deben montar una sobre otra como un canon.

PAQUITA Madre querida, sácame de aquí, llévame a donde sea que la cosa sea más fácil. Si yo caminé de tan lejos hasta este país, puedo llegar más lejos todavía, tú lo sabes. Permite que me vaya a donde pueda traer a mis hijos. Yo hago lo que sea, cuido niños, viejitos, raspo pisos, siempre y cuando pueda vivir una vida decente y tenga a mis hijos conmigo.

SÚPER Patrón, necesito dinero y necesito una mujer que me atienda. Necesito que mi mujer no me pida más dinero. No puedo más, necesito dormir. Consíguele un marido a mi mujer, sácamela de encima y mándame una que esté aquí, que la pueda ver aquí, que nos besemos y nos toquemos aquí, ¡contra, me siento solo!

MECHE Ni un año más sin mis niños. Yo no puedo más. Hago lo que tú me pidas. Deja que mis niños y mis padres lleguen hasta acá.

DANTE (*Con un trago en la mano.*) Mira, yo no soy de pedir, pero si nos quitan el edificio...No tienen que ser muchos millones, sólo lo suficiente para que estas personas no se queden sin techo. Dame la lotería, te rezo lo prometido y después me vas a tener que dejar volver a ser quien soy, pero te estaré eternamente agradecido. ¡Salud!

CARMEN No me hagas que te castigue en una esquina y no te haga caso. Escúchame patrón de los casos difíciles y desesperados, estoy dispuesta a sacarte de mi vida y hacerme devota de cualquiera que remueva obstáculos. ¡Que dejen a Miguelina y al bebé tranquilos!... Oye, San Judas, si lo que tiene que pasar es que yo empiece una vida nueva con el Carioca, que se haga tu voluntad.

JOSÉ Madre querida, que estás en el cielo, acompáñame. Ayúdame a hacer lo correcto. No sé ni lo que estoy haciendo. Guíame.

TODOS: Amén. (*Al unísono extinguen las velas.*)

ESCENA XXIV

En la barra.

JOSÉ Ahí viene Raúl…pero no me gusta la idea, Carmen.

CARMEN Si tienes una mejor idea, dila.

JOSÉ Tengo una mejor idea. Nos vamos. Yo renuncio a mi trabajo y nos vamos. Dejamos todo esto y nos vamos…
CARMEN …y tenemos niños y una casita feliz.
Carmen se ríe. José la agarra violentamente con el ímpetu de darle un tapaboca. Carmen se zafa y se va. Raúl se sienta en la barra.

RAÚL Saludos. Un Cuba Libre, por favor.

CARMEN (*Carmen llega y se sienta a su lado.*) ¡Uy!, con lo que me gustan.

RAÚL Otro para la dama.

CARMEN Gracias. Muy amable.

RAÚL Siempre supe que tarde o temprano te ibas a cansar de los novatos y que ibas a llegar a las grandes ligas.

CARMEN ¿Y cómo es que me dejaste perder el tiempo? ¿Bailamos?

Se levantan a bailar. Puede ser la canción de los gitanos del acto 2, 1 de la ópera. Cambio a otro momento. Bossa Nova. Carmen y Raúl siguen bailando. José está bailando con otra mujer, pero está obviamente celoso. Cambio a otro momento. Raúl está tocando a Carmen más provocativamente/Salsa. Cambio a otro momento. Se van. José los sigue. Carmen le dice a Raúl que la espere y regresa a donde José/Merengue.

CARMEN Lo tenemos en la palma de la mano. No lo dañes ahora, chico. Ya tú hablaste con él y ahora me toca a mí.

JOSÉ Ten cuidado, Carmen. Ya me conoces. Una cosa es ayudarte y otra quedar como el idiota. No te acuestes con él o no respondo.

CARMEN No sé qué decirte, José. Cada cual tiene su destino. Resolver mi problema es el mío. Después resolvemos el tuyo. Me voy. Ya sabrás qué hacer.

JOSÉ (*José la agarra por un brazo y se lo tuerce. Ella se suelta.*) Perdóname.

CARMEN José, cálmate.

JOSÉ Carmen, me estás provocando. Yo no soy de piedra, ¡carajo!

CARMEN Como me vuelvas a tratar de controlar… (*Suspira molesta y se va. A Raúl.*) ¡Vámonos!

BARTENDER ¿Otro?

JOSÉ Dame la botella. (*Se queda tomando.*)

ESCENA XXV

Carmen está a medio vestir. Raúl está igual, tirado en la cama. Tocan a la puerta.

RAÚL ¿Quién es?

JOSÉ Abre.

RAÚL ¿Qué pasa?

JOSÉ Abre.

RAÚL José, ¿qué haces aquí? (*Raúl abre la puerta. José lo empuja para sacarlo del medio y agarra a Carmen de un brazo.*)

CARMEN (*A Raúl.*) No te metas. Déjamelo a mí. José, ¿qué haces? Ya está todo resuelto. Nos va a ayudar.

JOSÉ ¿Te acostaste con él?
CARMEN ¡Suéltame! ¿Qué te importa?

JOSÉ ¡Puta! ¡Maldita bruja! ¡Vámonos! (*La agarra por la parte de atrás de la cabeza.*)

CARMEN Suéltame, José. ¡Coño, suéltame!

RAÚL (*Sacando su pistola.*) ¡Déjala, José!

JOSÉ Déjala ¡Suelta eso!

CARMEN José, cálmate. No hicimos nada…¿verdad que no, Raúl?

JOSÉ ¡Hijo de puta!

José y Raúl pelean, Carmen trata de impedirlo. En medio de la pelea se dispara un tiro.

CARMEN ¡José! ¿Qué fue eso? ¿Qué pasó?

JOSÉ No sé, Carmen. No sé.

ESCENA XXVI

Paquita y Dante en el pasillo del edificio.

PAQUITA Dante, ¿has sabido de Carmen? Hace días la estoy buscando para que me ayude con unos papeles.

DANTE La verdad es que hace tiempo no se le ve el pelo.

PAQUITA Debe estar…bueno, no sé. ¿Tú sabes si es verdad que al Carioca lo sacaron?

DANTE Eso oí, pero no sé. De pronto no se ha visto más a Carmen y el Carioca aparece.

PAQUITA ¿Y Miguelina?

DANTE La mandaron de vuelta y se llevó al bebé. ¿Qué raro está todo, no?

PAQUITA A mí no me parece tan raro. Si yo pudiera, también me iba.

ESCENA XXVII

José y Carmen están en un cuarto diferente. Se nota el agobio. Carmen camina por todo el cuarto como en una jaula. José está sobre la cama como sin voluntad.

CARMEN Voy a salir, José. ¿Quieres algo de afuera? *(Se va vistiendo mientras hablan.)*

JOSÉ ¿A dónde vas?

CARMEN No sé. A coger fresco. A fumar. ¿Quieres algo?

JOSÉ Voy contigo.

CARMEN Dale, vamos.

JOSÉ No te burles…

CARMEN Que nos vean juntos, que te reconozcan, que te arresten, dale.

JOSÉ Quédate. ¿A qué vas a salir? ¿Tú no acabas de volver de la calle?

CARMEN Me voy. Yo no estoy hecha pa' este encierro.

JOSÉ ¿Y yo sí?

CARMEN Voy a fumar y vuelvo.

JOSÉ Fuma en el balcón.

CARMEN ¡Maldita sea la hora en que te conocí, coño!

JOSÉ Te encantaría que se acabara todo esto. Cuando salgas deja la cartera y las llaves.

CARMEN Déjame tranquila, José. Me voy. No estoy de humor.

JOSÉ (*La intercepta.*) ¿A dónde te crees que vas?
CARMEN A mi casa.

JOSÉ ¿A dónde?

CARMEN A Loisaida. A ver a mis amigos. A beber café en la esquina de mi casa.

JOSÉ ¡Tu casa es donde esté yo!

CARMEN ¿Quién dijo?

JOSÉ Sacaron al Carioca, ¿verdad?

CARMEN No. Lo deportaron.

JOSÉ ¿Y la mujer?

CARMEN Creo que se la llevaron también.

JOSÉ Eso es lo que te tiene así.

CARMEN Así, cómo.

JOSÉ No te pagaron, ¿o sí?

CARMEN ¿Crees que si me hubiesen pagado estaríamos en esta jaula?

JOSÉ ¿Cuándo vuelves?

CARMEN No sé. Cuando anochezca.

JOSÉ ¿Me vas a dejar aquí solo?
CARMEN Estás insoportable. (*Burlándose.*) ¿No ibas a venir conmigo?

JOSÉ Trae comida.

CARMEN Nos vemos.

JOSÉ (*Agarrándola por un brazo.*) Cuidadito por ahí.

CARMEN Sí, señor. (*Se zafa y se va.*)

ESCENA XXVIII

Carmen está entre sus amistades del edificio.

MECHE ¿Dónde has estado metida?

CARMEN Por ahí.
PAQUITA Los apoderados te andaban buscando.

CARMEN Ellos saben dónde estoy. ¿Dónde está el Carioca?

SÚPER ¿No está viviendo en tu casa como querías?

CARMEN (*Lo mira sorprendida.*) Sí. ¿Es verdad que a Miguelina la deportaron?

DANTE ¡Bienvenida de vuelta, mujer!

CARMEN ¡Shhhhhh! Vengo siempre que puedo.

DANTE ¿Ya viste al Carioca?

CARMEN Desde que salió del centro lo he visto muy poco.

DANTE Los apoderados lo compraron ¿verdad?

CARMEN No sé.

DANTE Porque de buenas a primeras salió.

CARMEN ¿Cuándo hay pelea?

SÚPER En un mes. El Bronx. ¿Dónde has estado, chica?

CARMEN Perdiendo el tiempo. ¿El Carioca está arriba?

SÚPER No. Está entrenando.

CARMEN Dile que me llame.

ESCENA XXIX

Paquita y Meche están en uno de los apartamentos. Meche le arregla las uñas a Paquita.

PAQUITA ¡Tú sí que tienes suerte! ¿Cuándo llegan tus niños?

MECHE En seis meses. ¡Estoy tan contenta!

PAQUITA No te culpo.

MECHE Ten fe. Tú también vas a traer a los tuyos.

PAQUITA Al paso que vamos…

MECHE No te pongas triste. (*La abraza.*)

PAQUITA (*Se suelta del abrazo. Le incomoda. En un esfuerzo por cambiar el tema.*) ¿Supiste que Carmen estuvo por aquí?

MECHE Sí, Paquita, ¿no recuerdas que yo estaba?

PAQUITA Ay, sí, es verdad. Parece que todo le va de maravillas, ¿no? El Carioca está por pelear…

MECHE A él sí lo veo mucho. Se ve bien.

PAQUITA …y me imagino que pronto le van a salir los papeles.

MECHE O sea que la soga y la cabra. ¡Ésa sí que tiene suerte!

ESCENA XXX

José en el cuarto. Carmen entra con dos tazas de café.

CARMEN ¿Quieres café?

JOSÉ Andas contenta. Llevas días contenta.

CARMEN ¿Cuándo no he estado yo contenta? Ya conoces el dicho: «A mal tiempo buena cara». (*Carmen se retoca el maquillaje.*)

JOSÉ Es verdad. ¿Para quién te pones tan linda? ¿Para mí?

(Suena el teléfono de Carmen. Ringtone del Toreador.) ¿No vas a contestar Carmen?

CARMEN Ahora no.

JOSÉ ¿Quién es?

CARMEN No sé.

JOSÉ ¿Es un amante?

CARMEN No empieces…

JOSÉ Contesta. Dile que el pendejo de José se va a quedar aquí esperándote mientras tú andas libre por ahí.

CARMEN Toma. ¿Por qué no se lo dices tú?

JOSÉ ¿Qué? ¿también lo embrujaste?

CARMEN No tengo ganas de discutir. Voy a salir. Nos vemos más tarde.

JOSÉ *(Se abalanza sobre ella.)* ¿A dónde tú te crees que vas? ¿Tú te crees que yo me voy a quedar solo mientras tú sigues por ahí?

CARMEN ¡Sí! Quítate del medio.

JOSÉ ¿No te da vergüenza actuar así, como si fueras una muchachita? *(La arrastra hasta el espejo.)* ¡Mírate! No eres una muchachita, no te engañes, ese hombre es muy joven para ti. Te va a dejar y ¿quién te va a querer?

CARMEN ¡Nadie! ¡Nadie me va a querer! Por eso me voy, coño. Salte del medio. Ya no aguanto más.

JOSÉ ¡Para ahí! ¡Puta! ¿No te da miedo que te mate de una vez?

CARMEN ¿Por qué no me dices algo que no me hayas dicho antes?

JOSÉ No es suficiente que te quiera, ¿verdad?

CARMEN ¿Sí? ¿Y qué más? ¿Quién te lo pidió?

JOSÉ ¡Dale! ¡Vete! Vete, porque me estás sacando por el techo. Me estoy encabronando. Te juro que si te quedas... (*Se le trata de abalanzar encima otra vez.*)

CARMEN ¿Qué? (*Pausa; José se retracta.*) Por eso me voy. Para que no sea hoy.

JOSÉ ¡Para ahí! Carmen te lo estás buscando. No salgas. Te lo estoy pidiendo, por favor. *Carmen intenta salir y esta vez él la agarra por el pelo, la hala hacia sí y le pega. Carmen se zafa como puede, toma distancia y lo mira con odio. José se da cuenta de lo lejos que ha llegado.* Carmen, yo te quiero.

CARMEN Pero yo no. Ya no. Se acabó. No me esperes. (*Se va.*)

ESCENA XXXI

Dante y Paquita. Dante ayuda a Paquita a resolver un problema legal.

DANTE (*En el teléfono.*) Señorita, por favor, tenga la bondad de explicarme, ¿cómo es eso de que arrestaron al abogado por corrupción?

PAQUITA Pregúntale qué va a pasar con mis papeles.

VOICE OVER Señor, verdaderamente lo siento mucho. No hay nada que podamos hacer desde esta oficina.

DANTE ¿Cómo es posible? ¿Qué va a pasar con los papeles de Francisca?

VOICE OVER No sé. Es posible que tenga que empezar de nuevo. Le sugiero que llame al número de teléfono que le di anteriormente.

DANTE Pero, señorita…

PAQUITA ¿Qué está pasando?

DANTE …entonces ¿ustedes no pueden ayudarla?

VOICE OVER Desafortunadamente esto pasa mucho. No sé qué decirle…Me tengo que ir. Tenemos el cuadro lleno.

DANTE Bueno. Gracias por su tiempo. Buen día.

PAQUITA No se puede hacer nada ¿verdad?

DANTE Vamos a llamar a estos números…

PAQUITA No, déjalo. Yo no puedo más. Me voy. Si en tres meses no sale nada, me voy…

ESCENA XXXII

Carmen llega al ruedo donde va a pelear el Carioca. Sus amigas la reciben.

MECHE ¡Carmencita! Ven, muchacha que están a punto de empezar. ¿Por qué tardaste tanto?

CARMEN Porque San José, el karma que me tiene encerrada, hoy me estaba dando problemas. Mira *(Le enseña un golpe.)*

SÚPER ¿No piensas apostar?

CARMEN ¿Con qué chavos?

SÚPER ¿Al final no te pagaron?

CARMEN Sí, pero se lo mandé casi todo a Miguelina, por el bebé.

SÚPER La conciencia no te deja dormir, ah.

CARMEN No me podía quedar yo con todo ¿verdad? *(Se ríen todos.)*

PAQUITA *(Paquita entra asustada.)* Carmen, ¿qué pasa? Acabo de ver a José.

CARMEN Me lo imaginé. Lo estaba esperando. No te preocupes. ¿Cómo va lo de los papeles?

PAQUITA Todavía estoy en esas.

Empieza la pelea del Carioca. José acecha a Carmen durante la pelea. La logra apartar del grupo y discuten. No se oye la discusión, pero se ve que José no ha convencido a Carmen de irse. Carmen le da la espalda y regresa al grupo. Se oye la celebración de la victoria del Carioca. Todos comienzan a bailar y a cantar incluyendo a Carmen/Toreador/Ritmo de Capoeira que se convierte en samba. De pronto la encara José y la saca del grupo.

JOSÉ ¡Carmen!

CARMEN Vete, José.

JOSÉ Óyeme.

CARMEN Se acabó, José.

JOSÉ ¿Y yo?
CARMEN Haz lo que quieras.

JOSÉ Carmen…tú me debes. Lo sabes. Yo no me voy a quedar solo. (*Saca un cuchillo.*) Vamos.

CARMEN No me voy. Tú eres libre de hacer lo que te dé la gana. Yo también. La rumba es libre.

JOSÉ No estoy negociando, Carmen.

CARMEN Yo tampoco. ¿Qué; me vas a obligar a quererte?

JOSÉ No, Carmen, no, pero tampoco te voy a dejar así como así.

CARMEN Entonces, dale. No sufras más; dale, mátame.

José la acuchilla. El grupo que se fue bailando regresa hacia ellos cuando todavía José no ha soltado a Carmen y ésta no ha caído al piso. Cuando terminan de pasar, José queda en el piso con Carmen mientras las luces y la música van desvaneciendo.

VOICE OVER Unas mujeres que formaban parte del público de una cartelera de boxeo en el Bronx, descubrieron una escena macabra cuando al buscar a una amiga que las acompañaba, hallaron su cuerpo herido de muerte en el suelo del local. La víctima, identificada por el nombre Carmen Lebrón, residente del Lower East Side fue apuñalada tres veces en el pecho. Su esposo, el pugilista Mauro Figuereido, de origen brasileño, acababa de ganar su primer encuentro en la categoría de peso mediano de esa organización. Hasta ahora no se ha identificado a ningún sospechoso por el crimen…

EPÍLOGO

Meche está embarazada y Paquita empacando para irse.

PAQUITA Bueno, ya estoy lista para mi viaje sin regreso. *(Tocándole la panza a Meche.)* Me imagino que Supermán está contento por el Suberbebé. ¿Quién lo iba a decir?

MECHE ¿Y quién iba a decir que mis hijos, después de tanto sacrificio se iban a querer quedar con el papá. *(Paquita la abraza.)* Dichosa tú que te vas de vuelta con los tuyos.

PAQUITA No pienses en eso, muchacha. Piensa que cada cual echa raíces donde caiga.

MECHE ¡Coño!, pero que los propios hijos no la quieran a una… ¡Qué vueltas da la vida, ¿verdad?! ¿Cómo te vas al aeropuerto?

PAQUITA Me va a llevar el Carioca.

MECHE ¿Qué es de la vida de él?

PAQUITA Está guiando un taxi.

MECHE ¿Qué hace el Carioca guiando un taxi?

PAQUITA Pobrecito, tú no sabes que ya no puede pelear. Se lesionó…¡qué sé yo! Es algo en la cabeza.

MECHE ¿Sigue solo?

PAQUITA ¿Ése? ¡Qué va! Anda con una dominicana.

MECHE De hecho, ayer cumplió un año Carmen.

PAQUITA ¿Tan rápido ya?

MECHE Ven, vamos a prenderle una vela. (*Le prenden la vela.*)

PAQUITA Para que Carmencita descanse en paz y para que José pague por su culpa.

MECHE ¿Qué es de la vida de él?

PAQUITA Como muerto también. Le echaron 90 años. (*Silencio. Se miran y lo retoman.*)

MECHE Para que estés feliz con tus hijos.

PAQUITA Para que tu bebé nazca saludable.

MECHE Para que mis hijos me perdonen. (*Suena el teléfono.*) Sí, diga. Bueno, los mando por ahí. (*Grita.*) ¡Súper Ramón!

SÚPER (*Voz.*) Dime mi negra.

MECHE Baja con Dante. Acaban de llegar las losetas para los pisos y las maderas para los closets.

SÚPER Ahí voy. (*Meche enciende la radio.*)

PAQUITA ¡Oye, la canción!

MECHE ¡No lo puedo creer! ¿Damos la última bailadita?

PAQUITA Sí, ¿cómo era?

MECHE Así, así… (*Paquita la sigue.*)

PAQUITA Así no es. Aquí iba algo así.

MECHE Eso, eso mismo.

Caen en el ritmo de la bachata "electric slide". Suena bocina en la calle.

PAQUITA. Ese es el Carioca. Ahora sí me voy. Dame un abrazo. Te voy a extrañar. Todo va a salir bien. Te lo veo en el aura. Ya sabes: borrón y cuenta nueva.

Durante el último parlamento se van desvaneciendo poco a poco las luces.

Trans-Mission[1]

Barbra Herr

PROLOGUE

Three chairs, a Persian rug, light ball hanging from the ceiling.

"This Is How It's Gonna Be (instr.)" – Vir-Amicus.[2]

BARBRA Sexual identity! Gender identity! This shit could drive anyone crazy. My first therapy session was in 1996. Dr. Fishberger, a tiny, thin man who always seemed to be in a foul mood. His sessions were not as I had imagined psychotherapy to be. They were extremely short. There was no couch, or even a comfortable chair to sit in. It was extremely clinical and impersonal, very uncaring. I was always uncomfortable! The only reason I continued to see him was because he was prescribing meds for my acute panic attacks. I needed him. I later changed my care because I was ready for sex reassignment surgery and Fishberger did not deal with the trans issue. Thank God!

Year 2000, Century 21, not the store. I was now being seen at one of the top rated hospitals in the country, and being that I was an out of work actor, all of my medical bills were paid for by Medicaid! His name is Dr. Schmidt. A tall burly man... With a thick German accent.

SCENE 1:
Session One

BARBRA After all this years...I can't believe it's still such a big deal.

DR. SCHMIDT (*German accent.*) Vhat can't you believe, Barbra?

BARBRA You aren't the first doctor I've talked to, you know. After all of these years confirming my gender identity, which was difficult enough, now I have to explain my sexual identity?! Look, I am old enough. I haven't identified as a gay man in 30 years. I put the black market hormones and silicone injections behind me long ago. I remember when I first transitioned. All the girls used to buy their hormones from this guy called dirty Bob.

"Dance (Club Mix)" – Earth People. Flashing lights.

I don't know why they called him that, but they did. He was a short stocky man with a thick mustache and black hair that he wore greased back. He would come to the bar loaded with hormones, it was a multiple choice variety, if you will. He had estrogen in all it's forms!: patches, shots, pills, which we all purchased for $20 in his office, which was usually, the bathroom or the dressing room of the bar. And, by the way, this was illegal. There were no doctors, no blood work, no hormone levels. We were just a bunch of young trans women risking blood clots, stroke or renal and liver failure. Looking back, we were really stupid!

Music out / lights change.

The bottom line here is this: I am a woman, I know what I am, and how I feel about it. Why do I have to explain it, if I am comfortable in my own skin?
Why do I have to keep proving myself? WHY DO I NEED YOUR APPROVAL TO BE COMPLETE?!
(*Gathers and calms herself.*) I'm sorry! Now you will think I have anger issues on top of everything else! It's just that it's all so disheartening and confusing.

DR. SCHMIDT This is a final stage, Barbra. It's all part of the ACA qualifications for reassignment surgical coverage. Go on.

BARBRA Well, when I was a kid it was so simple.

DR. SCIIMIDT Warum laasen Sie nicht die Seele baumeln

BARBRA What!? (Ad lib.)

DR. SCHMIDT Why not let your mind vander?

BARBRA Vander? Huh?

DR. SCHMIDT VANDER!

BARBRA Oh, Wander!!, ALRIGHT! (Pause.) I remember when I was a kid,…
"Isn't She Lovely" - Pete Huttlinger (Stevie Wonder acoustic instrumental cover).
… a 10-year-old boy in the Bronx, although I always felt like a girl, I had my first crush. I remember always sitting next to him in class. He was the only one nice to me; so cute. His name was Anthony Correa, and he spent lots of time with me…
He was in the choir with me, we were altar boys together and he even got me to be on the boy's basketball team. Which I HATED!!
So, in my mind, I actually thought he DID like me and that was why he was always with me. I later found out… (*Fade out.*) …that he was spending all of this time with me because our teacher, Sr. Marie Cabrini, had asked him to spend time with me, to interest me in boys' activities. Looking back, she must have seen the future woman in me and wanted to save me from the fires of hell!!! (*Laughs.*)

Nuns and Priests do that. All religious people do that! They all want to save you from the fires of hell!!! (*Laughs.*)

Many years later, after my transition, I wrote to this nun, who had since then retired. I thanked her for asking Anthony to encourage me to do more boys activities because it helped me to realize how much of a woman I truly was and hence convincing me that I was truly female in my heart, which, in turn, confirmed my need to transition! She never wrote back. I wasn't surprised.

PRELUDE

Dr. Schmidt left his practice. This happened lots in these clinics. You got used to a doctor and POOF! They were gone! My new doctor is an American. Dr. Matthews is female, very petite and thin. She looks like she was from Iowa. You know, all American girl. It was always so difficult to speak with a new psychiatrist because you empty your soul to these people. Anyway: same hospital, still Medicaid, same situation. Here we go.

SCENE 2:
Session Two

DR. MATHEWS When did you know?

BARBRA Know what? Oh! (*Wistful*) I remember putting on my mother's wedding dress; I was little, 6 or 7. I could wear her shoes then; I could never now. My mom was a seamstress during the week and took care of a nightclub she owned on weekends. She went out to the club to work and left me with a babysitter, probably a cousin. For me, it was a party! She would walk out that door and I was in her closet. I put on the wedding dress and played "here comes the bride"!

Bridal Chorus – Wagner.

I even tossed the bouquet. I had so much fun!!! Until I fell asleep in that dress.

Fade out Bridal Chorus.

I cannot even imagine the look on my mother's face, when she came home and checked on me, as mothers do. AHHH! She woke me up with the only thrashing. I got the beating of life! But they couldn't beat it out of me. So, yeah, I guess that is when I knew… I just thought I was the only one. It could never be beaten out of me or punished out of me or bullied out of me, because it was who I truly was!!!

I was always fascinated by Mom's femininity and beauty. I wanted to be exactly like her when I grew up. I observed her clothing, makeup, spent time in the hair salon while she was having her hair done. I would walk into that salon, and it was like an explosion of estrogen! Wall to wall women getting shampooed, hair curled, comb outs, dryers, manis, pedis… FASCINATING! There was not one unattractive woman in there. Not one. They were all feminine. And I loved femininity. I wanted to be like all of them.

Then I would dress up when there was no one home, but so as not to disturb mom's closet and risk getting punished, I wrapped a sheet around myself as a dress and a t-shirt on my head as hair!!! I grabbed a hairbrush as a microphone and would go into the living room in front of that gaudy mirror! If you were a Puerto Rican living in the Bronx, in 1965, there was a gaudy mirror in your living room and a sectional sofa covered in plastic, then I would lip synch to The Supremes!

Flashing lights. Stop in the Name of Love – The Supremes.

It was my most memorable fun times.

Lights change – restore to office session look.

My alone time. It just felt correct (Ad lib.)

DR. MATHEWS Were you bullied for being different in school?

BARBRA What do you think? I mean, look at me, of course I was. Every day of my life in New York City. I mean, I had an absentee dad and a pushy mom. Neither of which acknowledged what was going on with me, unless it was in a mocking manner. I was in an all boys school. Mom thought it would be good for me to be around my brother. I wanted to go to Performing Arts HS but I was scared to mention it because I would have gotten grief over it. Anyway, passing gym class was a requisite at De Witt Clinton. You did not graduate without passing gym unless you were excused by a doctor. I dreaded it every day. I didn't fit in and I was timid and awkward. The guys always laughed. Some coaches did as well. I was a fish out of water! Then there was the locker room! It was a terrifying moment because of bullying and just downright harassment!

One day I was almost raped by four guys in there. I was in the shower and I thought I was alone. I always waited to shower when the locker room was empty... I wasn't showering with all those boys. Four came into the shower, taunting me, pushing me, calling me names. I was petrified I didn't know whether I should run or scream and, before I knew it, one was behind me and had me by my hair. The other two held my arms back while the one in front dropped his towel and exposed himself. I knew what was coming and I got strength from, who knows where, and I jolted my head forward releasing my hair and knocking that guy behind me. Then I bit the one holding my arm and elbowed the other one and bolted towards the door knocking the middle guy down and grabbing my towel, locking myself in the bathroom!

I never returned. I cut classes every single day for 90 days because I was so scared, and I couldn't tell anyone without coming off as a faggot. So, I left the house in the morning and waited until the coast was clear and returned home. I spent my days there, reading and studying. Basically, home schooling myself... safe. Eventually, Mom moved us to Puerto Rico...

Tambor y Plena – Cristian Vinci.

...and then it was wonderful. The tropical weather, the warmth of the people and the school, because I made friends.

I remember when I was 16 or 17, I was tutoring a classmate in English. I was an official English tutor at my school because I was proficient in both, English AND Spanish. Bilingual. Tutoring was done in a classroom usually, but a particular classmate would come to my home for tutoring. He was so good looking. Can't remember his name but he was fair with blonde hair, blue eyes and a tan. Masculine.

DR. MATHEWS Was there anything special about him?

BARBRA I just told you! He was fair, blonde, blue-eyed and tan!

DR. MATHEWS I mean why are you remembering him now? We are here to work on your relationships, which in turn will help you understand who you are.

BARBRA What? Well, I remember him walking me home after school.

We've Only Just Begun – The Carpenters.

I had a crush like a teenage girl and I hoped he felt the same. I would tutor him in my bedroom and my Mom came in every now and then to check on us. You know, with that look as if she knew something. (*Ad lib in Spanish.*)

DR. MATHEWS What do you mean?

BARBRA Well, it's not like I was bringing basketball buddies home on the regular like my brother, if you know what I mean. One day we were sitting close on my bed, reading ... (*Hesitates.*)

DR. MATHEWS And?

BARBRA ...um... just reading. Sitting close...

DR. MATHEWS And...

BARBRA I could feel his eyes on me.

DR. MATHEWS ...and what else?

BARBRA I noticed how his leg started to slowly touch mine.

DR. MATHEWS ...go on...
BARBRA He reached over and touched my hand.
DR. MATHEWS How do you feel right now?

BARBRA Uncomfortable

DR. MATHEWS ...and what happened next?

BARBRA Then, he leaned in to kiss me, and, and, and, and...

DR. MATHEWS Yes?

BARBRA I bolted!

We've Only Just Begun.

I freaked out! I had so much confusion going on, and catholic guilt, not to mention my mom in the house. I just freaked! He got up and left. End of tutoring for me and my first love... crush.

A few months after, my mom had a stroke and died. A few moths after that, we graduated. Then, before I knew it, five years had passed. It was 1978 and I was already performing in gay bars in San Juan…

Applause

(*Barbra takes a bow.*) …and I had just finished my number and I saw him! There, with some friends.

I was so happy and when I finished I rushed myself to say 'Hello' to him, in my fabulous gown and wig, made up for the gods.

He looked at me from head to toe and with disgust walked away... I saw how his body disappeared in the night… Not even a hello… I felt embarrassed and ashamed, ugly. My first rejection for being who I am.

DR. MATHEWS How do you feel right now, Barbra?

BARBRA Empty, I guess, that was the feeling I felt back then.

DR. MATHEWS You've had a few short relationships, is that correct?

BARBRA Yes. They were just lessons in life as a young man and later as a trans woman. They prepared me for my life now. All the heartaches, tears and some sad songs in a bar taught me how to cope with pain. It is not an easy task to try to live life and love thinking that it will be my Walt Disney happy ending. I have never seen the damn prince or either damn white horse... I am way into middle age and still waiting... I lost hope after all these men in my life. So here I am, here, in therapy, trying to solve all the mysteries of my past relationships. It makes me feel like a lemon tree.

DR. MATHEWS In what way?

BARBRA Without any fruits... and in order to move on and somehow develop some empathy for people that hurt me, and letting go, I have to go back then and revisit.

DR. MATHEWS Yes, let's go. Let's face those men.

BARBRA Do you want to kill me with all this going back to my past? (Ad lib.)... Bullshit!!!

DR. MATHEWS We have to revisit...

BARBRA Ok, ok, ok...1973

Light My Fire – Shirley Bassey.
There was my first "boyfriend," Leo. He was gorgeous. I was 18 and back in New York for beauty school.
He was in the class before me. I remember his hair and hands... beautiful long big fingers. And you know what they say about big hands. One day, he cornered me, he kissed me in the locker room! I was shocked, but also excited. We dated for a while. I even lost my virginity to

him. I remember, I was wearing gold fishnet underwear, and a chihuahua barking on the corner.

DR. MATHEWS Do you want to talk about that experience?

Light My Fire.

BARBRA I don't talk about personal things!

DR. MATHEWS Well, there is something called 'confidentiality agreement.' Be free. Let's go back to that day.

BARBRA Fine! He invited me. I went to his place and he was very romantic, and everything just happened and I am not going to give you details, but he was confused about his sexuality. Don't know why, I mean, he was a hairdresser!!! I guess I was confused as well. I felt female and I acted that way. Looking back, he was probably not attracted to that part of me. He was at the bar one night and I was performing. I was on, singing a song from Funny Girl… (*Sings live*: *"…I'm the greatest star, I am by far…"*) … when I looked to the audience and saw his face, serious and distant. He took a sip of his drink and walked out of the bar. I saw when he opened the glass door and I never saw him again… rejection all over again. They loved me but they could not love the woman in me.

DR. MATHEWS How do you…?

BARBRA I know the question and the answer is I did feel empty and alone, specially because it was the Holidays… what a contradiction. I remember pushing the fucking Christmas tree down the stairs and blamed the other Queen.

DR. MATHEWS Any others?

BARBRA I don't want to talk about those mistakes. Listen, it looks like we've been here forever. Did we finish today's session? I want to go home. I am hungry and I need to walk my dogs. I got one that doesn't get used to the city and he really gets nervous. (*Ad lib.*) What do you think?

DR. MATHEWS (*Interrupts.*) Well…

Barbra exits. Black out. Transition to another day. Barbra enters.

SCENE 3:
Another Day

DR. MATHEWS Last session you were talking about your past relationships. Do you want to talk about it?

BARBRA There were none that were meaningful. Those came after my transition.

DR. MATHEWS After the transition? Explain that, please.

BARBRA Well, after my physical transition, other kind of men were approaching me... you know, when I thought I was a 'gay guy' the men were gay, of course, they liked gay men, but also they were transphobic, There are many, many, transphobic gay men. Once I started to be the woman, which I always knew I was, the men that came along my way were totally different from what I was accustomed to.

DR. MATHEWS Tell me about them.

BARBRA ALL OF THEM?! Not that I was a whore, but we could be here all day!

DR. MATHEWS Tell me.

BARBRA Well, from performing in the clubs, and after a few feminization surgeries in Mexico, in Guadalajara, I met quite a few characters, most of them worthless. You see, doctor... going back to the damn Prince Charming... men that are attracted to transgender women do not come alone. They arrive with baggage and more issues than normal people can usually handle. Society fucked them up... so they come broken to us, and many times they hate us because they hate themselves. How can you love a broken human being, when you're also still putting your pieces together? ... my men were worthless.

DR. MATHEWS Worthless?

BARBRA Yes.

DR. MATHEWS Well, tell me about them.

BARBRA 1. There was Johnny Lee: two years. A streetwise guy who was fearless. He was a kickboxer and a user and a cheat. Broke my heart when he left me for another woman. They usually do that, you know, when they discover shame and guilt.

There's No Feeling Like This – Roy Todd.

2. There was Juan Carlos: my rebound from Johnny Lee, so I really did not feel for him the way he did about me. Great looking, hard worker and experimenting with his first trans experience. I believe that he was the only guy who actually loved me. Probably the only one who really did. But he could not get around the fact that I was not complete. In order to be complete I needed to have this surgery that I could not afford... He ended it. Got married. Years later, I ran into him in a park, pushing a baby carriage. We said hello. I asked if it was his baby. He said: "Yes, she's my daughter. I named her Barbra." Another heartbreak.

3. There was a DJ: Another one not understanding my life. Five years on and off. He was married and had religious guilt issues and that made me the devil. End of that.

DR. MATHEWS What about Eddie?

BARBRA What about Eddie?

DR. MATHEWS Your records say he was your last, is that correct?

BARBRA Yes, nine years ago. Hmm, Eddie! Tall, dark, gorgeous, and toxic. I fell madly in love. He was so strong and rugged. He had a voice that sounded like an actor from a Spanish telenovela! He also had a dark side. Drugs and issues with the fact that he was in a relationship with a transwoman. Do you know? I remember meeting his entire family and seeing the shame on his face. (*Ad Lib.*)

DR. MATHEWS How do you feel?

BARBRA Angry... how do you think I feel… (*Ad lib.*)

SCENE 4:
Regression Session

DR. MATHEWS (*Interrupting Barbra.*) Barbra I would like to try something with you, if you want to deal with this painful memory.

BARBRA What memory?

DR. MATHEWS Eddie.

BARBRA Why would I want to delve deeper in that mess? …

DR. MATHEWS It's a regression.

BARBRA What? Explain to me. Do you want me to get hypnosis? God forbid! And if I don't come back from whatever place you take me, then I end up with Vinnie, Oh God? Been there, done that, no, thank you.

DR. MATHEWS Well, if you don't feel comfortable, we just don't do it.

BARBRA (*Ad lib.*) Will Obamacare cover that?

Black out.

'Hypnosis' tick-tock echo. We hear the Doctor's voice hypnotizing Barbra. Lights up and Barbra is seating on the couch. A tick-tock clock is also heard while the doctor talks.

DR. MATHEWS Listen to the tick-tock of the clock. You are falling in a deep sleep. You feel relaxed. Breath… Where are you right now?

BARBRA In our home in Queens, in a studio apartment, in the living room.

DR. MATHEWS What are you doing?

BARBRA Looking through the window.

DR. MATHEWS What do you see?

Lights change. Barbra is in a trance and narrating the whole situation.

BARBRA I see him coming to the apartment. My dog Elly Mae is barking. "Shhh, quiet." Eddie enters. Oh no, he is coked up and drunk again. I jump in my bed… maybe if he thinks I am sleeping he is not going to bother me... I know he's looking at me; maybe he'll go away. 'Barbra,' he calls my name. I don't answer. He calls me again, this time is shouting: 'BARBRA!' I reacted: 'What happened, ¿qué quieres, coño?... Yes, I was sleeping'... food? ... No, I did not cook today... What are you doing? ... Let go of my leg'... he is pulling me out of bed to cook for him. 'Eddie, I am tired, besides why didn't you eat out? ... 'I have no money to give... get a job, or go to those women you are sleeping with, for food and money. It's over!'

–"BITCH!"

Oh my God he is going to the kitchen and he's got a knife! Where can I go in this studio apartment? ... he has a kitchen knife at my throat... 'Stop, stop'... he is pinning me to the wall... 'Don't you dare hurt me.' ... My dog Elly Mae is biting at his leg... He kicks her... 'Don't kick my dog, mother fucker!' I get strength from I don't know where. I was infuriated. I wrestled that knife away and threw it under the bed. His eyes were bulging out of the sockets as if he was possessed by a demon. His eyes are full of hate. (*Ad lib, with improvised action.*)

'Give me... give me that knife! ... why are you choking me?... why are you hitting me?' I am going to the kitchen and grabbing a frying pan... I am running and he is grabbing me by the hair. 'Stop!... help!... 'heeeelp' I am fighting! I am fighting for my life. He is punching me in the face. I am grabbing a pan! I am beating him!

I am so angry!! I am beating him!! Beating him!! He is running out... he is escaping through the door.

(*Barbra screams.*) Get out!!!

Tick-Tock / Undertow Music Out

After two years of physical, emotional and verbal abuse, not to mention cheating with so many women, I kicked him out. But not before he almost killed me. I ended up in the Bellevue psych ward getting my stomach pumped with charcoal after overdosing on 150 Clonopins!!! I was so depressed because he degraded me and had me in a state of mind where I felt like an abnormal freak and hated myself.

Today I still have his name tattooed on my ass and anxiety attacks to remember him by.

DR. MATHEWS What do you think you learned from this Barbra?

BARBRA I had to focus on just loving myself because no one else was going to do it for me. And now I am here with yet, another doctor. You have the power to change my life with the swipe of your pen. Are you going to sign this form for me? (*Stands up and talks to audience.*) Dr. Matthews signed the form recommending SRS. I needed to see just one more doctor in order for the insurance to approve my surgery.

SCENE 5:
A New Doctor

NEW DOCTOR So, what therapy have you had before me?

BARBRA Well, before my last two doctors I was into bio-energetics and bio- feedback. Now, I am fascinated by Jung. You know, the collective unconscious the archetypal triangle: mother, father, child. It all comes down to that, doesn't it?

NEW DOCTOR (*Slightly surprised.*) Yes, it does, but what therapy have you had for transgender issues?

BARBRA All of it, because it is always about how I live my life and how I deal with particular situations.

NEW DOCTOR What is your sexual preference?

BARBRA Well, not gay. That's for sure.

NEW DOCTOR So, what do you consider yourself?

BARBRA Heterosexual. A heterosexual woman. Is that the answer you wanted?

NEW DOCTOR Let's continue.

BARBRA Alright.

NEW DOCTOR Do you urinate standing or sitting?

BARBRA SITTING!!! ALL MY LIFE!!! And before you ask, because I know you will, I have tucked my penis away my entire life. I don't even like looking at it.

NEW DOCTOR Any thoughts of hurting yourself?

BARBRA Well, if you mean cutting off my penis myself, no. I am not crazy. I am a person who was born in a body with the wrong gender. I am not delusional. I am normal. I just want my body to be in unison with my mind. I am sick of labels! "Tranny, shemale, freak!" I just want to be happy! You hold my happiness in your hands. Please. Let me be happy. Please sign that form allowing me to have my surgery.

Black out.

SCENE 7:
Last Session

In black out.

NEW DOCTOR Hello Barbra. Thanks for coming on such short notice.

BARBRA Hello doctor. You know, as I waited these last few weeks for your answer, I realized that one of the nice things about growing older is that you can survive life's disappointments and move on. You also realize that you do not need to look to someone else for your happiness. I know that I do not need your approval to be who I am. If you have decided that I am not a candidate for SRS, it does not change the fact that I am a woman in society, to my family, and to the friends who love me.

So now it is 2017. Thanks to President Obama and Governor Cuomo, in NYS new legislation was passed allowing trans persons to receive equal rights under the law. This includes equality in housing, the workplace and health care. By law, all treatments and surgeries required for trans persons, to live normal lives with positive mental health, are now required to be covered by all insurances. Including Medicaid. But now it will become doubtful, once again, whether this will change under the new administration. Nevertheless, I have begun the final journey. I just went through three months of painful electrolysis on my genitals in order to clear the area to construct a vagina. My surgery date is coming up. My Trans-Mission is almost complete. Look, at the end of the day, we get psychoanalyzed for years in order to get the signature to correct our birth gender through years of hormone therapy, electrolysis, and tons of plastic surgery. Then, the final procedure is granted. A new gender is confirmed through a long painful surgery and extremely difficult, and painful, post-surgical procedures; only to still be treated and looked at as different because the only one who knows what you have between your legs, is you....

EPILOGUE

This is my face. This is my body.

Intergalactic Satisfaction (Icecream Mix) [instr]: Vir-Amicus.

These are my wrinkles and this is my pale skin. These are my hands and they are older than I remember and they have held the heads of dying friends in their beds and in their hospitals. And this is my belly that ingests pill, after pill, after pill, after pill of estrogen in order to keep myself the epitome of femininity.

These are my breasts that I have augmented; and this is my body and it is flawed and ravaged with time; and I am learning to love the lines and the rolls and the bigness and the masculine and the feminine of it. And I color my hair; and I keep it short; and I wear make up; and I refuse Botox; and what I do with my body is for me and, whether it pleases or disgusts you, has nothing to do with who I am.

And this is my voice, it is deep; and it resonates; and it guffaws; and makes noise; and has screamed for help and sung in passion; and it has whispered in prayer and made a joyful noise in celebration and rebirth. This is how I sound and it keeps me well, when others try and apply their rules to it. I sound this way and it calls to who I was by sounding true to who I am.

I am transgender and this is what I look like, at 61 years on the planet. This is my face. This is my body. This is not who I am, it is merely where I've been. It tells the story of a million survivalists who live and whom I still carry. I no longer need to make myself up in order to assimilate. I am this creation as the Divine has created and, like you, I have traveled through it the best way I know how.

But please know, you cannot make laws that keep me quiet simply because you recognize me on the street as someone outside of your tribe. You cannot keep me out of your schools or bathrooms or buildings or nightclubs or weddings or voting booths or hotels or public beaches just because of how I look. And because I carry my history here, in my heart space, and because you do too, we must remember that we are responsible for one another.

This is my face and it shows the reflection of how I have lived. And this is my body; the manifestation of a history that deserves to be heard and seen without judgment or malice.

What I am is not a choice; it is a gift. I do not ask that you agree with what I have done, I only ask that you honor who I am becoming… as I will always do for you. This is my Trans-Mission.

"Vivre la vie" – Pink Martini.

Q & A with Barbra.

Apéndice 1:
Lista de obras de Teatro Círculo

1994

Entremeses de Cervantes, de Miguel de Cervantes Saavedra, dir. José Cheo Oliveras.

1995

Los titingós de Juan Bobo, de Carlos Ferrari, dir. Axel Cintrón.

1996

La dama duende, de Pedro Calderón de la Barca, dir. Carmelo Santana Mojica.

Away, de Nancy Mercado, dir. José Cheo Oliveras.

Mofongo con ketchup, de Carlos Ferrari, dir. Axel Cintrón.

1997

La celosa de sí misma, de Tirso de Molina, dir. Carmelo Santana-Mojica.

1998

Los titingós de Juan Bobo, de Carlos Ferrari, dir. José Cheo Oliveras.

Dibujo de mujer, de Virginia Rambal, dir. Juan Carlos Mañón.
Los soles truncos, de René Marqués, dir. Carmelo Santana-Mojica.

1999

¡Qué felices son las Barbies!, de Wanda Arriaga, dir. José Cheo Oliveras.

2000

¡Puerto Rico Fua!, de Carlos Ferrari, dir. Luis Caballero.

¡Qué felices son las Barbies!, de Wanda Arriaga, dir. José Cheo Oliveras.

2001

¡Puerto Rico Fua!, de Carlos Ferrari, dir. Luis Caballero.

Los soles truncos, de René Marqués, dir. Carmelo Santana-Mojica.

2002

Amor perdido, de Eva Cristina Vásquez, dir. Beatriz Córdoba.

Entremeses de Cervantes, de Miguel de Cervantes Saavedra, dir. José Cheo Oliveras.

2003

Amor perdido, de Eva Cristina Vásquez, dir. Beatriz Córdoba.

Tiempo de tango, de Pablo Zinger, dir. Beatriz Córdoba.

2004

Amores jíbaros, (*Me saqué la lotería* de Manuel Alonso Pizarro y *Un matrimonio al vapor*, de Francisco Irizarry), dir. Tata Cañuelas.

2005

Un Quijote en Nueva York (en colaboración con Teatro IATI), de Luis Caballero, dir. Luis Caballero.

2006

Lorca Federico Lorca, de Luis Caballero, dir. Luis Caballero.

Los titingós de Juan Bobo, dir. José Cheo Oliveras.

El arte de la pintura, de Leo Cabranes-Grant, dir. José Zayas.

2007

Lágrimas negras: Tribulaciones de una negrita acomplejá, de Eva Cristina Vásquez, dir. Beatriz Córdoba.

La Celestina, de Fernando de Rojas, dir. Beatriz Córdoba.

2008

La Celestina, de Fernando de Rojas, dir. Beatriz Córdoba.

2009

El caballero del milagro, de Lope de Vega, dir. Dean Zayas.

2010

Sabina y Lucrecia, de Alberto Adellach, dir. Dean Zayas

2011

Carmen Loisaida, de Eva Cristina Vásquez, dir. Beatriz Córdoba.

La casa de Bernarda Alba, de Federico García Lorca, dir. Dean Zayas

2012

La casa de Bernarda Alba, de Federico García Lorca, dir. Dean Zayas.

2013

Lágrimas negras, de Eva Cristina Vásquez, dir. Beatriz Córdoba.

Carmen Loisaida, de Eva Cristina Vásquez, dir. Beatriz Córdoba.

2014

La caída de Rafael Trujillo, de Carmen Rivera, dir. Cándido Tirado.

2015

La caída de Rafael Trujillo, de Carmen Rivera, dir. Cándido Tirado.

Los titingós de Juan Bobo, de Carlos Ferrari, dir. José Cheo Oliveras.

2016

Miguel Will, de José Carlos Somoza, dir. Dean Zayas.

2017

Secretos prohibidos, de Tere Marichal, dir. Rosabel Ottón.

Trans-Mission, de Barbra Herr, dir. Luis Caballero.

Adorno (en colaboración con Al Margen Flamenco Company), dirs. Ryan Rockmore y María de los Angeles

El caballero de Olmedo, de Lope de Vega, dir. Mariano de Paco Serrano.

2018

Duende adentro (en colaboración con Al Margen Flamenco Company, dir. Ryan Rockmore y María de los Angeles.

El burlador de Sevilla, de Tirso de Molina, dir. Mariano de Paco Serrano.

2019

Esensoria (en colaboración con Al Margen Flamenco Company, dir. Ryan Rockmore y María de los Angeles.

Entremeses de Cervantes, dir. José Cheo Oliveras.

Apéndice 2:
Lista de festivales y giras

-*Entremeses de Cervantes.* XX Festival Internacional del Siglo de Oro. Chamizal, Texas, 1995.

-*Entremeses de Cervantes.* Puerto Rican Traveling Theater Summer Tour. Nueva York, 1995.

-*Los titingós de Juan Bobo.* Festival Latinoteatro. Nueva York, Nueva York, 1995.

-*La dama duende.* XXI Festival Internacional del Siglo de Oro. Chamizal, Texas, 1996.

-*La celosa de sí misma.* X Encuentro Teatral Tres Continentes. Islas Canarias, España, 1997.

-*La celosa de sí misma.* XXIII Festival Internacional del Siglo de Oro. Chamizal, Texas, 1998.

-*Los titingós de Juan Bobo.* Puerto Rican Traveling Theater Summer Tour. Nueva York, 2000.

-*¡Qué felices son las Barbies!* XI Festival Don Quijote. París, Francia, 2000.

-*¡Qué felices son las Barbies! Puerto Rican Traveling Theater Summer Tour. Nueva York, 2001.*

-*Entremeses de Cervantes.* XIII Festival Don Quijote. París, Francia, 2002.

-*El arte de la pintura.* Festival de Teatro Puertorriqueño del Instituto de Cultura Puertorriqueña. San Juan, Puerto Rico, 2006.

-*Lorca Federico Lorca.* XLII Festival de Teatro Internacional del Instituto de Cultura Puertorriqueña. San Juan, Puerto Rico, 2006.

-*Los titingós de Juan Bobo. Teatro Stage Fest. Nueva York, 2007.*

-*La Celestina.* XXXIII Festival Internacional de Teatro del Siglo de Oro. Chamizal, Texas, 2008.

-*Lágrimas negras: Tribulaciones de una negrita acomplejá.* XLIX Festival de Teatro Puertorriqueño del Instituto de

Cultura Puertorriqueña. San Juan, Puerto Rico, 2008.

-*La Celestina.* XLIV Festival de Teatro Internacional del Instituto de Cultura Puertorriqueña. San Juan, Puerto Rico, 2008.

-*El caballero del milagro.* XLV Festival de Teatro Internacional del Instituto de Cultura Puertorriqueña. San Juan, Puerto Rico, 2009.

-*El caballero del milagro.* XXXV Festival Internacional de Teatro del Siglo de Oro Español. Chamizal, Texas, 2010.

-*Sabina y Lucrecia.* XLVI Festival de Teatro Internacional del Instituto de Cultura Puertorriqueña. San Juan, Puerto Rico, 2010.

Reseñas biográficas

Wanda Arriaga, es una actriz puertorriqueña. Cursó su bachillerato en la Universidad de Puerto Rico y obtuvo un M.F.A. en actuación de la Universidad de California en San Diego. En Nueva York, fundó junto a José Cheo Oliveras y Eva C. Vásquez Teatro Círculo, Ltd. que celebra con esta antología sus 25 años. En Círculo participó en numerosas piezas teatrales y musicales aclamadas por la crítica y la prensa local, recibiendo premios por su trabajo actoral (A.C.E. y H.O.L.A.) como en: *¡Puerto Rico, FUA!*, *Mofongo con ketchup*, *La dama duende*, *Lorca Federico Lorca*, *Los titingós de Juan Bobo*, *Los soles truncos* y *Entremeses de Cervantes*, entre otros. Con su unipersonal altamente galardonado y aclamado por la prensa, incluyendo el NY Times, *¡Qué felices son las Barbies!*, Arriaga participó en varios festivales internacionales y locales siendo también parte de la gira de verano del PRTT. La pieza se presentó en innumerables comunidades y teatros de toda el área tri-estatal. Wanda también se ha mantenido activa como actriz en el Repertorio Español donde ha trabajado por alrededor de 28 años en numerosas puestas escénicas recibiendo también premios actorales. Entre sus más recientes apariciones se encuentran: *La Casa de Bernarda Alba*, *El insólito caso de Ms. Piña Colada*, *La Nena se Casa*, y su nueva versión de *¡Qué felices son las Barbies!* En la pantalla grande, Arriaga obtuvo el papel principal del cortometraje: *"The Acting Lesson"*, producido por HBO. Wanda es también locutora en campañas publicitarias y narradora de libros en español.

Luis Caballero es escritor, actor y director de teatro y cine alabado con 37 años trabajando en teatro. Dirigió la exitosa producción de GALA *Puerto Rico...¡fuá!*, cuyo elenco ha sido nominado para un Premio Helen Hayes 2013 para Conjunto Espectacular, Producción Residente. Caballero ha dirigido extensamente en su nativo Puerto Rico, New York City, Los Angeles y San Francisco. Entre sus créditos como director se incluyen la producción Off-Broadway de *DC-7: La historia de Roberto Clemente*, la cual también dirigió en Puerto Rico; *María*; *No Exit*; *The House of Bernarda Alba*; *Las Máscaras*; *Boy George se está dejando barba* (Centro de Bellas Artes-Best Director Award); *Don Quixote*; *The Rice Story* (Conjunto Japonés); *Bedtime Stories* (la musical); *Resurrection* (comisionado por el Estado Libre Asociado de Puerto Rico), *Puerto Rico...¡fuá!* (Premio HOLA Mejor Director); *Lorca, Puertorrican for a Day*; y *La Lupe: My Life and My Destiny* (Puerto Rican Traveling Theater, NYC). Sus últimos éxitos teatrales de Off-Broadway incluyen: *Don Quijote en Nueva York*; *Lorca Federico Lorca*; y *They Call Me La Lupe* en el LAB, Theater in the Public Theater. Sus créditos como director de cine incluyen *"La Gringa: A Tale of a Town"* y *"El Color de la Guayaba"*, la cual ganó el Festival de Cine Rincón y fue seleccionada para el Festival de Cine Internacional de Chicago, entre otras. Actualmente Caballero está trabajando en su próxima película *"El Monaguillo"*. Él ha ganado seis premios por Mejor Director y Mejor Guión.

Barbra Herr es actriz, escritora, artista y activista transgénero veterana. Es la autora e intérprete de *I'm Still Herr: A One Woman Show* que cuenta la verdadera historia de Bobby Hernández, un niño boricua del Bronx que fue víctima de acoso y logró convertirse en la mujer de sus sueños. Barbra está muy orgullosa del estatus de Drag Queen, que ha ganado con mucho esfuerzo, pero comenzó en el espectáculo en el (circa) 1963, a la edad de ocho años. Apoyada por su adorada madre escénica puertorriqueña, quien se rehusó a permitir que su hijo se doblegara a los prejuicios de la época, Bobby Hernández luchó por abrirse camino en escenarios desde El Bronx hasta San Juan cuando ser afeminado no se estilaba. Su voz fue silenciada a los diecisiete años, cuando Mama Mona murió en el 1973. Bobby Herr, su alter ego gay underground, nació poco después, cuando regresó a Puerto Rico por dieciséis años. Al presente, Barbra Herr está de gira con su obra unipersonal *Trans-Mission*.

Eva Cristina Vásquez es miembro fundador de Teatro Círculo y profesora en el Departamento de Lenguas Mundiales de York College (CUNY). Completó su grado doctoral en el Centro de Estudios Graduados de la Universidad de la Ciudad de Nueva York (2001), sus estudios de maestría en Hunter College (1993) y su bachillerato (B.A.) en la Universidad de Puerto Rico (1988), todos con concentración en Teatro. En Nueva York ha trabajado con Treatro Pregones, Repertorio Español, el Teatro Rodante Puertorriqueño (en colaboración con Teatro Círculo), Teatro Thalía, LaMicro Theatre y Teatro IATI. Es la autora de *Pregones Theatre: A Theatre For Social Change In The South Bronx* (Routledge, 2003). También es la autora de *Amor perdido*, obra unipersonal donde explora las vidas de cuatro generaciones de mujeres puertorriqueñas y su relación con las guerras estadounidenses. Su segundo unipersonal, *Lágrimas negras: Tribulaciones de una negrita acomplejá*, es una exploración de la herencia africana en el

Caribe hispanohablante. *Lágrimas negras* fue galardonada con los premios HOLA 2007 a la Actuación Unipersonal Más Destacada y el ACE 2008 por Excelencia Teatral, además de figurar en *Se Vende, Se Alquila y Se Regala: Antología de Dramaturgia Latina en Nueva York* (Editorial Campana, 2008). Su obra *Carmen Loisaida*, fue auspiciada por la beca para Artistas Independientes del New York State Council on the Arts (2010). Su obra *Torniquete*, aparece en la antología *Sillas en la frontera: Mujer, teatro y migraciones* (Universidad de Almería, 2018). Como investigadora teatral, Eva trabaja en el estudio y documentación de obras teatrales escritas por mujeres puertorriqueñas, además de la exploración de personajes femeninos en la dramaturgia puertorriqueña.

www.ingramcontent.com/pod-product-compliance
Lightning Source LLC
Chambersburg PA
CBHW021830220426
43663CB00005B/194